高等职业院校汽车类技能型人才培养"十三五"规划教材

汽车使用与维护

主　编　王志新

副主编　孙国联　周唤雄

主　审　王国强

西南交通大学出版社

·成 都·

内容简介

本书为高职高专工学结合课程改革规划教材，是在各高职院校积极践行和创新先进职业教育思想和理念、深入推进"校企合作、工学结合"人才培养模式的大背景下，由长期从事一线教学的教师和汽车运输、维修、销售企业的专家，根据新的教学标准和课程标准以及国家职业标准和交通运输行业相关法规编写而成的。

本书内容主要包括：汽车选购、新车上路手续办理、汽车合理使用、汽车一级维护和汽车二级维护，共 5 个项目。在项目的知识拓展部分还包括汽车日常维护、磨合维护、季节性维护、车辆维护业务接待和汽车的应急使用方法等方面的内容。

本书主要供高职高专院校汽车运用与维修技术、汽车检测与维修技术、汽车电子技术、汽车营销与服务、汽车车身维修技术和新能源汽车技术等专业教学使用，也可作为相关行业岗位培训或自学用书，同时可供汽车管理人员、维修技术人员、驾驶人员、销售人员阅读参考。

图书在版编目（ＣＩＰ）数据

汽车使用与维护 / 王志新主编. —成都：西南交通大学出版社，2016.1
ISBN 978-7-5643-4474-0

Ⅰ．①汽… Ⅱ．①王… Ⅲ．①汽车 – 使用 – 高等职业教育 – 教材②汽车 – 维护 – 高等职业教育 – 教材 Ⅳ．①U472

中国版本图书馆 CIP 数据核字（2015）第 318083 号

汽车使用与维护
主编　王志新

责 任 编 辑	李　伟
封 面 设 计	何东琳设计工作室
	西南交通大学出版社
出 版 发 行	（四川省成都市二环路北一段 111 号
	西南交通大学创新大厦 21 楼）
发 行 部 电 话	028-87600564　028-87600533
邮 政 编 码	610031
网　　　址	http://www.xnjdcbs.com
印　　　刷	成都蓉军广告印务有限责任公司
成 品 尺 寸	185 mm × 260 mm
印　　　张	18
字　　　数	450 千
版　　　次	2016 年 1 月第 1 版
印　　　次	2016 年 1 月第 1 次
书　　　号	ISBN 978-7-5643-4474-0
定　　　价	42.00 元

课件咨询电话：028-87600533

前　言

随着我国汽车工业技术的快速发展，汽车行业对汽车专业性人才的需求显得愈加迫切。为更好地贯彻落实国务院《关于加快发展现代职业教育的决定》和国家教育部等六部委《关于实施职业院校制造业和现代服务业技能型紧缺人才培养培训工程的通知》的精神，适应汽车工业飞速发展和汽车运用与维修专业技能型紧缺人才培养的需求，根据教育部门提出的关于汽车类职业教育教材规划，组织长期从事一线教学的教师和汽车运输、维修、销售企业的专家，根据新的教学标准和课程标准以及国家职业标准和交通运输行业相关法规编写了本书，以适应全国高职高专院校的教学需要。

"汽车使用与维护"是高职高专汽车类专业的核心课程，内容主要包括：汽车选购、新车上路手续办理、汽车合理使用、汽车一级维护和汽车二级维护，共 5 个项目。在项目的知识拓展部分还包括汽车日常维护、磨合维护、季节性维护、车辆维护业务接待和汽车的应急使用方法等方面的内容。

为满足当前社会需要，并结合职业学校学生实际情况，在本书编写过程中，注重理论与实践相结合、应知和应会相结合、传统技术与现代新技术相结合，注重知识体系的实用性、体现先进性、保证科学性、突出实践性、贯穿可操作性，反映了汽车工业的新知识、新技术、新工艺和新标准。本书文字简洁、通俗易懂、图文并茂、形象直观、形式生动，以培养学生的学习兴趣，提高学生的学习效率。

本书由甘肃交通职业技术学院王志新担任主编，甘肃交通职业技术学院孙国联、周唤雄担任副主编，甘肃交通职业技术学院王国强担任主审。项目一由周唤雄编写，项目二由周唤雄和兰州城市学院王志全编写，项目三由孙国联编写，项目四、项目五由王志新编写，附录由王志全编写。甘肃民通汽车维修服务公司赵东辉，兰州赛驰丰田汽车销售有限公司钱良成、张亚勋，甘肃鹏龙金城汽车销售服务有限责任公司李学文协助确定本书编写大纲并提供技术资料；甘肃交通职业技术学院韩秀芹做了大量校对工作。

在本书编写过程中，参阅了大量国内外专业书籍与资料，在此谨向参考文献中的作者以及为本书出版付出辛勤劳动的同志表示衷心的感谢。本书还得到了甘肃交通职业技术学院领导和教师以及部分汽车运输、维修、销售企业的支持和帮助，在此一并表示谢意。

由于编者水平有限和编写时间仓促，书中难免存在不妥之处，诚请使用本书的广大读者批评指正。

编　者
2015 年 10 月

目　录

项目一　　汽车选购

工作情景

　　随着人们生活水平的不断提高和汽车价格的逐步下降，汽车已渐渐进入普通百姓家庭，很多人已经把买车提上了议事日程。张先生在一个大型国企上班，年收入 10 万元左右，打算购买一辆 15 万元左右的轿车，主要用于上下班代步。以客户张先生购车为例，制订出一个完整的购车方案，指导其购买新车。

学习目标

　　通过本项目学习，应能达到以下目标：
　　（1）运用汽车使用性能量标对汽车进行评价，并引导客户认识到对自己最有影响的性能量标。
　　（2）运用汽车使用价值分析法为客户提供各种不同汽车使用价值的优劣比较。
　　（3）针对客户的个人情况做出至少两种不同的购车方案，供客户选择。
　　（4）运用汽车车况检查的方法帮助客户进行新车验收。

相关知识

一、汽车主要技术参数及性能

　　为了购得称心如意的汽车，在采购前需要对不同车辆的参数配置进行查阅比较。对于不太懂车的用户，在购车之前有必要了解一些汽车常识。

（一）汽车主要技术参数、常用术语及配置

1. 尺寸参数

汽车的尺寸参数如图 1.1 所示。
　　（1）车长：是垂直于车辆纵向对称平面并分别抵靠在汽车前、后最外端凸出部位的两垂面之间的距离。简单地说，车长就是汽车长度方向两极端点间的距离。
　　（2）车宽：是平行于车辆纵向对称平面并分别抵靠在车辆两侧固定凸出部位的两平面之间的距离。简单地说，车宽就是汽车宽度方向两极端点间的距离。

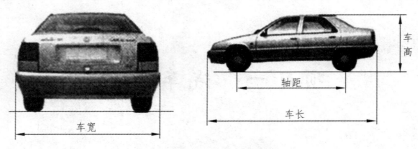

图 1.1　汽车外形尺寸

（3）车高：是车辆支撑平面与车辆最高凸出部位相抵靠的水平面之间的距离。简单地说，车高就是从地面到汽车最高点的距离。

（4）轴距：是指通过车辆同一侧相邻两车轮的中点，并垂直于车辆纵向对称平面的两垂线之间的距离。简单地说，轴距就是汽车（或轮式拖拉机）前轴中心到后轴中心的距离。

（5）轮距：车轮在车辆支撑平面（一般就是地面）上留下的轨迹的中心线之间的距离。如果车轴的两端是双车轮时，轮距是双车轮两个中心平面之间的距离。汽车的轮距有前轮距和后轮距之分，前轮距是前面两个车轮中心平面之间的距离，后轮距是后面两个车轮中心平面之间的距离，两者可以相同，也可以有所区别。

2. 性能参数

汽车的通过性参数如图 1.2 所示。

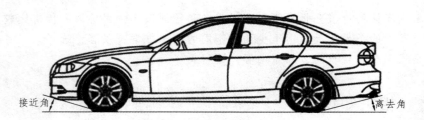

图 1.2　汽车通过性参数

（1）最小离地间隙：汽车在满载（允许最大荷载质量）的情况下，其底盘最凸出部位与水平地面的距离。最小离地间隙反映的是汽车无碰撞通过有障碍物或凹凸不平地面的能力。

（2）接近角：是指在汽车满载静止时，汽车前端凸出点向前轮所引切线与地面的夹角，即水平面与切于前轮轮胎外缘（静载）的平面之间的最大夹角，前轴前面任何固定在车辆上的刚性部件不得在此平面的下方。

（3）离去角：是指汽车满载静止时，自车身后端凸出点向后车轮引切线与路面之间的夹角，即水平面与切于车辆最后车轮轮胎外缘（静载）的平面之间的最大夹角，位于最后车轮后面的任何固定在车辆上的刚性部件不得在此平面的下方。它表征了汽车离开障碍物（如小丘、沟洼地等）时，不发生碰撞的能力。离去角越大，则汽车的通过性越好。相对于接近角用在爬坡时，离去角则是适用在下坡时。一路下坡，当车辆前轮已经行驶到平地上，后轮还在坡道上时，后保险杠会不会卡在坡道上，关键就在于离去角。离去角越大，车辆就可以由越陡的坡道上下来，而不用担心后保险杠卡住动弹不得。

（4）最小转弯半径：是指当转向盘转到极限位置，汽车以最低稳定车速转向行驶时，外侧转向轮的中心平面在支撑平面上滚过的轨迹圆半径。它在很大程度上表征了汽车能够通过狭窄弯曲地带或绕过不可越过的障碍物的能力。转弯半径越小，汽车的机动性能越好。

（5）最高车速：汽车在平直道路上行驶时能达到的最大速度。

（6）最大爬坡度：汽车满载时的最大爬坡能力。

（7）平均燃料消耗量：汽车在道路上行驶时每百公里平均燃料的消耗量。

（8）车轮数和驱动轮数：车轮数以轮毂数为计量依据，n 代表汽车的车轮总数，m 代表驱动轮数。

3. 质量参数

汽车的质量参数主要包括汽车的装载质量、整备质量、总质量、最大轴载质量和轴荷分配等。

（1）汽车的装载质量：乘用车主要用于载运乘客及其随身行李物品，一般以座位数计算，包括驾驶员座位在内最多不超过 9 个座位；商用车中的客车是以载客量计；载货汽车则以其在良好的硬路面上行驶时所装载货物质量的最大限额（t）计。

（2）汽车的整备质量：汽车在加满燃料、润滑油、工作液（如制动液）及发动机冷却液并装备（随车工具及备胎等）齐全后，但未载人、载货时的总质量。

（3）汽车的总质量：是指汽车装备齐全，并按规定装满客（包括驾驶员）、货时的质量。

汽车总质量的确定如下：

对于轿车，汽车总质量 = 整备质量+驾驶员及乘员质量+行李质量。

对于客车，汽车总质量 = 整备质量+驾驶员及乘员质量+行李质量+附件质量。

对于货车，汽车总质量 = 整备质量+驾驶员及助手质量+行李质量。

（4）最大轴载质量（kg）：汽车单轴所承载的最大总质量。最大轴载质量与道路通过性有关。

（5）汽车的轴荷分配：是指汽车的质量分配到前后轴上的比例，一般以百分比表示，它分为空载和满载两组数据。

4. 常用术语

（1）发动机排量：简称排量，是发动机各缸工作容积的总和。排量是较为重要的结构参数，它能全面衡量发动机的性能。发动机的性能指标和排量密切相关，一般来说，汽车的排量越大，功率也就越大。

（2）压缩比：气缸总容积与燃烧室容积的比值。同排量、同级别的汽车，压缩比越大，发动机的功率就越大。通常，压缩比越大，选用的汽油牌号也越高。

（3）缸径×行程：缸径是气缸的直径，行程是活塞运行到上止点和下止点之间的距离。

（4）额定功率：一般指汽车能够连续输出的有效功率，也就是在正常的工作条件下可以持续工作的最大功率。

（5）最大转矩：是指从发动机曲轴端输出的最大转矩。在功率固定的条件下，它与发动机转速成反比关系，转速越快转矩越小，反之越大，它反映了汽车在一定范围内的负载能力。

5. 车辆配置

（1）自动变速器（AT）：AT 是"Automatic Transmission"的缩略语，相对于手动变速器（MT）而言，挡位的切换不需要驾驶员操作，自动变速器能根据道路条件、发动机输出功率、车速等信息控制换挡执行机构在最佳时间将变速器挡位自动换至最适宜的挡位。自动变速器具有驾驶舒适、能减少驾驶员疲劳的优点，已成为现代轿车配置的一种发展方向。装有自动变速器的汽车能根据路面状况自动变速变矩，驾驶员可以全神贯注地注视路面交通而不会被换挡搞得手忙脚乱。

（2）无级变速器（CVT）：Continuously Variable Transmission（CVT）技术即无级变速技术，它采用传动带和工作直径可变的主、从动轮相配合来传递动力，可以实现传动比的连续改变，从而得到传动系统与发动机工况的最佳匹配。

（3）前置前驱（FF）：即发动机前置、前轮驱动，这是轿车（含微型、经济型汽车）上比较流行的驱动形式，但载货汽车和大客车基本上不采用该形式。这种驱动形式目前主要在发动机排量为 2.5 L 以下的乘用车上得到广泛应用。

（4）前置后驱（FR）：即发动机前置、后轮驱动，这是一种最传统的驱动形式。国内外大多数货车、部分轿车（尤其是高级轿车）和部分客车都采用这种驱动形式，但采用该形式的小型车很少。

（5）四轮驱动：又称全轮驱动，是指汽车前后轮都有动力，可按行驶路面状态不同而将发动机输出转矩按不同比例分布在前后所有的车轮上，以提高汽车的行驶能力，一般用 4×4 或 4 WD 来表示。

（6）动力转向：汽车所使用的动力转向系统，基本上是经修改的手动转向系统，主要是增加一个助力器，以帮助驾驶员操作。

（7）防抱死制动系统（ABS）：ABS 是"Anti-Lock Brake System"的缩略语。在没有 ABS 时，如果紧急制动一般会使车轮抱死，由于抱死之后轮胎与地面是滑动摩擦，所以制动距离会变长。如果前轮锁死，汽车失去侧向转向力，容易跑偏；如果后轮锁死，后轮将失去侧向抓地力，容易发生甩尾。特别是在积雪路面，当紧急制动时，更容易发生上述情况。ABS 是通过控制制动油压的收放，来达到对车轮抱死的控制。其工作过程实际上是抱死—松开—抱死—松开的循环工作过程，使车辆始终处于临界抱死的间隙滚动状态。20 世纪 90 年代汽车配置中最受关注的当属 ABS，而现在，ABS 已是新车的标准配备。

（8）电子制动力分配系统（EBD）：EBD 是"Electric Brake Force Distribution"的缩略语。汽车制动时，如果 4 个轮胎附着地面的条件不同，比如，左侧轮附着在湿滑路面，而右侧轮附着于干燥路面，4 个车轮与地面的摩擦力不同，在制动时（4 个车轮的制动力相同）就容易产生打滑、倾斜和侧翻等现象。EBD 的功能就是在汽车制动的瞬间，高速计算出 4 个轮胎由于附着不同而导致的摩擦力数值，然后调整制动装置，使其按照设定的程序在运动中高速调整，达到制动力与摩擦力（牵引力）的匹配，以保证车辆的平稳和安全。紧急制动车轮抱死的情况下，EBD 在 ABS 动作之前就已经平衡了每一个车轮的有效地面抓地力，可以防止出现甩尾和侧移现象，并缩短汽车的制动距离。EBD 实际上是 ABS 的辅助功能，它可以改善提高 ABS 的功效。所以在安全指标上，汽车的性能又多了"ABS+EBD"。

（9）牵引力控制系统（TCS）：TCS 是"Traction Control System"的缩略语，又称循迹控制系统。它的功能是能够探知轮胎贴地性的极限，在轮胎即将打滑的瞬间，自动降低或切断传到该车轮上的动力，使之保持循迹性。汽车在光滑路面制动时，车轮会打滑，甚至使方向失控。同样，汽车在起步或急加速时，驱动轮也有可能打滑，在冰雪等光滑路面上还会使方向失控而发生危险。TCS 就是针对此问题而设计的。TCS 依据电子传感器探测到从动轮速度低于驱动轮时（这是打滑的特征），就会发出一个信号，调节点火时间、减小气门开度、降挡或制动车轮，从而使车轮不再打滑。TCS 可以提高汽车行驶的稳定性，提高加速性，提高爬坡能力。TCS 如果和 ABS 相互配合使用，将进一步增强汽车的安全性能。TCS 和 ABS 可共用车轴上的轮速传感器，并与车载计算机连接，不断监视各轮转速。当在低速发现打滑时，TCS 会立刻"通知"ABS 动作来防止此车轮的打滑。若在高速发现打滑时，TCS 立即向车载计算机发出指令，指挥发动机降速或变速器降挡，使打滑车轮不再打滑，防止车辆失控甩尾。TCS 是一种较为高级的电子设备，但是它的特性是约束驾驶员规规矩矩地行车，而不能把汽车性能的极限发挥出来，所以不太适合跑车。

（10）电子稳定程序（ESP）：ESP 是"Electronic Stability Program"的缩略语，通常起支援 ABS 及 ASR（加速防滑系统，又称加速稳定保持系统）的功能。它通过对从各传感器传来的车辆行驶状态信息进行分析，然后向 ABS、ASR 发出纠偏指令，来帮助车辆维持动态平衡。ESP 可以使车辆在各种状况下保持最佳的稳定性，在转向过度或转向不足的情形下效果更加明显。ESP 一般需要安装转向传感器、车轮传感器、侧滑传感器、横向加速度传感器等。ESP 可以监控汽车行驶状态，并自动向一个或多个车轮施加制动力，以保持汽车在正常的车道上运行，甚至在某些情况下可以进行每秒 150 次的制动。目前 ESP 有 3 种类型：能向 4 个车轮独立施加制动力的四通道或四轮系统；能对两个前轮独立施加制动力的双通道系统；能对两个前轮独立施加制动力和对后轮同时施加制动力的三通道系统。ESP 最重要的特点就是它的主动性，如果说 ABS 是被动地做出反应，那么 ESP 却可以做到防患于未然。

（11）车身主动控制系统（ABC）：ABC 使汽车对侧倾、俯仰、横摆、跳动和车身高度的控制更加迅速、精确。车身的侧倾小，车轮外倾角度变化也小，轮胎就能较好地保持与地面的垂直接触，提高轮胎对地面的附着力，以充分发挥轮胎的驱动制动作用。而 ABC 的出现克服了悬架设定舒适性和操控性之间的矛盾，最大限度地接近消费者对车辆在这两方面的要求。

（12）自动制动差速器（ABD）：ABD 是制动力系统的一个新产品，它的主要作用是缩短制动距离，和 ABS、EBD 等配合使用。当紧急制动时，汽车会向下点头，汽车的质心前移，而相应汽车的后轮所承担的重力就会减少，严重时可以使后轮失去抓地力，这时相当于只有前轮在制动，会造成制动距离过长。而 ABD 可以有效防止这种情况发生，它可以通过检测全部车轮的转速发现这一情况，相应地减少后轮制动力，以使其与地面保持有效的摩擦力，同时将前轮制动力加至最大，以达到缩短制动距离的目的。ABD 与 ABS 的区别在于，ABS 是保证在紧急制动时车轮不被抱死，以达到安全操控的目的，并不能有效地缩短制动距离；而 ABD 则是通过 EBD 在保证车辆不发生侧滑的情况下，允许将制动力加至最大，以有效地缩短制动距离。

（13）加速防滑控制系统（Accelerate Slip Regulation，ASR）或加速稳定保持系统（Acceleration Stability Retainer，ASR）：顾名思义就是防止驱动轮加速打滑的控制系统，其目的就是要防止车辆尤其是大功率的汽车在起步、再加速时驱动轮打滑，以维持车辆行驶方向的稳定性，保持好的操控性及最适当的驱动力。它的原理并不复杂，即当计算机检测到某个驱动轮打滑时，就会自动降低发动机的输出功率，并对打滑的车轮施加制动，直到车轮恢复正常的转动。不管多么高级的轿车，它和地面接触的都只有几十平方厘米的面积，也就是 4

条轮胎的接地面积，如果车轮打滑得不到控制，汽车就会失控。别以为只有制动时车轮抱死会出危险，起步时车轮打滑一样会出问题。

（14）制动辅助系统（BAS）：在紧急情况下，有90%的汽车驾驶员踩制动踏板时不够果断，制动辅助系统正是针对这一情况而设计的，它可以从驾驶员踩制动踏板的速度中探测到车辆行驶中遇到的情况，当驾驶员在紧急情况下迅速踩制动踏板，但踩踏力又不足时，此系统便会协助，并在不到1 s的时间内把制动力增至最大，缩短在紧急制动情况下的制动距离。

（15）下坡行车辅助控制系统（DAC）：与发动机制动的道理相同，为了避免制动系统负荷过大，减轻驾驶员负担，下坡行车辅助控制系统在分动器位于L位置、车速为5～25 km/h并打开DAC开关的条件下，不踩加速踏板和制动踏板，就可以自动把车速控制在适当水平。下坡行车辅助控制系统工作时，停车灯会自动点亮。

（16）车身动态控制系统（DSC）：BMW自主开发的DSC集成了ASC自动稳定控制系统和牵引力控制系统，能够通过对出现滑转趋势的驱动轮进行选择制动来控制驱动轮的滑转状态，从而相应地对车辆起到稳定作用。而在冰雪路面、沙漠或沙砾路面上，驾驶员只需按下一个按钮就可以使车辆进入DTC模式，从而增强车辆在上述路面上的牵引力。同时，由于DSC的干预响应极限稍微延长，车辆的牵引力和驱动力也随之增大，驾驶员能够享受到非同寻常的运动驾驶体验。DSC的另一个功能是弯道制动控制（CBC），能够在转弯轻微制动时通过非对称的制动力控制消除车辆转向过度的趋势。

（17）坡道起车控制系统（HAC）：霍尔效应式车速传感器既可以感知车速又可以感知转子的旋转方向，并且灵敏度很高（0 km/h即可感知）。当挡位置于前进挡，而车轮产生后退趋势时（上坡时驱动力不足），此系统自动施加制动力于车轮；当车轮又向前运动时，自动释放制动力。此系统可以帮助驾驶员提高在坡路驾驶时的安全操作。

（18）陡坡缓降控制系统（HDC）：它能主动感测坡道的斜度及路面状况，自动控制抓地力、制动力及速度，以便在前进、后退时完全控制速度、稳定性及安全性，驾驶员无须分心斟酌加速及制动，只要操纵好转向盘即可安全通过险恶地形。HDC在陡峭的坡段上可以维持最佳的速度控制。

（19）紧急制动辅助装置（EBA）：在正常情况下，大多数驾驶员开始制动时只施加很小的力，然后根据情况增加或调整对制动踏板施加的制动力。如果必须突然施加大得多的制动力，或驾驶员反应过慢，这种习惯会阻碍他们及时施加最大的制动力。EBA通过驾驶员踩踏制动踏板的速率来理解EBA的制动行为，如果EBA觉察到制动踏板的制动压力是"恐慌性"增加，EBA会在几毫秒内启动全部制动力，其速度要比大多数驾驶员移动脚的速度快得多。EBA可显著缩短紧急制动距离并有助于防止在停停走走的交通中发生追尾事故。EBA监控制动踏板的运动。EBA一旦监测到踩踏制动踏板的速度陡增，而且驾驶员继续大力踩踏制动踏板，EBA就会释放出储存的18 MPa的液压来施加最大的制动力。驾驶员一旦释放制动踏板，EBA就转入待机模式。由于更早地施加了最大的制动力，紧急制动辅助装置可显著缩短制动距离。

（20）电子差速锁（EDS）：它是ABS的一种扩展功能，用于鉴别汽车的车轮是不是失去着地摩擦力，从而对汽车的加速打滑进行控制。同普通车辆相比，带有EDS的车辆可以更好地利用地面附着力，从而提高车辆的运行性，尤其在倾斜的路面上，EDS的作用更加明显。但EDS有速度限制，只有在车速低于40 km/h时才会启动，主要是防止起步和低速时打滑。

（二）汽车主要性能指标

汽车的使用性能是指汽车能适应各种使用条件而发挥最大工作效率的能力。汽车的主要性能包括动力性、燃油经济性、制动性、操纵性、稳定性、行驶平顺性、通过性、排放及噪声污染等。

1. 动力性

汽车的动力性可用 3 个指标来评定，即汽车的最高车速、加速能力和爬坡能力，这是汽车首要的使用性能。汽车必须有足够的平均速度才能正常行驶，汽车必须有足够的牵引力才能克服各种行驶阻力，正常行驶，这些都取决于动力性的好坏。

（1）汽车的最高车速：指汽车满载时在良好水平路面（沥青铺设路面）上能达到的最高行驶速度。

（2）汽车的加速能力：指汽车在各种使用条件下迅速增加汽车行驶速度的能力。加速过程中加速用的时间越短、加速度越大和加速距离越短的汽车，加速性能就越好。

（3）汽车的爬坡能力：用汽车满载时以最低挡位在坚硬路面上等速行驶时所能克服的最大坡度来表示，称为最大爬坡度。它表示汽车最大牵引力的大小。

不同类型的汽车对上述 3 项指标的要求各有不同。轿车与客车偏重于最高车速和加速能力，载货汽车和越野汽车对最大爬坡度要求较严。但不论何种汽车必须具备一定的平均速度和加速能力。

2. 燃料经济性

为降低汽车运输成本，要求汽车以最少的燃料消耗，完成尽量多的运输量。汽车以最少的燃料消耗量完成单位运输工作量的能力，称为燃料经济性，评价指标为每行驶 100 km 消耗掉的燃料量（L）。

3. 制动性

汽车具有良好的制动性是安全行驶的保证，也是汽车动力性得以很好发挥的前提。汽车制动性有下述三方面的内容。

（1）制动效能：指汽车迅速降低行驶速度直至停车的能力。制动效能是制动性能最基本的评价指标。它是由一定初速度下的制动时间、制动距离和制动减速度来评定的。汽车的制动效能除和汽车技术状况有关外，还与汽车制动时的速度以及轮胎和路面的情况有关。由于制动距离与行车安全有直接关系，因此，交通安全管理部门常将制动距离作为制定安全法规的依据。

（2）制动效能的恒定性：在短时间内连续制动后，制动器温度升高导致制动效能下降，称为制动器的热衰退，连续制动后制动效能的稳定程度称为制动效能的恒定性。

（3）制动时方向的稳定性：指汽车在制动过程中不发生跑偏、侧滑和失去转向的能力。

4. 操纵性和稳定性

汽车的操纵性是指汽车对驾驶员转向指令的响应能力，直接影响到行车安全。轮胎的气压和弹性、悬架装置的刚度以及汽车重心的位置都对该性能有重要影响。汽车的稳定性是汽车在受到外界扰动后恢复原来运动状态的能力，以及抵御发生倾覆和侧滑的能力。对于汽车来说，侧向稳定性尤为重要。当汽车在横向坡道上行驶、转弯以及受其他侧向力时，容易发生侧滑或者侧翻。汽车的重心越低，稳定性越好。合适的前轮定位角度使汽车具有自动回正和保持直线行驶的能力，提高了汽车直线行驶的稳定性。如果装载超高、超载，转弯时车速过快，横向坡道角过大以及偏载等，容易造成汽车侧滑及侧翻。

5. 舒适性

在行驶过程中，路面不平会造成汽车的振动，使乘客感到疲劳和不舒适，或者损坏货物，而且振动还会影响汽车的使用寿命。汽车在行驶中对路面不平的降振程度，称为汽车的行驶平顺性。当汽车速度超过此界限时，就会降低乘坐舒适性，使人感到疲劳不舒服。该界限值越高，说明平顺性越好。货车采用"疲劳——降低工效界限"车速特性。汽车车身的固有频率也可作为平顺性的评价指标。从舒适性出发，车身的固有频率在 $600 \sim 850$ Hz 较好。载客汽车要求具有优良的行驶平顺性。轮胎的弹性、性能优越的悬架装置、座椅的降振性能以及尽量小的非悬架质量，都可以提高汽车的行驶平顺性。

汽车空调系统是实现对车厢内空气进行制冷、加热、换气和空气净化的装置。空调系统可以为乘车人员提供舒适的乘车环境，降低驾驶员的疲劳强度，提高行车安全。空调装置已成为衡量汽车功能是否齐全的标志之一。

6. 通过性

在一定的装载质量下，汽车能以较高的平均速度通过各种坏路及无路地带和克服各种障碍物的能力，称为汽车的通过性。各种汽车的通过能力是不一样的。轿车和客车由于经常在市内行驶，通过能力较差。而越野汽车、军用车辆、自卸汽车和载货汽车，就必须有较强的通过能力。

采用宽断面胎、多胎可以减小滚动阻力；较深的轮胎花纹可以增加附着系数而不容易打滑，全轮驱动的方式可使汽车的动力性得以充分发挥；结构参数的合理选择，可以使汽车具有优良的克服障碍的能力，如较大的最小离地间隙、接近角、离去角、车轮半径和较小的转弯半径、横向和纵向通过半径等，都可提高汽车的通过能力。

7. 其他使用性能

（1）操纵轻便性。驾驶汽车时需要根据操作的次数、操作时所需要的力、操作时的方便情况以及视野、照明、信号等来评价操纵轻便性。汽车具有良好的操纵轻便性，不但可以减轻驾驶员的劳动强度和紧张程度，也是安全行驶的保证。采用动力转向、辅助制动装置、自动变速器以及膜片离合器等，可使操纵轻便性得以明显改善。

（2）机动性。市区内行驶的汽车，经常行驶于狭窄多弯的道路，因此机动性显得尤为重要。机动性主要用最小转弯半径来评价。转弯半径越小，机动性越好。

（3）装卸方便性。它与车厢的高度、可翻倒的栏板数目以及车门的数目和尺寸有关。

8. 汽车的排放污染和噪声污染

汽车主要有 3 个排放污染源：一是发动机排气管排出的燃烧废气（柴油车还排放大量的颗粒物）；二是曲轴箱排放物；三是燃料蒸发排放物。这些排放物对环境的污染极大，对人类身体产生严重的不良影响。随着城市汽车保有量的增加，汽车噪声已成为城市环境中最主要的噪声源。为了有效地控制城市的交通噪声，各国都制定了各种机动车的噪声标准及限值。

二、汽车选购原则

汽车是现代化汽车运输企业运营物资的技术基础，是运输企业的主要生产设备。组织运输生产首先要有合适的车辆。因此，应根据运输市场情况、当地的社会运力、油料供应、运量、运距及道路、气候等社会和自然条件，制订车辆发展规划，择优选购，合理配置车辆，并做好车辆的分配和投用前的技术准备工作，充分发挥车辆的效能，提高运输单位的经济效益。

对于运输企业，应根据运输生产需要和运行条件，综合考虑车辆的适应性、可靠性、动力性、经济性、维修方便性和产品质量等因素，进行择优购置车辆。择优选购车辆是关系到运输单位和个人主要生产设备优劣的关键问题，应进行技术经济论证，避免盲目购置。要从实际出发，量力而行，按需选购，讲究实用可靠，尽可能达到少投入多产出、综合经济效益好的目的。车辆能适应当地道路、气候条件，就说明车辆适应性好。缩短维修时间，减少维修费用，说明维修方便性好。同类型车辆燃油经济性差异尽管很小，但长期积累，节约数量也相当可观，应对燃油经济性进行比较选择。车辆使用寿命长，显然是产品质量好的重要标志之一。因此，在选购车时，应从车辆的售价、适应性、可靠性、维修方便性、使用寿命和燃油经济性等方面综合考虑。

（一）生产适用原则

生产适用原则包含三层含义：一是选购的车辆要符合经营需求，选购的车辆应用得着，为此选购车辆之前应首先考虑具体的运输任务和经营要求，避免盲目购置造成闲置，同时制订企业车辆发展规划，做到有计划购置，努力保持运力与运量基本平衡，避免盲目增加运力；二是要充分考虑车辆的使用条件，如营运区域内的道路、桥梁、渡口、地形、环境条件和自然气候条件等，避免购置的车辆用不上，或者不能充分发挥其效能，造成不必要的浪费；三是根据市场运营情况，适时调整车辆配置构成，合理选配不同类型和不同档次的车辆，以达到最佳配比关系，适应市场需求。

1. 依据用途选型

汽车是一种应用范围非常广泛的现代化交通运输工具，而我国地域辽阔，各地区的条件千差万别，各行业为了适应其运输使用条件，对所需汽车的结构和形式要求也就各不相同。总体上讲，汽车运输可分为人员运输和货物运输。

从人员运输的角度看，对应需要的车型有客车、轿车、越野车等。而根据不同的乘坐人员和不同的运输需要，又可把车型细分为微型客车、小型客车、中型客车、大型客车和特大型客车。

从货运的角度看，对应所需要的车型就更为广泛，基本分类有普通货车、越野货车、自卸车和牵引车等。

2. 根据地理、道路和气候条件选型

自然条件对车辆行驶性能的发挥有很大的制约作用，甚至有些自然环境会使车辆完全失

去使用条件。不同的车型、同一车型配备不同的装置或选用不同的参数指标，在同一自然环境下其行使能力和使用效果会有很大的差别。

（1）高原地区。在正常海拔（一般不低于 3 000 m）时，汽车的发动机能正常工作。但在海拔上升到一定高度时，由于气压和空气密度下降，造成发动机气缸充气不足，气缸压力下降，发动机功率随之下降。同时由于充气不足，混合气变浓，燃油燃烧不充分，油耗增加。由于大气压力降低，发动机冷却液温度在远低于 100 ℃ 时就会沸腾，引起散热器中冷却液的蒸发损耗量增大，冷却效果减弱。汽车厂家为适应高原地区对车辆发动机性能的要求，对汽车发动机系统进行了相应改进，或制造了高原型汽车。

（2）道路条件复杂地区。良好的道路条件会使车辆的运行效率大增，而复杂的道路条件会对汽车的使用性能提出更高的要求。

（3）多雨地区。对于货物运输，如果没有有效的避雨措施，会对某些物品造成极大损害，进而使财产受损。所以，经常在多雨地区行驶的车辆，应选择密封性好、具有防雨功能的厢式车或者高栏板带篷布的载货汽车。

（4）高温地区。气候条件决定了汽车所选用发动机、蓄电池等的性能指标和选装件的取舍。高温条件会对汽车各系统的工作状况有很大影响。

在高温条件下，外界气温高，发动机工作温度与大气温差小，导致冷却系统散热困难，发动机容易过热，降低了气缸的充气系数，使压缩行程气缸内平均有效压力下降，导致燃油燃烧不良，发动机功率下降；润滑油黏度降低，使相对运动的零件间润滑油压力下降、润滑性能变差，从而加剧零件磨损，且使机体变热；高温下，液体挥发加快，易使供油系统产生气阻，使发动机油耗量增加。另外，在高温和通风条件不好的情况下长时间驾车，驾驶员容易疲劳。因此，常在高温地区使用的车型，应注意选用通风性良好、带晶体管汽油泵、散热器容积大和可选装空调装置的汽车。客运公司在选购客车时，要充分考虑乘客的舒适性，选购空调客车，虽然投资增加，但日后可以得到回报。

（5）高寒地区。高寒地区的低温条件对汽车各系统的工作状况也有很大影响。

在低温条件下，润滑油黏度增大，各相对运动的零件阻力增大；蓄电池电解能力降低，使蓄电池工作能力降低；燃料的蒸发性变差，使发动机启动困难，燃油消耗量增加；润滑系统工作不良还会使各相对运动的零件磨损加剧。另外，高寒气候会使道路被冰雪覆盖，对汽车的制动性能和防滑性能提出更高的要求。所以，在高寒地区选择车型时，应注意选用保暖性好、蓄电池容量大、带暖风装置、带辅助启动装置和预热装置的汽车，同时加装防滑链。

（二）经济合理原则

合理的选型，就是为了使汽车有一个较长的经济使用寿命，且在运行期内有最好的经济回报。上述目的的实现，既要考虑到车辆的购置费用，又要考虑车辆在日后使用过程中的维持运转费用，即寿命周期总费用。运输经营利润的高低、投资回收周期的长短，都是需要考虑的因素。

国家报废标准规定的汽车使用年限只是为企业提取固定的资产折旧提供依据，运输企业由于其更新投资能力、从事运营的利润率和投资回收周期的不同，确定汽车的经济使用寿命也不会相同。如投资回收能力强、周期短，可选用大型高效的进口车辆，且适当缩短车辆的经济使用周期，做到大投入、多产出、高效益，如基建工程的大型自卸车、城市高速公路运营的大型豪华客车，在选型时都应遵循高标准、高效率和高利润的原则，使车辆的经济寿命周期与产品更新换代同步。而对于更新投资能力差、投资回收时间长的企业，在汽车选型时应考虑选用性能适中、有较好的可维护性的车辆，并进行精心使用和维护，以延长汽车的经济使用寿命。

（三）维修方便原则

（1）使用、管理和维修的水平。汽车使用、管理和维修能力的强弱，对所选车型的性能有重大影响。一辆性能再好的汽车，随行驶里程的增加，技术状况也会逐渐变坏。为了延长汽车的使用寿命，并使之经常处于良好的技术状况，就要合理地使用、正确地维修。汽车本身性能好、有适宜的运行条件，汽车的维修工作量就会小一些、维修费用就少一些，反之就会多一些。而此目标的实现，依赖于高水平的使用、管理和维修技术以及先进的维修设备和充足的零配件供应。

现代汽车的发展，对汽车使用、管理、维修人员的技术与管理水平的要求越来越高，特别是对高级轿车和结构复杂的特种专用车辆的使用与维修水平要求更高。在我国，汽车的维护与修理制度强调检测诊断设备使用的重要性。虽然在汽车实际使用中，汽车维护与修理的手段和水平千差万别，但是，采用的检测诊断和修理设备不同、维修人员水平的高低，对于汽车维护与修理质量的影响非常大，尤其对于那些高级轿车和一些特种专用车辆影响就更大。

所以，在选购车辆时，除考虑满足性能和使用要求外，还应结合本企业的使用、管理水平，本企业和本地区配套的维护与修理企业的设备和技术水平，参考确定所选车型。车辆技术水平越先进，设备越复杂，需要维护和修理设备的人员水平就越高，特别是一些进口高级轿车，需要专门的检测诊断设备才能进行维护与修理，维修的方便性较差，所以购车应与本企业和地区的维修水平相适应。

（2）配件的供应。在用汽车完好率和配件的供应情况，同样对选型至关重要。在用汽车的完好率高低，除了与本车品质和使用水平等有关外，还与配件供应和配件品质有直接关系。国产汽车配件供应充足，配件品质容易识别，价格也较合理。一些进口汽车，由于批量少，进货渠道多种多样，配件供应不够充足，品质和价格的差异也很大，所以购车时应注意选择配件供应充足的车型。对于进口汽车，还应注意车辆的进货渠道和售后服务。

（四）技术先进原则

技术先进原则是指车辆在当前和今后一个时期内，主要的使用性能指标和技术性能指标是先进的或比较先进的，能够体现出车辆优越的动力性、安全性、可靠性、乘坐舒适性、操作方便性和节能环保性等。

三、制订购车方案

在解读车辆技术参数的基础上，需要综合分析同级别、同类型汽车的性价比，从而制订符合购车人需求的购车方案。

（一）购车费用与使用费用

汽车已经渐渐走进寻常百姓家庭，成为人们生活中的好助手。但是人们在购车前都想知道购车、养车需要花费多少，最朴素的想法是买得起车也养得起车。消费者购车前把全部费用弄清楚，有助于制订优质的购车方案，以达到放心购车、放心使用的目的。

汽车价格的构成主要有 4 个要素：汽车生产成本、汽车流通费用、国家税金和汽车企业利润。消费者在选购汽车时，习惯于将购车价格作为选择的主要标准。而实际上，除了考虑购车费用外，还需考虑使用费用。

1. 汽车售价

国产汽车按国家有关定价规定，各主要车型由企业定价后报物价主管部门批准备案后生效。汽车经销商一般会根据汽车的品种与档次、市场供求状况、经营利润和增值税等项目确定汽车的售价。汽车的售价并不等于购车人买车时的全部投入，如果要使汽车获得上路行驶的"资格"，还需缴纳其他相应的费用。

2. 车辆购置附加税

车辆购置附加税由国家税务局征收，纳税人购置应税车辆，应当向车辆登记注册地的主管税务机关申报纳税。国产车辆按售价的 10%征收。进口车辆，以车辆到岸价加海关相关费用的组合价的 10%征收。国家交通部、财政部如有新规定，按届时规定征费。

3. 保险费

关于车辆保险的知识将在项目二详细介绍，该处仅做初步介绍。

非营业性国产乘用车保险费的年收费标准如下：

（1）机动车交通事故责任强制险（简称交强险）。家用 6 座以下车辆为 950 元/年，家用 6 座以上车辆为 1 100 元/年。目前，该项险种实行强制保险，车主只有投保本险种方可到车辆管理所办理牌证。

（2）车辆损失险。基本保险费为 240 元，另加车价的 1.2%的保险费。

（3）第三者责任商业险。按投保限额分档，投保限额有 5 万元、10 万元、15 万元、20 万元、30 万元、50 万元、100 万元及 100 万元以上不超过 5 000 万元 8 个档次，所需要的保费也由低到高差别很大。以甘肃省兰州市某保险公司为例，普通家用轿车投保 5 万、10 万、20 万、50 万、100 万的花费分别为 810 元、1 040 元、1 250 元、1 500 元、1 650 元。

（4）其他险种。例如，全车盗抢险：占车价的 1%左右；车上人员责任险：核定座位数 6 座以下的按照额定座位数投保，保险费为投保额的 6.5%；不计责任免赔特约险：保险费为（车辆损失险+第三者责任商业险）×20%。

汽车商业保险属于车主自选范围，对于初次开车的新手一般建议在经济许可范围内购买"全险"，包括车辆损失险、不计免赔险、第三者责任险、车上人员责任险、全车盗抢险、划痕险、玻璃单独破损险共计 7 种保险。而对于行车 5 年左右的人来说，有了熟练的驾驶经验可以只投保车损险和第三者责任险。保险费用依照车型及价格有所不同，一般来说车价为 10 万元左右的新车上"全险"大概需要每年 5 000 元。

4. 牌证费

汽车牌证费的统一收费标准为 154 元。另外，汽车移动证、车辆行驶证等也需缴纳相应的费用。

5. 车船使用税

车船使用税是对行驶于公共道路的车辆和航行于国内河流、湖泊或领海口岸的船舶，按照其种类（如机动车辆、非机动车辆、载人汽车、载货汽车等）、吨位和规定的税额计算征收的一种使用行为税。

总之，以一辆车价为 12 万元左右的中级轿车来讲，要一次性付款把它买下来并办齐各项手续，要再花 2 万～3 万元的附加费，总计 14 万～15 万元。

（二）养车费用

买车，对于一些家庭来说已经不是奢侈的梦想。但是提到养车，就足以让很多家庭对这一梦想望而却步。汽车一天天在贬值，再加上油料价格的上涨、停车费的上涨、维修费的增加……养一台车确实需要一笔不小的开支。那么，养车究竟要花费多少？家庭应该如何根据自己的经济情况来选购车呢？

养车费用可分为固定费用和变动费用两部分。固定费用在购车费用中已经提到，主要有车船使用税、保险费等，对于一辆 10 万元左右的家庭轿车，每年的固定费用在 5 000 元左右。变动费用主要有以下几种：

（1）油料费。油料包括汽（柴）油、机油、齿轮油、制动液等。一般按每年行驶 15 000 km，百公里耗油 10 L 计算（市区路况），全年耗汽油为 1 500 L，每升按 6 元计算，一年的汽油费约为 9 000 元；机油需 300 元；齿轮油、制动液约需 300 元，油料费总计为 9 600 元左右。

（2）正常维修费。汽车在正常使用过程中，维护和总成大修等是不可避免的，各项修理的开支额度与汽车的品牌、档次直接相关。以一辆中档轿车为例，汽车大修工时人工费为 5 000～7 000 元；发动机总成大修工时费约为 2 000 元，还不包括要更换的配件；以检查、调整为主的二级维护工时费，乘用车约为 600 元。车辆易损件以及必须定期更换的零件，如 3 种滤清器（空气滤清器、汽油滤清器、机油滤清器）的滤芯，每年最少要更换一次；蓄电池的正常使用寿命一般为 2 年左右（免维护蓄电池约为 4 年）；轮胎的使用寿命一般为 3 年左右，寿命里程为 80 000～100 000 km；制动片的使用寿命为 70 000～120 000 km，再加上电器等配件，每年需 1 500～2 500 元的零配件费用。

汽车维护一般是每 5 000 km 一次，行驶到 20 000 km 需要"大维护"一次。维护的费用与汽车的价格有关，高档车维护费用相对较高。一般来说 10 万元左右的汽车维护一次的基本费用为 300～500 元，20 000 km 的"大维护"费用可能需要 800～1 000 元。

（3）年检费。车辆每次的检测审验费大约为 200 元，具体要求见项目二知识拓展部分。

（4）停车费。在大中城市，汽车的停车费也是一笔不小的开支，各个地区的停车费标准也有明显差异，目前在兰州主城区的汽车停车费基本上为每小时 6 元，1 小时以后每小时加收 4 元。如果按每月 200～1 000 元计算，一年也要 2 400～12 000 元。

（5）其他费用。如违章罚款、过路费、过桥费、意外修理，这笔开支也不小。

综上所述，家庭轿车每年的养车费用为 1.2 万～3 万元，平均每月 1 000～2 500 元。

四、择优选购汽车

马斯洛理论把需求由较低层次到较高层次分成生理需要、安全需要、社交需要、尊重需要和自我实现需要五类，如图1.3所示。各层次需要的基本含义如下：

（1）生理需要：是人类维持自身生存的最基本要求，包括饥、渴、衣、住等方面的要求。如果这些需要得不到满足，人类的生存就成了问题。从这个意义上说，生理需要是推动人们行动最强大的动力。马斯洛认为，只有这些最基本的需要满足到维持生存所必需的程度后，其他的需要才能成为新的激励因素，而到了此时，这些已相对满足的需要也就不再成为激励因素了。

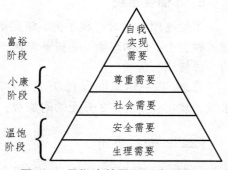

图1.3　马斯洛的需要层次理论

（2）安全需要：这是人类要求保障自身安全、摆脱事业和丧失财产威胁、避免职业病的侵袭、接触严酷的监督等方面的需要。马斯洛认为，整个有机体是一个追求安全的机制，人的感受器官、效应器官、智能和其他能量主要是寻求安全的工具，甚至可以把科学观和人生观都看成是满足安全需要的一部分。当然，这种需要一旦相对满足后，也就不再成为激励因素了。

（3）感情需要：这一层次的需要包括两个方面的内容，一是友爱的需要，即人人都需要伙伴之间、同事之间的关系融洽或保持友谊和忠诚；人人都希望得到爱情，希望爱别人，也渴望接受别人的爱；二是归属的需要，即人人都有一种归属于一个群体的感情，希望成为群体中的一员，并相互关心和照顾。感情上的需要比生理上的需要更加细致，它和一个人的生理特性、经历、教育、宗教信仰都有关系。

（4）尊重需要：人人都希望自己有稳定的社会地位，要求个人的能力和成就得到社会的承认。尊重的需要又可分为内部尊重和外部尊重。内部尊重是指一个人希望在各种不同情境中有实力、能胜任、充满信心、能独立自主，总之，内部尊重就是人的自尊。外部尊重是指一个人希望有地位、有威信，受到别人的尊重、信赖和高度评价。马斯洛认为，尊重需要得到满足，能使人对自己充满信心，对社会充满热情，体验到自己活着的价值。

（5）自我实现需要：这是最高层次的需要，它是指实现个人理想、抱负，发挥个人的能力到最大程度，完成与自己的能力相称的一切事情的需要。也就是说，人必须干称职的工作，这样才会使他们感到最大的快乐。马斯洛提出，为满足自我实现需要所采取的途径是因人而异的。自我实现的需要是在努力实现自己的潜力，使自己成为自己所期望的人物。

马斯洛认为，一个国家多数人的需要层次结构，是同这个国家的经济发展水平、科技发展水平、文化和人民受教育的程度直接相关的。在不发达国家，生理需要和安全需要占主导的人数比例较大，而高级需要占主导的人数比例较小；在发达国家，则刚好相反。

马斯洛的需要层次理论给我们很大的启示，只有满足消费者需求的产品，才是有市场的。作为销售人员要做的一项重要工作就是要了解不同消费者的消费需求，抓住他们的消费心理，介绍给他们符合其消费需求的产品。

销售人员可以通过提问发现顾客购车的动机是什么，从而根据其动机来说服顾客。通常，顾客购车有六大动机，具体如下：

（1）安全：主动安全和被动安全。

（2）性能：车辆在实际驾驶中的表现。

（3）创新：技术革新、尖端设备。

（4）舒适：驾驶与乘坐舒适性、行驶平顺性、隔音性、便利性。

（5）经济：性价比、最优惠价格、维修便利。

（6）认同：自我与个性的表现、别人的看法与评价。

销售人员可以根据顾客最看重的动机，用本店汽车的优势去吸引顾客。

五、汽车车况检查

汽车车况检查如表 1.1 所示。

表 1.1 汽车车况检查一览表

1. 作业准备

（1）轮胎气压计、扭力扳手、套筒、万用表、工具。

（2）座椅套、翼子板布、转向盘套、脚垫、布、垫板。

（3）安装随车附件。

2. 目视检查

（1）检查警告灯、蜂鸣器（钥匙、前照灯）。

（2）检查发动机的机动性、稳定性、异响及振动。

（3）检查电器件的工作状况。

① 前照灯、小灯、雾灯、控制台灯光。

② 尾灯、牌照灯、后雾灯。

③ 制动灯、倒车灯、光束调整系统。

④ 转向灯、双闪灯。

⑤ 刮水器、清洗器喷嘴、喇叭。

⑥ 除雾器、点烟器。

⑦ 音响（调频）、时钟（设为正确时间）。

⑧ 遮阳板、化妆灯。

⑨ 室内灯。

⑩ 天窗动作。

⑪ 座椅加热情况。

（4）检查车内后视镜、门后视镜（调整为正常状态）。

（5）检查角度及高度可调转向盘的动作。

（6）检查储物箱及杯架、烟灰缸。

（7）检查座椅和安全带的运作、污损情况。

（8）检查发动机罩、行李舱、加油口盖的开启情况。

（9）检查车门玻璃的动作情况。

（10）检查车门、门锁、遥控门锁、智能系统的工作情况。

（11）检查儿童门锁。

（12）检查行李舱灯。

（13）检查行李舱内衬、垫板。

（14）检查备胎的气压和安装情况。

（15）检查千斤顶、工具、三角牌和牵引挂钩等。

（16）检查发动机罩、车门的安装间隙及段差。

3. 检查发动机舱

（1）检查油液的量及其质量。

① 发动机油

② 转向助力油

③ 自动传动桥油。

④ 制动液、离合器液。

⑤ 刮水器清洗液、防冻液。

⑥ 蓄电池电解液。

（2）检查油类的渗透情况。

（3）检查蓄电池极桩的安装情况。

（4）测量蓄电池的电压。

（5）检查蓄电池充电情况。

4. 下部检查

（1）确认轮胎螺母的拧紧力矩。

（2）调整轮胎的气压。

（3）检查轮胎的损坏情况。

（4）安装随车附件。

（5）拆除前弹簧隔垫、制动器防锈罩。

（6）检查油液类的渗漏情况。

（7）检查安装紧固情况。

（8）检查损伤、生锈情况。

5. 路试

（1）检查踏板的游隙、高度和踩后余量。

（2）检查发动机的启动性、平稳性、异响和振动。

（3）检查行驶性能。

（4）检查仪表、指示灯的工作情况。

（5）检查离合器、传动桥。

（6）检查制动性能、异响、驻车制动。

（7）检查转向情况。

（8）检查异响、噪声、振动、平稳性。

（9）检查暖风、空调。

（10）检查自动传动桥。

（11）检查卫星导航系统。

（12）检查定速装置的工作情况。

6. 最终检查、清洁

（1）取下不要的标签及覆盖物。

（2）检查内装部分的安装及有无损坏情况。

（3）确认驾驶员手册等相关资料。

（4）安装轮毂盖。

（5）洗车，清扫驾驶室。

（6）检查漆面的不良、损坏情况。

（7）检查外装部分的安装、损坏情况。

 **任务实施**

任务一 车辆主要技术参数和配置解读

1. 任务说明

张先生在一个大型国企上班，年收入 10 万元左右，到某丰田 4S 店购买一汽丰田卡罗拉 GL 1.6 L CVT 或卡罗拉 GL-I 1.8 L CVT 轿车。根据张先生的实际情况，向其解读卡罗拉轿车产品介绍单所列的汽车主要技术参数和配置。

2. 技术要求与标准

（1）两个学生相互配合能在 45 min 内完成此项目。
（2）技术标准如表 1.2 所示。

表 1.2 技术标准

项 目	要 求	项 目	要 求
衣 着	穿正装，佩戴工作证	业务流程	熟练，应变能力强
语言表达	讲普通话，与客户沟通、交流顺畅	产品解读	正确，重点突出

3. 设备器材

（1）一汽丰田卡罗拉 GL 1.6 L 8S-CVT 或 GLX-i 1.8 L 8S-CVT 轿车。
（2）所需单证。

4. 作业准备

（1）检查车辆的运行情况。
（2）准备好所需单证。

5. 操作步骤

按表 1.3 逐项向客户解读卡罗拉 GL 1.6 L 8S-CVT 和 GLX-i 1.8 L 8S-CVT 两种型号轿车的主要规格和配备。

表 1.3 卡罗拉轿车主要规格和配备

主要规格及配备		卡罗拉 GL 1.6 L 8S-CVT	卡罗拉 GLX-i 1.8 L 8S-CVT
尺寸及质量	全长×全宽×全高/ mm	4 630×1 775×1 480	
	室内长×室内宽×室内高/ mm	1 930×1 485×1 190	
	轴距/ mm	2 700	
	轮距（前/后）/ mm	1 535/1 535	1 525/1 520
	最小离地间隙/ mm	145	

主要规格及配备		卡罗拉 GL 1.6 L 8S-CVT	卡罗拉 GLX-i 1.8 L 8S-CVT
尺寸及质量	最小转弯半径/ m	5.4	
	整备质量/ kg	1 285	1 315
	满载质量/ kg	1 770	1 785
	行李舱容积/ L	426/452（6∶4分割可翻倒式后排座椅放倒后）	
	轮胎规格	195/65R 15	205/55R 16
发动机	型　号	1ZR-FE	2ZR-FE
	形　式	4缸直列顶置双凸轮轴电喷16气门（双VVT-i）	
	排气量/ cc	1 598	1 798
	最大功率/［kW/（r/min）］	90/6 000	103/6 400
	最大扭矩/［N·m/（r/min）］	154/5 200	173/4 000
	缸径×行程/ mm×mm	80.5×78.5	80.5×88.3
	压缩比	10.2∶1	10.0∶1
	最高车速/（km/h）	180	180
	燃油供给装置	EFI	
	变速箱形式	8S-CVT	8S-CVT
	油箱容积/L	55	
	百公里油耗（综合工况法）/（L/100 km）	5.9	6.1
制动、悬架、驱动方式	制动盘（前/后）	通风盘式/盘式	
	悬架系统（前/后）	麦弗逊式悬架/扭力梁式悬架	
	驱动方式	前轮驱动	
外观	铝合金轮毂	●15英寸	●16英寸
	电动车窗	—	●
	前雾灯	●	●
	前大灯（带手动水平调节）	●	●投射式、带LED日间行车灯
	组合式尾灯	●卤素	●LED
	车身同色电动外后视镜（带转向灯）	●	●自动折叠
	镀铬前格栅	●	●
	雾灯周围镀铬装饰条	●	●
	镀铬车外门把手	●	●
	雨　眉	▲	▲

续表

主要规格及配备		卡罗拉 GL 1.6 L 8S-CVT	卡罗拉 GLX-i 1.8 L 8S-CVT
外 观	尾 喉	▲	▲
	鲨鱼鳍	▲	▲
	防盗螺母	▲	▲
内 饰	可上下前后调节式方向盘	•树脂	•真皮（带电话、音响操控键）
	带镀铬装饰中央控制面板	•钢琴黑	•质感碳纤维
	组合式仪表盘	•三筒	•双筒+4.2英寸彩色大屏幕
	座椅材质	织 物	真 皮
	驾驶席座椅调节装置	•4方向、手动	•6方向、手动
	助手席座椅调节装置	•4方向、手动	•4方向、手动
	ISO-FIX标准儿童座椅固定装置	•	•
	6∶4分割可翻倒式后排座椅	—	•
	中央储物盒材质	织 物	真 皮
	足底灯	▲	▲
	儿童座椅	▲	▲
	橡胶脚垫	▲	▲
空 调	空 调	•手 动	•自 动
	全新花粉型空调滤清器	•	•
	后排足部出风口	•	•
音响及电子 导航系统	CD音响（含AM/FM及MP3、WMA播放功能）	•	—
	带多功能显示屏音响系统	—	•
	多媒体导航系统（含CD光驱等功能）	—	—
	音频输入端口	AUX+USB	AUX+USB+蓝牙
	6扬声器	•	•
安 全	EPS电子助力转向系统		
	ABS+EBD	•	
	VSC+TRC	—	
	前部+侧部空气囊（驾驶席、助手席）		
	发动机锁止系统（带警报）		
	驻车雷达（前2后4）		
	倒车影像		

续表

主要规格及配备		卡罗拉 GL 1.6 L 8S-CVT	卡罗拉 GLX-i 1.8 L 8S-CVT
储物空间	后排座椅中央扶手（带杯架）	—	●
	前排座椅后方背袋（驾驶席、助手席）	●	●
	中控台双杯架	●	●
	前后车门内侧储物空间		
舒适配备	定速巡航	—	—
	智能钥匙及一键启动	—	●
	遥控车门开启（带开启后备箱功能）	●	●

注：● 表示有此配置；— 表示无此配置；▲ 表示在经销店选装的丰田纯正精品。

任务二　通过角色扮演完成交车

1. 任务说明

张先生决定购买卡罗拉 GL-i 1.8 L CVT 轿车。通过角色扮演完成向张先生交车，确保用户对整个销售过程完全满意。

2. 技术要求与标准

（1）两个学生通过角色扮演能在 60 min 内完成此项目。

（2）技术标准如表 1.4 所示。

表 1.4　技术标准

项　目	要　求	项　目	要　求
衣　着	穿正装，佩戴工作证	业务流程	熟练，应变能力强
语言表达	讲普通话，与客户沟通、交流顺畅		

3. 设备器材

（1）电源诊断仪。

（2）常用工具。

（3）所用单据。

（4）电话。

（5）卡罗拉 GL-i 1.8 L CVT 轿车一辆。

4. 作业准备

（1）检查电源诊断仪的运行状况。

（2）准备好常用工具。

（3）准备好所需单证。

5. 操作步骤

按图 1.4、图 1.5 逐项完成，每做完一项可在前面做标记。

温馨寄语：
　　非常感谢您购买一汽丰田汽车，如您在今后的车辆使用过程中遇到任何问题，请您随时和我们联系，我们将竭诚为您提供细致、周到的汽车管家服务！向您提供10分满意的服务是我们的最高的服务宗旨！

TOYOTA

编码：
交车日期：　　　年　　月　　日

交车过程及文件确认表

从顾客满意到顾客感动

◆ **新车类型**

◆ **客户姓名**

◆ **交车准备**
- ☐ 交车前的电话预约
- ☐ 告知交车所需时间 ≥45分钟
- ☐ 付款方式的确认
- ☐ 车辆PDS和车辆清洁告知确认

◆ **顾客接待**
- ☐ 迎接顾客
- ☐ 交车仪式（合影留念）

◆ **费用与文件说明**
- ☐ 购车费用说明（合同）
- ☐ 上牌手续说明（上牌手续与费用清单）
- ☐ 关于保险的说明（保险单）
- ☐ 免费保养的说明：

　　五千公里全名及壹万公里免工时费
- ☐ 保修事项说明（保修手册）

　1、保修期为——年或——万公里，以先到为准
　2、易损件保修半年或壹万公里，以先到为准，
　　详见《保修手册》
- ☐ 售后服务说明

　　（介绍维修负责人，并递交名片）
- ☐ 选装精品保修说明

◆ **车辆文件交付**
- ☐ 发票四联
- ☐ 合格证及技术参数
- ☐ 保险单
- ☐ 驾驶员手册
- ☐ 保修手册（凭行驶证领取）
- ☐ 提示贴的使用
- ☐ 脚垫安全使用说明，正确使用脚垫说明工具
- ☐ 进口货物证明书（进口车）
- ☐ 商检单（进口车）

　　一汽丰田客户满意度回访事宜

交车时间：
始：＿＿＿＿＿＿＿＿
迄：＿＿＿＿＿＿＿＿
销售人员：＿＿＿＿＿＿
销售部长：＿＿＿＿＿＿
车辆颜色：＿＿＿＿＿＿
VIN：＿＿＿＿＿＿＿
客户签名：＿＿＿＿＿

以上内容准确无误，验收完毕

一汽 **TOYOTA**

图 1.4　丰田车系交车过程及文件确认表

TOYOTA

新车交接确认表

交车日期:_____月_____日

● **新车说明一览**

- ☐ 外观设计
- ☐ 门窗开关及上锁的方法 (车门儿童安全锁等)
- ☐ 驾驶位置的调整方法 (座椅、方向盘)
- ☐ 安全带的使用方法
- ☐ 外后视镜和内后视镜的调整方法
- ☐ 钥匙和发动程序
- ☐ 组合开关的操作方法 (大灯、雾灯、转向灯、紧急指示灯、雨刮器、定速巡航控制等)
- ☐ 大灯清洗装置说明
- ☐ 仪表盘及各项指示灯说明
- ☐ 变速器的操作方法
- ☐ 各类开关的操作方法和位置指示 (发动机盖、行李厢盖、燃油箱盖)
- ☐ DVD语音电子导航系统说明及演示 (设回家路线)(若配备)
- ☐ 空调系统操作说明
- ☐ 音响系统操作说明
- ☐ 天窗的操作说明
- ☐ 后排座椅调整方式说明
- ☐ 丰田汽车的防盗系统
- ☐ 童椅固定装置说明
- ☐ 五油三水及胎压检查说明
- ☐ 随车工具和千斤顶位置指示和使用方法
- ☐ 备用轮胎

● **车辆确认 (外部)**

- ☐ 车辆外观清洁
- ☐ 检查车身无划痕、污渍
- ☐ 检查玻璃划痕、污渍
- ☐ 检查轮胎、车轮无划痕、污渍

● **车辆确认(内部)**

- ☐ 清洁车辆 (特别是烟灰缸、随车工具等)
- ☐ 安置车厢内脚垫 (未订购时可用脚垫纸代替) 使用安全的脚垫 (可固定、未重叠铺设脚垫、在油门右侧未翘起、厚度10mm以下且四周无突出包边)
- ☐ 检查内饰颜色, 无划痕、污渍
- ☐ 确认电动装置能正常工作
- ☐ 确认随车附件和工具: 备胎、卸胎工具、千斤顶、点烟器、烟灰缸等
- ☐ 确认订购装备
- ☐ 设定收音机频道和时钟
- ☐ 确认DVD电子语音导航系统的运行状况
- ☐ 确认汽油量 (有1/4箱燃油)
- ☐ 车辆钥匙　　　把, 遥控器　　　把
- ☐ 相关材料完备 (驾驶员手册、保修手册、保险证、行驶证等)

● **其他项目**

- ☐ VSC/TRC/HAC操作说明 (若配备)
- ☐ 智能钥匙和一键启动操作说明 (若配备)
- ☐ AFS (前大灯智能随转系统)说明 (若配备)

销售人员　　　　　　　　　

顾客　　　　　　　　　

以上内容准确无误, 验收完毕　署名

一汽丰田汽车销售有限公司
FAW TOYOTA MOTOR SALES CO.LTD

图 1.5　丰田车系新车交接确认表

任务三　制订购车方案

1. 任务说明

张先生在一个大型国企上班, 年收入 10 万元左右, 打算购买一辆 15 万元左右的乘用车, 主要用于上下班代步。以客户张先生购车为例, 根据他的实际情况, 帮助其制订购车方案。

2. 技术要求与标准

（1）两个学生相互配合能在 45 min 内完成此项目。

（2）技术标准如表 1.5 所示。

表 1.5 技术标准

项 目	要 求	项 目	要 求
衣 着	穿正装，佩戴工作证	业务流程	熟练，应变能力强
语言表达	讲普通话，与客户沟通、交流顺畅	购车方案	合理，客户满意

3. 设备器材

（1）计算机。

（2）汽车销售教学软件。

（3）所需单证。

（4）打印机。

4. 作业准备

（1）检查计算机及销售软件的运行状况。

（2）准备好所需单证。

（3）检查打印机的运行状况。

5. 操作步骤

（1）了解顾客需求。

主动邀请顾客接受产品介绍。了解顾客需求，看顾客想进一步了解哪几款车型，根据顾客的实际情况和个人喜好，帮顾客推荐适合的车辆。有以下几点需要注意：

① 给顾客留下良好的第一印象。一段精彩的开场白，不仅可以引起顾客对自己的重视，还能引起顾客对你接下来言谈举止的强烈兴趣，能够在他们面前留下良好的第一印象。可以说，一个吸引人的开场白，就已经使一次销售成功地实现了一半。对于销售人员来说，在与顾客沟通的过程中，一段好的开场白能够起到的作用不仅仅是成功地向顾客介绍自己以及自己要销售的产品，而且还为后来的良好沟通奠定了坚实的基础。为此，销售人员不妨在见到顾客之前就针对自己的销售目标和客户的实际需求对开场白进行一番精心设计。

② 学会倾听，理性沟通。要学会倾听，当客户说话的时候，要全神贯注地倾听。看着对方的脸，听他的声音，了解他话语里所包含的意思。你越善于倾听，说话的人越信任你。但是太多的人往往只顾着用说，而忽视了用听。上帝给我们一对耳朵，一张嘴，其实就是要我们多听少说。生活中，有魅力的人一定是一个倾听者，而不是滔滔不绝、喋喋不休的人。倾听，不仅仅是对别人的尊重，也是对别人的一种赞美。我们知道，在社交过程中，最善于与人沟通的高手，是那些善于倾听的人。也许在交谈过程中他并没有说上几句话，但是他一定会得到他人的肯定，认为他是善于言辞的人。只有认真地倾听，你才能了解客户的真正需求，从而为客户创造一个良好的沟通环境。通过了解，你要从顾客的语言中捕捉有效信息，了解顾客需求，留心倾听顾客所说的内容，等顾客说完后再讲述自己的意见。顾客讲话时，不能叉着手脚或是背对着顾客，接触的过程中要考虑到顾客的疑虑，比如说"丰田能提供给我合适的车吗？""丰田看重我这个顾客吗？""这个销售人员愿意照顾我的利益吗？"。

③ 让顾客建立信心。其中包括品牌、4S 店、销售人员个人的形象。在仪表着装方面，销售人员需要注意的有穿好 4S 店指定的制服、佩戴胸牌、整理好头发、保持手和指甲清洁、皮鞋擦拭干净、避免身上有让人不愉快的气味等。

通过交流，根据刚刚发掘出的顾客需求，销售人员就应该知道需要把顾客带到哪辆车面前，向顾客做出有针对性的详细介绍，并按照实际情况填写表 1.6。

表 1.6　顾客需求信息表

顾客顾问：　　　　　　　　　　　　　　　　日　期：									
销售经理确认：									
顾客资料	姓名/单位名称							□工商企业主 □政府公务员 □教师 □公司职员 □军人 □其他		
	单位联系人	□男 □女	单位地址		邮编		顾客身份	身份证号：		
	职业		家庭地址		邮编			□制造业 □服务业 IT □金融 □房地产 □能源 □交通 □通信 □贸易 □政府机关 □农业 □教育 □公共事业 □其他		
	联系电话		传真	Email	名片取得 □是 □否	单位性质		□私营 □国营 □机关 □事业 □外资 □其他		
	最希望联系方式			最佳联系时间/场所						
	陪同人员资料	姓名	与顾客关系	特征		从事行业		联系电话		
			□亲戚 □朋友 □同事 □其他	男/女，自信与/否，是/否为实际决策人		□本行业 □非本行业				
现有车辆	已有车	□是 □否	对现有车辆不满意之处	□价格 □型号 □性能 □外形 □颜色 □配置 □乘坐空间 □维修服务及配件 □保险 □其他						
	车辆资料	品牌 型号	配置/颜色	年份 排量 用途		上牌时间 年 月 日		里程数/km	保险状况 □全险 □部分险	
									保险公司	
									到期日	
预购车使用人		购车预算/万元		□现金 □贷款		喜欢的银行		计划购车日期： 年 月 日		
拟购车型	品牌	车型		配置/颜色				价格/万元		
顾客特性	兴趣爱好 □运动 □音乐 □旅游 □文学 □摄影			生日 年 月 日		经济状况 □富裕 □小康 □普通 □不明				

（2）帮助顾客制订购车方案（见表1.7），供顾客选择。

表 1.7　汽车 4S 店购车方案

姓名：　　　　　性别：　　　　　　　年龄：　　　　　　　　职业：

手机：　　　　　固定电话：

联系地址：

电子信箱：

请问您对何种车型最感兴趣：

最感兴趣的理由是：□性能　□外形　□品质　□配备　□维修　□其他

请问您如何得知本公司车型，进店前来参观：

□销售顾问推荐介绍　　□亲友推荐　　□平面广告（报纸、杂志、海报）　　□展示会场
□亲友推荐

裸车价格	万元		
付款方式	□全款□分期		
首付款比例	至少 30%		
贷款年限	可选择 1、2、3、4、5 年，我们按 3 年算		
首付款	万元		
贷款额	万元		
车辆购置税	车价×10%		
挂牌	固定值 600 元		
保险费	元		
保险费			
车辆损失险	基本保险费+车价×费率，即 240+车价×1.2%	玻璃单独破碎险	车价×费率（0.145%）
第三者责任险	保费为 5 万元、10 万元、20 万元、50 万元、100 万元、100 万元以上，其相应的保险费用分别为 800 元、1 040 元、1 250 元、1 500 元、1 650 元	车上人员责任险	可按要求选择有无
全车盗抢险	车价×费率（1%）	不计免赔率险	（车辆损失险+第三者责任险）×费率
交强险	950 元	其他保险	元
代收车船使用税	固定值		
以上保险费用合计	元		
如果首付 30%（或 40%、50%），每月还款额	元		

要求分别计算出付全款，付首付 30%、40%、50% 4 种不同的购车方案。

这是在销售人员和顾客之间建立充分信任后展开的，通常关系到销售能否顺利成交，同时，顾客比较多的异议也会出现在这个阶段，因此销售人员应该详细解说所有文件，并尽可能考虑到顾客的实际需求和他所关心的问题。

 学习评价

1. 理论考核

（1）汽车常用的尺寸参数有哪些？

（2）汽车常用的性能参数有哪些？

（3）汽车常用的质量参数有哪些？

（4）汽车的主要性能指标有哪些？

（5）什么叫汽车的动力性？其评价指标有哪些？

（6）什么叫汽车的燃料经济性？

（7）如何评价汽车的制动性？

（8）汽车的通过性参数有哪些？

（9）养车费用包括哪些？

（10）如何帮助顾客制订购车方案？

（11）汽车识别码由几位字码组成？分别表示什么含义？

（12）通常顾客购车有哪些动机？

2. 技能考核

（1）车辆主要规格和配备解读项目评分表如表 1.8 所示。

表 1.8　车辆主要规格和配备解读项目评分表

基本信息	姓名		学号		班级		组别	
	规定时间		完成时间		考核日期		总评成绩	
任务工单	序号	步骤	完成情况		标准分	评分		
			完成	未完成				
	1	考核准备 材料： 工具设备：			10			
	2	尺寸及质量参数			5			
	3	发动机参数			10			
	4	制动、悬架、驱动方式参数			5			
	5	外观配置情况			5			
	6	内饰配置情况			5			
	7	空调配置情况			5			
	8	音响及电子导航系统配置情况			5			

	序号	步骤	完成情况		标准分	评分
			完成	未完成		
任务工单	9	安全配置情况			10	
	10	储物空间配置情况			5	
	11	舒适配备情况			5	
安全					10	
6S					5	
团队协作					5	
沟通表达					5	
工单填写					5	

（2）通过角色扮演完成交车项目评分表，如表1.9所示。

表 1.9　通过角色扮演完成交车项目评分表

基本信息	姓名		学号		班级		组别	
	规定时间		完成时间		考核日期		总评成绩	
任务工单	序号	步骤		完成情况		标准分	评分	
				完成	未完成			
	1	考核准备 材料： 工具设备：				10		
	2	交车前准备				10		
	3	顾客接待				10		
	4	费用与文件说明				10		
	5	车辆验收与操作说明				10		
	6	新车交付表				10		
	7	车辆确认				10		
安全						10		
6S						5		
团队协作						5		
沟通表达						5		
工单填写						5		

（3）制订购车方案项目评分表，如表 1.10 所示。

表 1.10　制订购车方案项目评分表

基本信息	姓名		学号			班级		组别	
	规定时间		完成时间			考核日期		总评成绩	
任务工单	序号		步骤			完成情况		标准分	评分
						完成	未完成		
	1		考核准备 材料： 工具设备：					10	
	2		了解顾客需求					25	
	3		制订购车方案					25	
	4		汽车保险					5	
	5		其他费用					5	
安全								10	
6S								5	
团队协作								5	
沟通表达								5	
工单填写								5	

 **知识拓展**

一、汽车识别码解读

目前，世界各国汽车公司所生产的绝大部分汽车都使用了汽车识别代码（Vehicle Identification Number，VIN）。汽车识别代码的作用及其重要性，被越来越多的人所认识和重视。无论是汽车整车及配件营销人员、汽车修理工、汽车保险人员、二手车评估人员，还是车辆交通管理人员以及与汽车相关的其他人员，对于汽车规格参数和性能特征等信息的了解、认识和掌握，汽车识别码都是必不可少的信息工具。而且当汽车打上识别代码后，其代号将伴随汽车从注册、保险、年检、维修和保养，直到回收或报废的全过程。

（一）VIN 码的含义

汽车识别代码是汽车制造厂为了识别一辆汽车而规定的一组字码，它由一组英文字母和阿拉伯数字组成，共 17 位，故又称为 17 位码。如美国福特汽车公司轿车的 17 位码为 1LNLM81W6PJI06235。

17 位 VTN 码的每一位代码都代表着汽车某一方面的信息参数。我们从该码中可以识别出车辆的生产国家、车辆的类型、品牌名称、车型系列、车身形式、发动机型号、车型年款

（属于哪年生产的年款车型）、安全防护装置型号、检验数字、装配工厂名称和出厂顺序号码等信息。

现行的 VTN 码是按国际规定作为世界汽车通行的唯一身份标识。17 位代码共划分为 3 个部分：第一部分是必须经过申请、批准和备案才准使用的世界制造商识别代码（WMI），由 3 位字码组成；第二部分是车辆的特征和特性说明部分（VDS），由 6 位字码组成；第三部分是车辆的指示部分（VIS），由 8 位字码组成。

1. 世界制造商识别代号（WMI）

（1）第 1 位是标识生产国家或地区的代码，如表 1.11 所示。

表 1.11　标识生产国家或地区的代码

代　码	国家或地区	代　码	国家或地区
1	美国	J	日本
2	加拿大	S	英国
V	法国	K	韩国
Z	意大利	L	中国
W	德国	R	中国台湾

（2）第 2 位是汽车制造商代码，如表 1.12 所示。

表 1.12　标识汽车制造商的代码

代　码	汽车制造商	代　码	汽车制造商
1	雪佛兰 Chevrolet	C	克莱斯勒 Chrysler
2	庞蒂亚克 Pontiac	D	梅赛德斯 Mercedes
3	奥兹莫比尔 Oldsmobile	F	福特 Ford
4	别克 Buick	G	通用 GeneralMotors
6	凯迪拉克 Cadillac	H	本田 Honda
8	五十铃 Isuzu	L	林肯 Lincoln
A	奥迪 Audi	M	现代 Hyundai
B	宝马 BMW	T	丰田 Toyota

（3）第 3 位是汽车类型代码。不同的厂商有不同的解释，也有一些厂商使用前 3 位组合表示特定的品牌。

2. 车辆说明部分（VDS）

开头就是排在 17 位字码中第 4 位的字码，是最大总质量（或排量）分级代码，第 5 位的字码是按方向盘的位置和驱动桥进行车型划分的代码，第 6 位的字码是发动机装配线的代码，第 7 位的字码是车身类型的代码，第 8 位的字码是发动机类型的代码，第 9 位的字码是检验代码。

3. 第三部分为车辆指示部分（VIS）

位于总位数第 10 位的字码是车辆的年代代码（见表 1.13），第 11 位的字码是装配工厂的代码（0 表示原厂装配），第 12 位的字码是出厂时间代码，第 13～17 位的字码是出厂顺序号的代码。尽管世界各个国家的国情存在着千差万别，各国在执行 VIN 的过程中都有些商业上的技术处理，但是，编码的原则是规范的。所有的车辆识别代码均必须按 VIN 的规则办，都必须采用国际认可的阿拉伯数字和大写的英文字母，即 1、2、3、4、5、6、7、8、9、0、A、B、C、D、E、F、G、H、J、K、L、M、N、P、R、S、T、U、V、W、X、Y、Z，字母 I、O 和 Q 均不能使用。

表 1.13 VIN 标识年份的字码

年　份	代　码	年　份	代　码	年　份	代　码	年　份	代　码
1971	1	1981	B	1991	M	2001	1
1972	2	1982	C	1992	N	2002	2
1973	3	1983	D	1993	P	2003	3
1974	4	1984	E	1994	R	2004	4
1975	5	1985	F	1995	S	2005	5
1976	6	1986	G	1996	T	2006	6
1977	7	1987	H	1997	V	2007	7
1978	8	1988	J	1998	W	2008	8
1979	9	1989	K	1999	X	2009	9
1980	A	1990	L	2000	Y	2010	A

注：往后年份按此顺序循环。

例如，某丰田凌志汽车的 VIN 码如下：

J	T	8	U	F	1	1	E	8	L	0	0	0	9	4	3	8
1	2	3	4	5	6	7	8	9	10	11	12	13	14	15	16	17

第 1 位：制造国籍，J 为日本。

第 2 位：生产企业，T 为丰田汽车公司。

第 3 位：车辆类型，8 表示乘用车。

第 4 位：发动机形式，J 为 2JZ-GE3.0LV6，U 为 1UZ-FE4.0LV8，V 为 2VZ-FE2.5 LV6 或 3 VZ-FE3.OLV6。

第 5 位：汽车系列，C 为 ES300，F 为 LS400，K 为 ES300，U 为 LS400，V 为 ES250，Z 为 SC300/SC400。

第 6 位：汽车型号，1 表示 UCF10 型 LS400 或 UCK10 型 ES300；2 表示 VCV21 型 ES250；3 表示 JZZ31 型 SC300 或 UZZ300 型 SC400。

第 7 位：系列分级，0 表示 SC400，1 表示 L400/SC300，2 表示 ES250，3 表示 ES300。

第 8 位：车身形式，C 表示 2 门跑车，E 表示 4 门轿车，T 表示 4 门硬顶式。

第 9 位：工厂内部检验号。

第 10 位：车辆出厂年份，L 为 1990 年。

第 11 位：装配厂，0 为日本装配厂。

第 12 ~ 17 位：汽车生产序号。

根据编号规则，本例中的日本丰田凌志汽车的 17 位号码的含义为日本丰田汽车公司制造的凌志乘用车，装用了 1UZ-FE4.0LV8 发动机，车型为 UVF10 型 LS400，4 门轿车，出厂检验号为 8，1990 年出厂，生产序号为 009438。

（二）汽车上"铭牌"的内容

根据国家标准《机动车运行安全技术条件》（GB 7258—2012），车辆必须装置产品"铭牌"，"铭牌"应置于车辆前部易于观察之处，汽车的"铭牌"包括如下几个方面的内容。

1. 车型标志

车辆在车身前部外表面的易见部位上，应至少装置一个能永久保持的商标或厂标；在车身外表面的易见部位上，应装置能识别车型的标志，如图 1.6 所示。

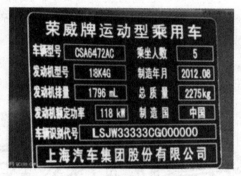

图 1.6 汽车铭牌及编号

2. 产品标牌

车辆必须装置能永久保持的产品标牌。产品标牌应固定在一个明显的、不受更换部件影响的位置，其具体位置应在产品使用说明书中指明。

标牌应标明厂牌，车辆型号，发动机标定功率或排量（挂车除外），总质量，载质量或载客人数（工程作业车除外），出厂编号，出厂年、月及生产厂名。

3. 发动机型号

发动机型号应打印（或铸出）在气缸体易见部位，出厂编号应打印在气缸体易见且易于拓印部位。打印字高不小于 7 mm，深度不小 0.2 mm，型号在前，出厂编号在后，在出厂编号的两端应打印起止标记"☆"，如图 1.7 所示。

4. 整车型号、出厂编号

整车型号和出厂编号应打印在车架易见且易于拓印部位，打印字高为 10 mm，深度不小于 0.3 mm，型号在前，出厂编号在后。在出厂编号的两端应打印起止标记"☆"，打印的具体位置应在产品使用说明书中指明，易于拓印的车辆识别号（VIN）可代替整车型号和出厂编号。

图 1.7　发动机铭牌及编号

（三）汽车识别代码的安装位置

对于 VIN 码在汽车上的安装位置，各国汽车生产厂家的各类车型不尽相同。例如，美国规定 VIN 码应安装在汽车仪表板左侧，在车外透过挡风玻璃可以清楚地看到而便于检查；而欧洲共同体则规定 VIN 码应安装在汽车右侧的底盘车架上，或标写在厂家铭牌上。

我国《车辆识别代码（VIN）管理规则》规定，汽车识别代码应尽量位于车辆的前半部分、易于看到且能防止磨损或替换的部分。对于小于或等于 9 人座的乘用车和最大总质量小于或等于 3.5 t 的载货汽车，车辆识别代码应位于仪表板上靠近风窗立柱的位置，在白天日光照射下，观察者不需移动任一部件从车外即可分辨出车辆识别代码，如图 1.8 所示。

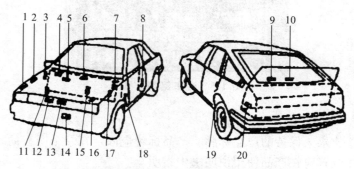

图 1.8　常见汽车 VIN 码的 20 种安装位置

二、家庭用车的选配

随着人们生活水平的不断提高和汽车价格的逐步下降，汽车已渐渐进入普通百姓家庭。面对琳琅满目的车市，如何购买到称心如意的汽车，成为大家关注的热点。

（一）汽车价格筛选车型

经济实力决定了车型选择的价格范围。家用轿车从档次上可分为微型轿车、普通级轿车、中级轿车、中高级轿车和高级轿车等，其对应的排量和参考价格如表 1.14 所示。

表 1.14　轿车档次和参考价格

轿车档次	发动机排量 / L	参考价格 / 万元	性　能	用　途	适用经济条件
微型	≤1.0	≤10	一般	代步	一般
普通	1～1.6	10～15	较好	代步、公务	中等
中级	1.6～2.5	15～20	好	公务、代步	较好
中高级	2.5～4.0	20～30	豪华	公务、代步	好
高级	≥4.0	≥30	超豪华	公务、享乐	很好

在考虑汽车售价的同时，还应综合考虑附加费（包括车辆购置税、牌证费、保险费、车船使用税和日常的使用费等），如高档轿车在各方面收费都较高。对于相同排量和配置的进口车，由于关税，价格一般比国产车高，各种其他税费和日后的配件、使用费等都较高，应全面考虑。现在世界主要汽车大公司都与我国汽车厂家合资，根据我国实际情况设计、生产出来的汽车质量都比较好。

（二）汽车性能比较

汽车性能的好坏可以从制造厂商提供的使用说明书中初步了解。

1. 发动机

发动机是汽车的动力源，其性能决定了汽车整车的动力性、经济性和排放性能的好坏，应着重进行比较。发动机排量越大，额定功率和驱动力越大，车速也越高，但百公里燃油消耗量也越高，上述指标都可以直接从汽车说明书上看到。

2. 底　盘

汽车的底盘包括传动系统、行驶系统、制动系统和转向系统等，直接影响到车辆的行驶安全性、稳定性、舒适性和操作的方便性，也影响汽车的动力性和经济性。

传动系统的变速器有手动和自动两种类型，自动变速器汽车取消了离合器，左脚完全解放出来，驾驶时不用操心换挡，注意力集中，行车事故相对减少。对于驾驶经验不足者、女性和老年人等，适合采用自动变速器汽车。但自动变速器的价格要比手动变速器高，百公里油耗也高一些，加速性能稍微差一些。

3. 车　身

车身款式多样，主要从外观、颜色、尺寸以及车内空间等方面选择。车身总体尺寸在汽车使用说明书上都有标注。相同外形尺寸的车辆，轴距和轮距越大，稳定性越好，车内空间越大；但占地面积大、转弯半径大、质量大、油耗高。车身的外观设计影响油耗量，车身流线型越好，空气阻力越小，越省油。从汽车使用说明书上可以查到该车的空气阻力系数值，该值越小越好。

（三）汽车款式选择

现代汽车品种繁多，每年都推出几十款新车，用户可以根据自己的喜好随意选择。不同车款的特点简介如下。

1. 三厢车

三厢车"有头有尾"，是中国人的传统选择，如图 1.9 所示。车尾密封的行李舱把行李与人分隔开。其缺点是扁宽的行李舱放不下较大件的行李，行车时乘客照顾不到放在行李舱的东西。

图 1.9　三厢车

2. 两厢车

两厢车的结构如图 1.10 所示，其车尾没有行李舱，所以摆放简单行李的位置是在后座位靠背的后面，使车身的长度缩短了很多，转向更加灵活；此外，在停车时不用考虑行李舱的长度，所以容易预估位置。一般来说，同级别的两厢车的燃油消耗量比三厢车低。

图 1.10　两厢车

3. MPV 汽车

MPV（Multi-purpose Vehicle，多用途汽车）兼具了轿车的舒适性和小型客车的较大空间，可以用作乘用车、商务车、休闲旅行车和小货车，如图 1.11 所示。

图 1.11　MPV 汽车

4. SUV 汽车

SUV（Sports Utility Vehicle，运动型多功能车）不仅具有 MPV 的多功能性，还具有一定的越野性，如图 1.12 所示。

图 1.12　SUV 汽车

MPV 和 SUV 汽车的车身较高，视野较广阔，长途行车不易感觉疲倦。

（四）汽车颜色选择

汽车的颜色不同，给人的感觉不同。银灰色给人的整体感很强，也最具运动感。白色给人以明快、活泼、清洁和朴实大方的感觉，容易与外界环境相协调；在雨天或夜晚，白色较容易识别，而且是膨胀色，行车安全性好。黑色给人以庄重、尊贵和严肃的感觉，也容易与外界环境相协调；黑色一直是公务车最青睐的颜色，黑色高档车气派十足。红色给人以跳跃、兴奋和欢乐的感觉，非常适合跑车和运动型车；红色也是膨胀色，安全性好。蓝色给人以清爽、舒适、豪华和气派的感觉。黄色给人以欢快、温暖和活泼的感觉；黄色是膨胀色，在环境视野中很显眼，非常适合跑车和小型车；出租车和工程抢险车采用黄色，一是便于管理，二是便于与其他汽车区别。绿色有较好的可视性，小车选绿色很有个性。

汽车生产企业一般都准备了多种颜色供客户选择，可以向销售商索取该车的色彩样本，选择合适的颜色。

除以上各种因素外，车辆的售后服务也是购车考虑的一个重要环节，因为日后车辆的维护、零配件的供应和技术资讯都是售后服务的内容。良好的售后服务会给你带来许多方便。

三、消费者的购买行为

消费者购买行为是指消费者为满足其个人或家庭生活而发生的购买商品的决策过程。消费者购买行为是复杂的，其购买行为的产生是受其内在因素和外在因素的相互促进和交互影响的。企业营销通过对消费者购买的研究，来掌握其购买行为的规律，从而制订有效的市场营销策略，实现企业营销目标。

（一）消费者购买的特征

企业要在市场竞争中能够适应市场、驾驭市场，必须掌握消费者购买的基本特征。

1. 消费市场广阔，购买者多而分散

购买涉及每一个人和每一个家庭，购买者多而分散。为此，消费市场是一个人数众多、幅员广阔的市场，人人皆需。由于消费者所处地理位置各不相同，闲暇时间不一致，造成购买地点和购买时间的分散性。

2. 购买量少，多次购买

消费者购买是以个人和家庭为购买和消费单位的，由于受到消费人数、需要量、购买力、储藏地点、商品保质期等诸多因素影响，消费者为了保证自身的消费需要，往往购买批量小、批次多，购买频繁。

3. 购买的差异性、多元化

消费者购买因受年龄、性别、职业、收入、文化程度、民族、宗教等因素的影响，其需求有很大的差异性，对商品的要求也各不相同。而且随着社会经济的发展，消费者的消费习惯、消费观念、消费心理不断发生变化，从而导致消费者购买差异性大、购买多元化。

4. 大多属于非专家购买

绝大多数消费者缺乏相应的专业知识、价格知识和市场知识，尤其是对某些技术性较强、操作比较复杂的商品，显得知识缺乏。在多数情况下消费者购买时往往受感情的影响较大。因此，消费者很容易受广告宣传、商品包装、装潢及其他促销方式的影响，产生购买冲动。

5. 购买的流动性大

在市场经济如此发达的今天，人口在地区间的流动性较大，因而导致消费者购买的流动性大，消费者购买经常在不同产品、不同地区及不同企业之间流动。

6. 购买的周期性

有的商品消费者需要常年购买、均衡消费，如牛奶、蔬菜等生活必需商品；有的商品消费者需要按季节购买或节日购买，如一些服装、节日消费品；有的商品消费者需要等商品的使用价值基本消费完毕才重新购买，如家用电器。这就表现出消费者购买行为有一定的周期性可循。

7. 购买的时代特征

消费者常常受到时代精神、社会风俗习俗导向，从而对消费产生一些新的需要。如 APEC 会议以后，唐装成为时代风尚，随之流行起来；又如社会对知识的重视，对人才需求量增加，从而使人们对书籍、文化用品的需要明显增加。这些显示出购买的时代特征。

（二）根据消费者的购买态度划分的购买类型

（1）习惯型：指消费者由于对某种商品或某家商店信赖、偏爱而产生的经常、反复的购买。由于经常购买和使用，他们对这些商品十分熟悉，体验较深，再次购买时往往不再花费时间进行比较选择，注意力稳定集中。

（2）理智型：指消费者在每次购买前对所购商品，要进行仔细地研究和比较。购买感情

色彩较少，头脑冷静，行为慎重，主观性较强，不轻易相信广告、宣传、承诺、促销方式及售货员的介绍，主要靠商品质量、款式确定购买。

（3）经济型：指消费者购买时特别重视价格，对于价格反应特别灵敏。购买时，无论是选择高档商品，还是中低档商品，首选的是价格，他们对"大甩卖""清仓""血本销售"等低价促销最感兴趣。一般来说，这类消费者与自身经济状况有关。

（4）冲动型：指消费者容易受商品的外观、包装、商标或其他促销刺激而产生的购买行为。购买一般都是以直观感觉为主，从个人的兴趣或情绪出发，喜欢新奇、新颖、时尚的产品，购买时不愿做反复的选择比较。

（5）疑虑型：指消费者具有内倾性心理特征，购买时小心谨慎和疑虑重重。购买一般缓慢、费时多，常常是"三思而后行"，常常会犹豫不决而中断购买，购买后还会疑心是否上当受骗。

（6）情感型：这类消费者购买多属情感反应，往往以丰富的联想力衡量商品的意义，购买时注意力容易转移，兴趣容易变换，对商品外表、造型、颜色和命名都较重视，以是否符合自己的想象作为购买的主要依据。

（7）不定型：这类消费者购买多属尝试性，其心理尺度尚未稳定，购买时没有固定的偏爱，在上述6种类型之间游移，这种类型的购买者多数是独立生活不久的青年人。

（三）影响消费者购买行为的因素

影响消费者购买行为的内在因素很多，主要有消费者的个体因素与心理因素。购买者的年龄、性别、经济收入、教育程度等因素会在很大程度上影响消费者的购买行为。

消费者心理是消费者在满足需要活动中的思想意识，它支配着消费者的购买行为。影响消费者购买的心理因素有动机、感受、态度、学习。

1.动　机

（1）需要引起动机。需要是人们对于某种事物的要求或欲望。就消费者而言，需要表现为获取各种物质需要和精神需要。需要产生动机，消费者购买动机是消费者内在需要与外界刺激相结合，使主体产生一种动力而形成的。

（2）心理性购买动机。心理性购买动机是指人们由于心理需要而产生的购买动机。根据对人们心理活动的认识，以及对情感、意志等心理活动过程的研究，发现人们的购买动机不同，购买行为必然是多样的、多变的。要求企业营销深入细致地分析消费者的各种需求和动机，针对不同的需求层次和购买动机设计不同的产品和服务，制订有效的营销策略，获得营销成功。

2.感　受

消费者购买如何行动，还要看他对外界刺激物或情境的反映，这就是感受对消费者购买行为的影响。感受是人们的感觉和知觉。

3.态　度

态度通常指个人对事物所持有的喜欢与否的评价、情感上的感受和行动倾向。作为消费者,态度对消费者的购买行为有着很大的影响。企业营销人员应该注重对消费者态度的研究。

4. 学　习

学习是指由于经验引起的个人行为的改变,即消费者在购买和使用商品的实践中,逐步获得和积累经验,并根据经验调整自己购买行为的过程。学习是通过驱策力、刺激物、提示物、反应和强化的相互影响、相互作用而进行的。

5. 相关群体

相关群体是指那些影响人们的看法、意见、兴趣和观念的个人或集体。研究消费者行为可以把相关群体分为两类:参与群体与非所属群体。

6. 社会阶层

社会阶层是指一个社会按照其社会准则将其成员划分为相对稳定的不同层次。不同社会阶层的人,他们的经济状况、价值观念、兴趣爱好、生活方式、消费特点、闲暇活动、接受大众传播媒体等各不相同。这些都会直接影响他们对商品、品牌、商店的看法,从而影响购买习惯和购买方式。

7. 家庭状况

一家一户组成了购买单位,企业营销中应关注家庭对购买行为的重要影响。研究家庭中不同购买角色的作用,可以利用有效营销策略,使企业的促销措施引起购买发起者的注意,诱发主要购买者的兴趣,使决策者了解商品,解除顾虑,建立购买信心,使购买者购置方便。研究家庭生命周期对消费购买的影响,企业营销可以根据不同的家庭生命周期阶段的实际需要,开发产品和提供服务。

8. 社会文化状况

每个消费者都是社会的一员,其购买行为必然受到社会文化因素的影响,文化因素有时对消费者购买行为起着决定性的作用。企业营销必须予以充分关注。

(四)消费者购买决策过程

消费者购买是较复杂的决策过程,其购买决策过程一般可分为以下 5 个阶段,企业营销应制订相应的营销策略。

1. 确认需要

当消费者意识到对某种商品有需要时,购买过程就开始了。消费者需要可以由内在因素引起,也可以是由外在因素引起。此阶段企业必须通过市场调研,认定促使消费者认识到需要的具体因素。

2. 寻求信息

在多数情况下,消费者还要考虑买什么品牌商品,花多少钱,到哪里去买等问题;需要寻求信息,了解商品信息。寻求的信息一般有产品品质、功能、价格、牌号、已经购买者的评价等。

3. 比较评价

消费者进行比较评价的目的是能够识别哪一种品牌、类型的商品最适合自己的需要。消费者对商品比较评价，是根据搜集的资料，对商品属性做出的价值判断。消费者对商品属性的评价因人、因时、因地而异，有的评价注重价格，有的注重质量，有的注重品牌或样式等。企业营销首先要注意了解并努力提高本企业产品的知名度，使其列入消费者比较评价范围之内，才可能被选为购买目标。同时，还要调查研究人们比较评价某类商品时所考虑的主要方面，并突出进行这些方面的宣传，对消费者购买选择产生最大影响。

4. 决定购买

消费者通过对可供选择的商品进行评价，并做出选择后，就形成购买意图。在正常情况下，消费者通常会购买他们最喜欢的品牌。但有时也会受其他因素的影响而改变购买决定。

5. 购后评价

消费者购买商品后，购买的决策过程还在继续，他要评价已购买的商品。企业营销需给予充分的重视，因为它关系到产品今后的市场和企业的信誉。

四、4S 店 6S 管理的要求

(一) 6S 管理的起源

"6S" 管理起源于日本企业的 "5S" 现场管理，是指在生产现场中对人员、材料、机器、生产工艺等要素进行有效管理。"5S" 体现的是一种工作态度和工作观念，生产过程中的每个细节都影响着人们的心情、工作效率以及产品的质量。它提出的目标简单、明确，就是要为员工创造一个干净、整洁、舒适、科学合理的工作场所和空间环境，并通过 5S 管理有效地实施，最终提升人的品质，为企业造就一个高素质的优秀群体。我国企业在原有 5S 管理的基础上根据我国的国情与企业发展的需要，结合安全生产的要求，增加了安全要素的管理，形成了 6S 管理，也就是整理、整顿、清扫、清洁、素养、安全 6 个方面，因日语中的罗马拼音均以 "S" 开头，简称 6S。6S 管理是现代企业行之有效的现场管理理念和方法，其作用是提高效率、保证质量，使工作环境整洁有序，保证安全。

(二) 6S 的内容

1. 整　理

(1) 主要内容。

将工作场所任何东西区分为有必要的与不必要的，把必要的东西与不必要的东西严格地区分开，不必要的东西要尽快处理掉。

(2) 目的。

腾出空间，防止误用、误送。创造清爽的工作场所。

2. 整　顿

（1）主要内容。

对整理之后留在现场的必要物品分门别类地放置，排列整齐；明确数量，并进行有效地标识。

（2）目的。

工作场所一目了然，整整齐齐的工作环境能消除找寻物品的时间和消除过多的积压物品。

3. 清　扫

（1）主要内容。

将工作场所清扫干净，保持干净、亮丽的环境。

（2）目的。

消除脏污，保持工作场所内干净、明亮，稳定品质，减少工业伤害。

4. 清　洁

（1）主要内容。

将整理、整顿、清扫进行到底，并且制度化，经常保持环境处在美观的状态。

（2）目的。

创造明朗的现场，维持上面的 3S 成果。

5. 素　养

（1）主要内容。

通过晨会等手段，强化全员文明礼貌礼仪，让每位员工养成良好的习惯，并遵守规则做事，培养积极主动的精神（也称习惯性）。

（2）目的。

培养具有好习惯、遵守规则的员工，强化员工文明礼貌礼仪，营造团体精神。

6. 安　全

（1）主要内容。

重视成员安全教育，每时每刻都有安全第一观念，防患于未然。

（2）目的。

建立安全生产的环境，所有的工作应建立在安全的前提下。

（三）6S 的要求

（1）整理：区分必需品和非必需品，现场不放置非必需品；整理物品时，应将很少使用的物品放在单独的地方，将经常使用的物品放在工作场地。

（2）整顿：将寻找必需品的时间减少到零。

（3）清扫：将岗位保持在无垃圾、无灰尘、干净整洁的状态。

（4）清洁：将整理、整顿、清扫进行到底，并且制度化。

（5）素养：对于规定的制度，员工都要自觉遵守，直至养成良好的习惯。

（6）安全：增强安全意识，严格遵守安全生产制度。

（四）6S 的实施步骤

（1）进行 6S 管理体系理论知识培训。

（2）进行 6S 管理体系理论知识考核。

（3）划分 6S 责任区，制定 6S 检查表、6S 奖罚制度。

（4）定期、不定期地进行 6S 检查，每月进行 6S 得分评比。

（5）按奖罚制度进行奖罚。

（6）不断整改并继续实施 6S。

（五）6S 的优点

6S 管理是从细节着手进行的内部管理方法。6S 管理不仅能够改善生产环境，还能提高生产效率、维修品质、服务水准、员工士气，减少浪费等；6S 管理也是其他管理活动有效展开的基础。

项目二　新车上路手续办理

工作情景

顾客购买新车后，汽车的产权属性发生了变化——由厂方或销售商变为个人或车主单位，但汽车的社会属性没有变——仍是产品或商品，它还不能合法上路行驶，作为交通工具的基本功能还不能发挥。要想让汽车能够合法上路行驶，还必须办理汽车的注册登记、上牌等相关手续。

周先生为某高校教师，年龄 35 岁，月收入 7 000 余元。周先生到丰田 4S 店购买了一辆卡罗拉轿车，车辆主要是家庭自用。由于没有车库，车辆只能停放在小区。新车购置价为 15.08 万元，有电子防盗系统。请协助客户办理汽车上牌手续，选择投保方案，并购买车辆保险。

学习目标

通过本项目学习，应能达到以下目标：

（1）运用新车购置入户程序知识填写机动车注册申请表。

（2）运用车辆登记的种类和方法办理较为烦琐的汽车上牌手续。

（3）运用机动车保险的种类及办理方法选择不同类型汽车的投保方案并办理车辆的保险手续。

相关知识

一、新车购置入户程序

根据《中华人民共和国道路交通安全法》第八条的规定，国家对机动车实行登记制度。机动车经公安机关交通管理部门登记后，方可上路行驶。尚未登记的机动车，需要临时上路行驶的，应当取得临时通行牌证。驾驶机动车上路行驶，应当悬挂机动车号牌，放置检验合格标志、保险标志，并随车携带机动车行驶证。

（一）机动车注册登记必须具备的手续

申请注册登记时，机动车所有人应当填写申请表，校验机动车，并提交以下证明、凭证。

（1）机动车所有人的身份证明。

（2）购车发票等机动车来历证明。

（3）机动车整车出厂合格证明或进口机动车进口凭证。

（4）车辆购置税的完税证明或免税凭证。

（5）机动车第三者责任强制保险凭证。

（6）法律、行政法规规定应当在机动车注册登记时提交的其他证明、凭证。

不属于经海关进口的机动车和国务院机动车产品主管部门规定免予安全技术检验的机动车，还应当提交机动车安全技术检验合格证明。

（二）新车上牌具体操作方法

新车上牌手续的一般流程如图 2.1 所示，上牌的地点一般在地市级或县区级车管所。目前，一些汽车交易市场、4S 店为了促销，推出了"一条龙"服务，相关的手续都可以由其代办。

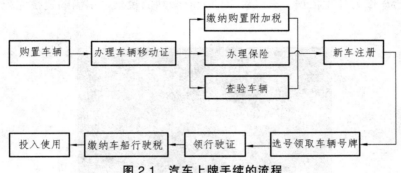

图 2.1 汽车上牌手续的流程

1. 购置车辆

客户在选好车型并交纳购车款后，汽车经销商会为"准车主"提供厂家的质量合格证并开具购车发票。购车发票（见图 2.2）共分为六联，第一联发票联（购货单位付款凭证），印为棕色；第二联抵扣联（购货单位扣税凭证），印为绿色；第三联报税联（车购税征收单位留存），印为紫色；第四联注册登记联（车辆登记单位留存），印为蓝色；第五联记账联（销货单位记账凭证），印为红色；第六联存根联（销货单位留存），印为黑色。在开具购车发票时，需要提供购车人的姓名和身份证号码，客户务必要认真核对，确保信息准确无误。

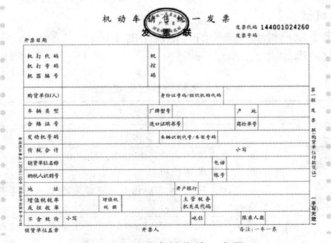

图 2.2 机动车销售统一发票

2. 缴纳车辆购置税

车辆购置税是对在我国境内购置规定车辆的单位和个人征收的一种税。现行车辆购置税法的基本规范，是从 2001 年 1 月 1 日起实施的《中华人民共和国车辆购置税暂行条例》。车辆购置税的纳税人为购置（包括购买、进口、自产、受赠、获奖或以其他方式取得并自用）应税车辆的单位和个人，征税范围为汽车、摩托车、电车、挂车、农用运输车。车辆购置税的税率为 10%，车辆购置税税率的调整，由国务院决定并公布。应纳税额的计算公式为：应纳税额 = 计税价格 × 税率。

纳税人购买自用应税车辆的计税价格，为纳税人购买应税车辆而支付给销售者的全部价款和价外费用，不包括增值税税款，也就是按《机动车销售统一发票》上开具的价费合计金额除以（1+17%）作为计税依据，乘以税率即为应缴纳的税款。车辆购置税完税证明如图 2.3 所示。

图 2.3 车辆购置税完税证明

《中华人民共和国车辆购置税暂行条例》还规定了一些免征车辆购置税的情形。

（1）外国驻华使馆、领事馆和国际组织驻华机构及其外交人员自用的车辆。

（2）中国人民解放军和中国人民武装警察部队列入军队武器装备订货计划的车辆。

（3）设有固定装置的非运输车辆，如挖掘机、平地机、叉车、装载车（铲车）、起重机（吊车）、推土机等工程机械。

（4）国务院规定予以免税或者减税的其他情形的车辆。

车辆购置税征收范围如表 2.1 所示。

表 2.1 车辆购置税征收范围

应税车辆		具体范围
汽　车		各类汽车
摩托车	轻便摩托车	最高设计速度不大于 50 km/h，或者发动机气缸总排量不大于 50 cm³，两个或者 3 个车轮的机动车
	二轮摩托车	最高设计速度大于 50 km/h，或者发动机气缸总排量大于 50 cm³，两个车轮的机动车
	三轮摩托车	最高设计速度大于 50 km/h，或者发动机气缸总排量大于 50 cm³，空车质量不大于 400 kg 的 3 个车轮的机动车

续表

应税车辆		具体范围
电　车	无轨电车	以电能为动力，由专门输电电缆线供电的轮式公共车辆
	有轨电车	以电能为动力，在轨道上行驶的公共车辆
挂　车	全挂车	无动力设备，独立承载，由牵引车辆牵引行驶的车辆
	半挂车	无动力设备，与牵引车辆共同承载，由牵引车辆牵引行驶的车辆
农用运输车	三轮农用运输车	柴油发动机，功率不大于 7.4 kW，载质量不大于 500 kg，最高车速不大于 40 km/h 的 3 个车轮的机动车
	四轮农用运输车	柴油发动机，功率不大于 28 kW，载质量不大于 1 500 kg，最高车速不大于 50 km/h 的 4 个车轮的机动车

　　缴纳车辆购置税时，首先要在车辆购置税征稽所免费领取一张《车辆购置税纳税申报表》，只需在表格左下方的"申请人签名处"填上与机动车销售统一发票上的购货单位（人）一栏一致的名字即可，其他不用填写。填好后随机动车销售统一发票报税联原件、机动车销售统一发票发票联复印件、机动车合格证复印件、车主身份证复印件一起交给办理人员。待办理人员算出具体税额后，即可缴纳购置税。

3. 办理机动车保险

　　自 2006 年 7 月 1 日起，在中华人民共和国境内道路上行驶的机动车的所有人或者管理人，应当依照《中华人民共和国道路交通安全法》的规定投保机动车交通事故责任强制保险（以下简称交强险）。现行的交强险标志样式如图 2.4 所示。

图 2.4　交强险保险标志

4. 缴纳车船使用税

　　车船税是指对在我国境内应依法到公安、交通、农业、渔业、军事等管理部门办理登记的车辆、船舶，根据其种类，按照规定的计税依据和年税额标准计算征收的一种财产税。从 2007 年 7 月 1 日开始，车主需要在投保交强险时缴纳车船税。

　　《中华人民共和国车船税法（草案）》于 2012 年 1 月 1 日起施行。根据规定，车辆的使用税额由省、自治区、直辖市人民政府按照国务院的规定，在《中华人民共和国车船税法（草案）》所附《车船税税目税额表》规定的税额幅度内确定。《车船税税目税额表》如表 2.2 所示。

表 2.2　车船税税目税额表

税　目		计税单位	年基准税额 /元	备　注
乘用车[按发动机气缸容量（排气量）分档]	≤1.0 L	每辆	60～360	核定载客人数9人（含）以下
	1.0～1.6 L（含）		360～660	
	1.6～2.0 L（含）		660～960	
	2.0～2.5 L（含）		960～1 620	
	2.5～3.0 L（含）		1 620～2 640	
	3.0～4.0 L（含）		2 640～3 600	
	>4.0 L		3 600～5 400	
商用车	客车	每辆	480～1 440	核定载客人数9人（含）以上，包括电车
	货车	整备质量（每吨）	16～120	（1）包括半挂牵引车、挂车、客货两用汽车、三轮汽车和低速载货汽车等；（2）挂车按照货车税额的50%计算
其他车辆	专用作业车	整备质量（每吨）	16～120	不包括拖拉机
	轮式专用机械车	整备质量（每吨）	16～120	
摩托车		每辆	36～180	
船　舶	机动船舶	净吨位（每吨）	3～6	拖船、非机动驳船分别按照机动船舶税额的50%计算；游艇的税额另行规定

5. 办理车辆临时通行牌证

客户在提车前需办理车辆移动证或临时号牌（见图2.5），否则不能驾驶车辆上道路行驶。若在本市购车，需持机动车所有人身份证原件和复印件、整车出厂合格证明或者进口机动车进口凭证复印件、机动车交通事故责任强制保险单复印件、机动车来历证明复印件，到所在地车管所办理移动证，并按移动证上规定的时间和路线行驶。如需跨地区、市行驶的，需持机动车所有人身份证原件和复印件、整车出厂合格证明或者进口机动车进口凭证复印件、机动车交通事故责任强制保险单复印件、机动车来历证明复印件，到出发地车管所申请办理临时牌照，并按指定路线在规定的有效时间内驶回车主所在地。

（a）正　面

（b）反　面

图 2.5　车辆临时通行牌证

6. 查验车辆

为加强和规范《道路机动车辆生产企业及产品公告》（以下简称《公告》）管理，严格机动车登记工作，2008 年 11 月，工业和信息化部与公安部联合发布了《关于进一步加强道路机动车辆生产企业及产品公告管理和注册登记工作的通知》（工信部联产业〔2008〕319 号）。

根据规定，各地公安机关交通管理部门要按照《机动车运行安全技术条件》（GB 7258）、《道路车辆外廓尺寸、轴荷及质量限值》（GB 1589）、《机动车登记规定》（公安部令第 102 号）及《机动车查验工作规程》（GA 801）等规定查验车辆，审核机动车所有人提交的有关资料，办理机动车注册登记。审核机动车所有人提交的有关资料，应包括核查和比对《公告》信息、随车配发的机动车整车出厂合格证、机动车外部彩色相片和车辆识别代号拓印膜。

对符合要求的，要收存相关资料，按规定办理机动车注册登记。对未按规定列入《公告》或超过《公告》有效期出厂，或车辆技术参数不符合有关国家标准，或车辆技术参数和相片与《公告》不一致，或车辆识别代号拓印膜和实际车辆不一致的产品，不予办理注册登记。对违规产品取证后按照《机动车查验工作规程》（GA 801）记录具体信息，并录入机动车登记信息系统。

自 2010 年 10 月 1 日起，所有轿车产品以及经工业和信息化部批准、具备生产一致性保证能力的企业生产的其他乘用车、两轮摩托车等车辆产品，在办理机动车注册登记前，不再要求进行机动车安全技术检验。但出厂后两年内未申请注册登记，或者注册登记前发生交通事故的，仍应当进行安全技术检验。

7. 注册登记

车主应携带车辆购置税完税证明副联、机动车销售统一发票注册登记联、身份证原件和复印件、交强险保单副本、随车配发的机动车整车出厂合格证、机动车外部彩色相片和车辆识别代号拓印膜到车管所投递资料，审批挂牌。到达车管所后，领取机动车注册登记申请表并签字，然后递交相关资料进行审核，办理机动车注册登记。

8. 申领机动车号牌和行驶证

机动车号牌具有保证车辆合法上路行驶、防止汽车被盗失窃和便于车辆管理等作用。

（1）申领机动车号牌。

根据《机动车登记规定》的规定，自 2008 年 10 月以后，全国实行机动车号牌个性化自主选择和先前选号牌规定同时并行的规则，推行机动车所有人自行编排机动车号码工作。自编号是指机动车所有人可以自主选择车牌号码的字母和数字的组合。车主在确定选取号牌的方式后，可登录网上车管所的"网上自主编排号牌号码系统"或到车管所、新车发牌点办公大厅，查询、选取自己喜好和满意的号牌号码。办号牌当天，机动车所有人带齐相关证件，到业务受理窗口告知工作人员自己选定的自选号牌。如果该号牌尚无人使用，即可办理相应手续。因为自选号牌随机性比较大，无法预先制作，只能在机动车所有人办理完登记手续后另行制作。

机动车号牌，每车一幅。号牌编号由省、自治区或直辖市的简称，发牌机关代号和机动车登记代号注册编号（英文字母和阿拉伯数字）组成。其分类、规格、颜色、适用范围和每幅号牌的数量如表 2.3 所示。

表 2.3　号牌的分类、规格、颜色和适用范围

序号	分类	外廓尺寸/mm	颜色	数量	适用范围
1	大型汽车号牌	前 440×140 后 440×220	黄底黑字黑框线	2	中型（含）以上载客、载货汽车和专项作业车；半挂牵引车；电车
2	挂车号牌	440×220		1	全挂车和不与牵引车固定使用的半挂车
3	小型汽车号牌		蓝底白字白框线		中型以下的载客、载货汽车和专项作业车
4	使馆汽车号牌		黑底白字红"使"字白框线		驻华使馆的汽车
5	领馆汽车号牌		黑底白字红"领"字白框线		驻华领事馆的汽车
6	港澳出入境车号牌	440×140	黑底白字，白"港""澳"字白框线	2	港澳地区出入内地的汽车
7	教练汽车号牌		黄底黑字，黑"学"字黑框线		教练用汽车
8	警用汽车号牌		白底黑字，红"警"字黑框线		汽车类警车
9	普通摩托车号牌		黄底黑字黑框线		普通二轮摩托车和普通三轮摩托车
10	轻便摩托车号牌	前 220×95 后 220×140	蓝底白字白框线		轻便摩托车
11	使馆摩托车号牌		黑底白字红"使"字白框线		驻华使馆的摩托车
12	领馆摩托车号牌		黑底白字红"领"字白框线		驻华领事馆的摩托车
13	教练摩托车号牌		黄底黑字，黑"学"字黑框线		教练用摩托车
14	警用摩托车号牌	220×140	白底黑字，红"警"字黑框线	1	摩托车类警车
15	低速车号牌	300×165	黄底黑字黑框线	2	低速载货汽车、三轮汽车和轮式自行机械车
16	临时行驶车号牌	220×140	天（酞）蓝底纹黑字黑框线	1	行政辖区内临时行驶的机动车
			棕黄底纹黑字黑框线		跨行政辖区临时移动的机动车
			棕黄底纹黑字黑框线，黑"试"字		试验用机动车
			棕黄底纹黑字黑框线，黑"超"字		特型机动车，指轴荷和总质量超限的工程专项作业车和超长、超宽、超高的运输大型不可解物品的机动车
17	临时入境汽车号牌	220×140	白底棕蓝色专用底纹，黑字黑边框	2	临时入境汽车
18	临时入境摩托车号牌	88×60		1	临时入境摩托车
19	拖拉机号牌	按 NY 345.1—2005 执行			上道路行驶的拖拉机

小型车的号牌样式如图 2.6 所示。

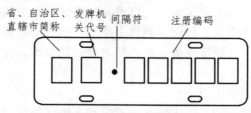

省、自治区、　发牌机　间隔符　　注册编码
直辖市简称　关代号

图 2.6　小型车号牌样式

　　机动车号牌的安装要求：① 前号牌安装在机动车前端的中间或者偏右，后号牌安装在机动车后端的中间或者偏左，应不影响机动车安全行驶和号牌的识别；② 号牌安装要保证号牌无任何变形和遮盖，横向水平，纵向基本垂直于地面，纵向夹角≤15°；③ 除临时入境车辆号牌和临时行驶车号牌外，其他机动车号牌安装时每面至少要用两个统一的压有发牌机关代号的号牌专用固封装置固定；④ 使用号牌架辅助安装时，号牌架内侧边缘距离机动车登记编号字符边缘大于 5 mm；⑤ 临时入境汽车号牌和临时行驶号牌应放置在前挡风玻璃右侧，临时入境摩托车号牌应随车携带。

　　有关机动车号牌的其他内容请查阅公安部发布的《中华人民共和国机动车号牌》（ GA 36—2007 ）。

　　（2）领取行驶证。

　　机动车行驶证是由公安机关车辆管理机关依法对机动车进行注册登记核发的证件，是机动车取得合法行驶权的凭证，也是旧机动车过户、转籍必不可少的证件。机动车行驶证样式如图 2.7 所示。

中华人民共和国机动车行驶证

号牌号码＿＿＿＿＿＿＿＿　车辆类型＿＿＿＿＿＿＿＿

所有人＿＿＿＿＿＿＿＿＿＿＿＿＿＿＿＿＿＿＿＿＿＿＿

住址＿＿＿＿＿＿＿＿＿＿＿＿＿＿＿＿＿＿＿＿＿＿＿＿

品牌型号＿＿＿＿＿＿＿＿　使用性质＿＿＿＿＿＿＿＿

发动机号码＿＿＿＿＿＿＿＿＿＿

发证机关章　　　　　车辆识别代号＿＿＿＿＿＿＿＿

注册登记日期＿＿＿＿＿＿　发证日期＿＿＿＿＿＿

中华人民共和国机动车行驶证副页

号牌号码＿＿＿＿＿＿＿＿　车辆类型＿＿＿＿＿＿＿＿

总质量＿＿＿＿＿＿＿＿　　整备质量＿＿＿＿＿＿＿＿

核定载质量＿＿＿＿＿＿　准牵引总质量＿＿＿＿＿＿

核定载客＿＿＿＿＿＿＿＿　驾驶室共乘＿＿＿＿＿＿

货箱内＿＿＿＿＿＿＿＿　　后轴钢板＿＿＿＿＿＿＿＿

部尺寸＿＿＿＿＿＿＿＿　　弹簧片数＿＿＿＿＿＿＿＿

发动机号＿＿＿＿＿＿＿＿＿＿＿＿＿＿＿＿＿＿＿＿＿

外廓尺寸＿＿＿＿＿＿＿＿＿＿＿＿＿＿＿＿＿＿＿＿＿

检验记录＿＿＿＿＿＿＿＿＿＿＿＿＿＿＿＿＿＿＿＿＿

图 2.7　机动车行驶证

　　根据《中华人民共和国机动车行驶证》的规定，为了防止伪造行驶证，证芯材料采用专用纸张，嵌入了类似于人民币上使用的荧光纤维和开窗式彩色金属线，提高造假难度；采用防伪印刷，荧光套印证件专用章；行驶证副页上增加了唯一的序列号，用于区分有效证件，可杜绝多次补、换证和套用行驶证现象；改进塑封套防伪技术，使用先进的、自主知识产权的双变色技术等。

　　（3）领取机动车登记证书。

　　机动车登记证书是机动车的"户口本"，所有机动车的详细信息及机动车所有人的资料都记载在上面。机动车所有人申请办理机动车各项登记业务时均应出具机动车登记证书。当登记信息发生变动时，机动车所有人应当及时到车辆管理所办理相关手续；当机动车所有权转移时，原机动车所有人应当将机动车登记证书随车交给现机动车所有人。现在机动车登记证书还可作为有效资产证明，到银行办理抵押贷款。机动车登记证书的样式如图 2.8 所示。

图 2.8　机动车登记证书

二、车辆登记的办理

　　机动车登记共分为注册登记、变更登记、转移登记、抵押登记和注销登记五大类。

（一）注册登记

　　根据《机动车登记规定》可知，初次申领机动车号牌、行驶证的，机动车所有人应当向住所地的车辆管理所申请注册登记。申请注册登记的，机动车所有人应当填写申请表，交验机动车，并提交机动车所有人的身份证明、购车发票等机动车来历证明、机动车整车出厂合格证明或者进口机动车进口凭证、车辆购置税完税证明或者免税凭证、机动车交通事故责任强制保险凭证及法律、行政法规规定应当在机动车注册登记时提交的其他证明、凭证。不属于经海关进口的机动车和国务院机动车产品主管部门规定免予安全技术检验的机动车，还应当提交机动车安全技术检验合格证明。车辆管理所应当自受理申请之日起 2 日内，确认机动车，核对车辆识别代号拓印膜，审查提交的证明、凭证，核发机动车登记证书、号牌、行驶证和检验合格标志。

（二）变更登记

根据《机动车登记规定》，已注册登记的机动车有下列情形之一的，机动车所有人应当向登记地车辆管理所申请变更登记。

（1）改变车身颜色的。

（2）更换发动机的。

（3）更换车身或者车架的。

（4）因质量问题更换整车的。

（5）营运机动车改为非营运机动车或者非营运机动车改为营运机动车等使用性质改变的。

（6）机动车所有人的住所迁出或者迁入车辆管理所管辖区域的。机动车所有人为两人以上，需要将登记的所有人姓名变更为其他所有人姓名的，可以向登记地车辆管理所申请变更登记。

申请变更登记的，机动车所有人应当填写申请表，交验机动车，并提交以下证明、凭证。

（1）机动车所有人的身份证明。

（2）机动车登记证书。

（3）机动车行驶证。

（4）属于更换发动机、车身或者车架的，还应当提交机动车安全技术检验合格证明。

（5）属于因质量问题更换整车的，还应当提交机动车安全技术检验合格证明，但经海关进口的机动车和国务院机动车产品主管部门认定免予安全技术检验的机动车除外。

车辆管理所应当自受理之日起1日内，确认机动车，审查提交的证明、凭证，在机动车登记证书上签注变更事项，收回行驶证，重新核发行驶证。车辆管理所办理第（3）项、第（4）项和第（6）项规定的变更登记事项的，应当核对车辆识别代号拓印膜。

（三）转移登记

根据《机动车登记规定》，已注册登记的机动车所有权发生转移的，现机动车所有人应当自机动车交付之日起30日内向登记地车辆管理所申请转移登记。机动车所有人申请转移登记前，应当将涉及该车的道路交通安全违法行为和交通事故处理完毕。

申请转移登记的，现机动车所有人应当填写申请表，交验机动车，并提交以下证明、凭证。

（1）机动车所有人的身份证明。

（2）机动车所有权转移的证明和凭证。

（3）机动车登记证书。

（4）机动车行驶证。

（5）属于海关监管的机动车，还应当提交《中华人民共和国海关监管车辆解除监管证明书》或者海关批准的转让证明。

（6）属于超过检验有效期的机动车，还应当提交机动车安全技术检验合格证明和交通事故责任强制保险凭证。

机动车所有人住所在车辆管理所管辖区域内的，车辆管理所应当自受理申请之日起1日内，确认机动车，核对车辆识别代码拓印膜，审查提交的证明、凭证，收回号牌、行驶证，确定新的机动车号牌号码，在机动车等级证书上签注转移事项，重新核发号牌、行驶证和检验合格标志。

（四）抵押登记

根据《机动车登记规定》，机动车所有人将机动车作为抵押物抵押的，应当向登记地车辆管理所申请抵押登记；抵押权消灭的，应当向登记地车辆管理所申请解除抵押登记。

申请抵押登记的，机动车所有人应当填写申请表，由机动车所有人和抵押权人共同申请，并提交下列证明、凭证。

（1）机动车所有人和抵押权人的身份证明。

（2）机动车登记证书。

（3）机动车所有人和抵押权人依法订立的主合同和抵押合同。车辆管理所应当自受理之日起1日内，审查提交的证明、凭证，在机动车登记证书上签注抵押登记的内容和日期。

申请解除抵押登记的，机动车所有人应当填写申请表，由机动车所有人和抵押权人共同申请，并提交以下证明、凭证。

（1）机动车所有人和抵押权人的身份证明。

（2）机动车登记证书。人民法院调解、裁定、判决解除抵押的，机动车所有人或者抵押权人应当填写申请表，提交机动车登记证书、人民法院出具的已经生效的《调解书》《裁定书》或者《判决书》，以及相应的《协助执行通知书》。车辆管理所应当自受理之日起1日内，审查提交的证明、凭证，在机动车登记证书上签注解除抵押登记的内容和日期。

（五）注销登记

1. 本地报废汽车的注销登记

根据《机动车登记规定》，已达到国家强制报废标准的机动车，机动车所有人向机动车回收企业交售机动车时，应当填写申请表，提交机动车登记证书、号牌和行驶证。机动车回收企业应当确认机动车并解体，向机动车所有人出具《报废机动车回收证明》。报废的大型客车、货车及其他营运车辆应当在车辆管理所的监督下解体。

机动车回收企业应当在机动车解体后7日内将申请表、机动车登记证书、号牌、行驶证和《报废机动车回收证明》副本提交车辆管理所，申请注销登记。

车辆管理所应当自受理之日起1日内，审查提交的证明、凭证，收回机动车登记证书、号牌、行驶证，出具注销证明。

2. 异地报废汽车的注销登记

车辆因损坏无法驶回登记地时，机动车所有人可以向车辆所在地机动车回收企业交售报废机动车。交售机动车时应当填写申请表，提交机动车登记证书、号牌和行驶证。机动车回收企业应当确认机动车并解体，向机动车所有人出具《报废机动车回收证明》。报废的大型客、货车和其他营运车辆应当在报废地车辆管理所的监督下解体。

机动车回收企业应当在机动车解体后7日内将申请表、机动车登记证书、号牌、行驶证和《报废机动车回收证明》副本提交报废地车辆管理所，申请注销登记。

报废地车辆管理所应当自受理之日起1日内，审查提交的证明和凭证，收回机动车登记证书、号牌和行驶证，并通过计算机登记系统将机动车报废信息传递给登记地车辆管理所。

登记地车辆管理所应当自接到机动车报废信息之日起1日内办理注销登记，并出具注销证明。

3. 其他情形汽车的注销登记

机动车有下列情形之一的，机动车所有人应当向登记地车辆管理所申请注销登记。

（1）机动车灭失的。

（2）机动车因故不在我国境内使用的。

（3）因质量问题退车的。

对于第（2）项和第（3）项规定情形之一的，机动车所有人申请注销登记前，应当将涉及该车的道路交通安全违法行为和交通事故处理完毕。

机动车所有人申请注销登记的，应当填写申请表，并提交以下证明、凭证。

（1）机动车登记证书。

（2）机动车行驶证。

（3）属于机动车灭失的，还应当提交机动车所有人的身份证明和机动车灭失证明。

（4）属于机动车因故不在我国境内使用的，还应当提交机动车所有人的身份证明和出境证明，其中属于海关监管的机动车，还应当提交海关出具的《中华人民共和国海关监管车辆进（出）境领（销）牌照通知书》。

（5）属于因质量问题退车的，还应当提交机动车所有人的身份证明和机动车制造厂或者经销商出具的退车证明。

车辆管理所应当自受理之日起1日内，审查提交的证明、凭证，收回机动车登记证书、号牌、行驶证，出具注销证明。

已注册登记的机动车有下列情形之一的，登记地车辆管理所应当办理注销登记。

（1）机动车登记被依法撤销的。

（2）达到国家强制报废标准的机动车被依法收缴并强制报废的。

4. 汽车注销登记公告

已注册登记的机动车有下列情形之一的，车辆管理所应当公告机动车登记证书、号牌和行驶证作废。

（1）达到国家强制报废标准，机动车所有人逾期不办理注销登记的。

（2）机动车登记被依法撤销后，未收缴机动车登记证书、号牌和行驶证的。

（3）达到国家强制报废标准的机动车被依法收缴并强制报废的。

（4）机动车所有人办理注销登记时未交回机动车登记证书、号牌和行驶证的。

三、车辆保险的办理

（一）机动车辆保险的种类

机动车辆保险因保险性质的不同，一般分为交强险和机动车辆商业保险（以下简称商业险）两大部分。交强险是强制性保险，而其他的险种则是建立在保险人和被保险人自愿基础上的机动车辆商业保险。

1. 交强险的基本内容和赔偿原则

交强险是通过国家立法予以强制实施的险种，机动车必须全部投保交强险。交强险是一个社会公益性较强的险种，车主投保之后，一旦发生交通事故，将由保险公司向受害第三方及时提供赔偿。这对保障公民合法权益、维护社会稳定具有重要意义。但是，交强险的经济保障能力有限，仅能构成社会最基础的事故经济保障。

（1）交强险赔偿的原则。

① 无责也要赔偿。

根据《中华人民共和国道路交通安全法》确立的无责赔偿的原则，交强险实行无责赔偿，在事故发生后将实行交强险先行、商业车险补充的原则。事故中的车辆也将互为责任，进行赔偿。

② 参考修理成本赔偿财产损失。

因保险事故损坏的受害人财产需要修理的，被保险人应当在修理前会同保险人检验，协商确定修理或者更换的项目、方式、费用。

③ 不赔偿本人。

交强险条款的第五条规定，交强险的受害人是指因被保险机动车发生交通事故遭受人身伤亡或者财产损失的人，但不包括被保险机动车本车车上人员、被保险人。因此，交强险只对第三者进行赔偿，而本车车上人员和被保险人并不在第三者的责任范围内，所以交强险不负责赔偿。

（2）交强险赔偿的标准和分项限额。

交强险现行的赔偿限额标准总计为 12.2 万元人民币。在 12.2 万元总责任限额下，实行分项限额，分别为死亡最大赔偿额 11 万元、医疗最大赔偿额 1 万元、财产损失最大赔偿额 0.2 万元。此外，投保的车主在道路交通事故中无责任时也必须支付赔偿，各项限额如表 2.4 所示。

表 2.4　交强险责任限额使用一览表

责任限额	有责任方额度/元	无责任方额度/元	赔偿内容
死亡伤残赔偿限额（保险公司对每次保险事故所有受害人的死亡伤残费用所承担的最高赔偿金额）	110 000	11 000	丧葬费、死亡补偿费、受害人亲属办理丧葬事宜支出费用的交通费用、残疾赔偿金、残疾辅助器具费、护理费、康复费、交通费、被抚养人生活费、住宿费、误工费、投保险人依照法院判决或调解承担的精神损害抚慰金
医疗费用赔偿限额（保险公司对每次保险事故所有受害人的医疗费用所承担的最高赔偿金额）	10 000	1 000	医药费，诊疗费，住院费，住院伙食补助费，必要的、合理的后续治疗费，整容费，营养费
财产损失赔偿限额（保险公司对每次保险事故所有受害人的财产损失承担的最高赔偿金额）	2 000	100	财产损失费

交强险属于社会公益险种，其保额并不是一成不变的，而会随着社会经济情况进行调整。

2. 交强险垫付与拒付的条件

（1）保险公司先垫付理赔费用的条件。

实行交强险发生交通事故后，由保险公司先垫付费用。以下4种情况由保险公司先予垫付。

① 驾驶员未取得驾驶资格的。

② 驾驶员醉酒驾车的。

③ 被保险机动车在被盗抢期间肇事的。

④ 投保的车主故意制造交通事故的。

对于先予垫付的费用，保险公司有权向致害人追偿。

（2）交强险拒赔与不垫付的条件。

① 受害人故意造成交通事故的损失。

② 车主所有的财产和被保险机动车上的财产遭受的损失。

③ 被保险机动车发生交通事故，致使受害人停业、停驶、停电、停水、停气、停产、通信或者网络中断、数据丢失、电压变化等造成的损失以及受害人财产因市场价格变动造成的贬值、修理后因价值降低造成的损失等其他各种间接损失。

④ 因交通事故产生的仲裁或者诉讼费用以及其他相关费用。

（二）商业车险的种类和内容

交强险是法律规定的最低保险义务，其用于应对交通事故的经济风险的能力太小。而商业车险是对交强险的有力补充，投保商业车险能够有效应对交通事故的经济风险。

商业车险是指对机动车辆由于自然灾害或意外事故所造成的人身伤亡或财产损失负赔偿责任的一种商业保险。商业车险为不定值保险，由其主险和附加险构成，其中部分附加险不能独立保险。基本险和附加险的种类和数量会随着法律法规和市场的变化而变化。

1. 商业车险的基本险

商业车险的基本险包括第三者责任险和车辆损失险，其具体内容如下。

（1）第三者责任险：负责赔偿保险车辆因意外事故，致使第三者遭受人身伤亡或财产的直接损失，保险公司依照保险合同的规定给予赔偿。

该险种是对交强险的补充，投保这个险种是非常必要的。发生撞车或撞人的事故，自己的车受损不算，还要花大笔的钱来赔偿他人的损失。现行交强险的赔偿额度几乎不能应对一般程度以上交通事故的损失，因此，投保此险种，能获得较高的保障。

（2）车辆损失险：指保险车辆遭受保险责任范围内的自然灾害（不包括地震）或意外事故，造成保险车辆本身损失，保险公司依据保险合同的规定给予赔偿。

该险种是车险中最主要的险种。该险种是车主为自己的车投保的，花钱不多，但能获得很大的保障。若不投保该险种，事故后自己车的修理费用则全部由自己承担。

2. 商业车险的附加险

附加险包括全车盗抢险、车上责任险、无过失责任险、车载货物掉落责任险、玻璃单独破碎险、车辆停驶损失险、自燃损失险、新增设备损失险和不计免赔特约险等。

（1）全车盗抢险：负责赔偿车辆因被盗窃、被抢劫造成车辆的全部损失，以及其间由于车辆损坏或车上零部件、附属设备丢失所造成的损失。

车辆投保该险种，丢失后可从保险公司得到车辆实际价值的 80% 的赔偿。若车主不能提供原车钥匙，则只能得到 75% 的赔偿。

（2）车上责任险：负责赔偿车辆发生意外事故造成车上人员的人身伤亡（包括驾驶员和乘客）和所载货物直接损毁的损失。

如果车主经常自己开车，该险种可不必投保。建议以人寿保险的产品来替代，人寿险种的保障范围和保险费一般都更低、更好。如果汽车经常乘载朋友和他人，一旦发生事故，从法律的角度讲，与车主同车的亲戚和朋友即使投保了意外伤害寿险也不能相应减少车主应承担的赔偿责任。这时，最好投保车上责任险。

（3）无过失责任险：指机动车辆与非机动车辆、行人发生交通事故造成对方人身伤亡、财产损失。虽然被保险的车辆无过失，但根据《道路交通事故处理办法》的规定，仍应由投保的车主承担 10% 的经济补偿。对于 10% 以上的经济赔偿部分，如投保的车主为抢救伤员等已经支付而无法追回的费用，保险金司亦在保险赔偿限额内承担赔偿责任。保险公司承担 10% 以上的赔偿责任加免赔金额之和，最高不得超过赔偿限额。

（4）车载货物掉落责任险：车上货物掉落导致他物受损，该责任属于车载货物掉落责任险范畴，即对车载货物从车上掉下来造成他人（即第三者）人身伤亡、财产的损失，保险公司予以赔偿。

赔偿责任在保险单所载明的保险赔偿限额内计算。每次赔偿均实行 20% 的绝对免赔率。

（5）玻璃单独破碎险：车辆在停放或使用过程中，其他部分没有损坏，仅风窗玻璃单独破碎，风窗玻璃的损失由保险公司赔偿。

该险种指使用过程中发生本车玻璃单独破碎，强调"单独"两字，而如果是其他事故引起的，会在车辆损失险中一并赔偿。

（6）车辆停驶损失险：车辆停驶损失险负责赔偿保险车辆发生保险事故造成车辆损坏，因停驶而产生的损失。保险公司按规定进行以下赔偿：

① 部分损失的，保险公司在双方约定的修复时间内按保险单约定的日赔偿金额乘以从专修之日起至修复竣工之日止的实际天数计算赔偿。

② 全车损毁的，按保险单约定的赔偿限额计算赔偿。

③ 在保险期限内，上述赔款累计计算，最高以保险单约定的赔偿天数为限。保险公司的最高约定赔偿天数为 90 天，且车辆停驶损失险最大的特点是费率很高，可达 10%。

对于从事专业营运的大型客、货车辆以及营运出租轿车，由于肇事后修车耽误营运，间接损失较大，有必要投保该险种。

（7）自燃损失险：负责赔偿保险车辆因本车电气、电路和供油系统等发生故障和运载货物自身原因起火燃烧，造成保险车辆的损失。由于外界火灾导致车辆着火，不属于自燃损失险责任范围。

虽然车辆发生自燃的概率相对较小，但自燃往往导致较严重的经济损失，因此，三年以上的车可以考虑投保自燃损失险。

（8）新增设备损失险：车辆发生车辆损失险范围内的保险事故，造成车上新增设备的直接损毁，由保险公司按实际损失计算赔偿。未投保本险种，新增加的设备的损失保险公司不负赔偿责任。

（9）不计免赔特约险：仅针对车辆损失险和第三者责任险范围内的损失，其他附加险的免赔规定不能取消。只有在同时投保了车辆损失险和第三者责任险的基础上方可投保本保险。

办理了本项特约保险的机动车辆发生保险事故造成赔偿，对其在符合赔偿规定的金额内按基本险条款规定计算的免赔金额，保险公司负责赔偿。即办理本保险后，车辆发生车辆损失险和第三者责任险方面的损失，全部由保险公司赔偿。

根据保险条款规定，一般情况下，上述险种范围内的每次保险事故与赔偿计算履行按责免赔的原则，车主需按事故责任大小承担一定比例的损失（称为免赔额）。但如果投保了不计免赔特约险，发生保险事故后，保险公司不再按原免赔规定进行免赔，而按规定计算的实际损失给予赔付。

（三）车险投保的基本要求和赔付原则

1. 车险投保的基本要求

车险是非常严谨的业务，其法律规定的内容非常细致完善，车主必须明确以下内容。

（1）保险车辆需有合法的行驶证和号牌，并经检验合格，否则保险单无效。

（2）在办理完毕保险手续拿到保险单正本后，应立即核对保险单上列明的项目，如车牌号、发动机号，查看承保档案是否有错漏，如有错漏应立即提出并更正。

（3）保险卡应随车携带，在保险车辆发生保险事故后，投保的车主应立即通知保险公司；投保的车主索赔时不得有隐瞒事实、伪造材料和制造假案等欺诈行为，否则保险公司会拒绝赔偿。

（4）记住保险的截止日期，提前办理续保可以使投保的车主得到连续的保障。

（5）在交清保险费的同时要得到保险公司统一格式的保险单正本、保险卡和保险费收据；保险卡上要列明出险后需立即拨打的报案电话。

2. 影响车险保费额的因素

车险费用的计算关联到很多方面，主要包括以下内容。

（1）车型、车价等因素影响保费额度。保险公司对车辆的型号、车价都赋予不同的风险数值。汽车价值越高，保险费自然就越高，反之保险费就越低。

（2）受保的项目决定保险费的高低。受保的险种数目不同，最低垫底保险费不同，也会影响保险费高低。

（3）使用汽车的方式导致保险费的差别。使用汽车越多，就意味着发生事故的概率越大。所以，营运车辆与非营运车辆在保险费上有较大的差别。

（4）车主安全驾驶记录影响保险费的优惠幅度。在过去三年内是否有违法驾驶或过去五年内是否在交通事故中有过失，决定了驾驶记录的等级。总之，安全行车、没有事故和违法记录，保险费就会降低。

（5）驾驶员的年龄和数量决定保费标准。越是年轻或新上路的驾驶员，发生事故的概率可能越大，因此他们的保费会高一些。而投保车驾驶员的数目增加也影响到保险费。

3. 商业车险投保应遵循的原则

（1）第三者责任险赔付范围。在机动车第三者责任险中，保险公司是"第一者"，原则上把肇事车辆看成第二者，第二者包括投保的车主、其雇用的驾驶员、其允许的驾驶人员以及车上的人员和财产等，同时也包括本车发生事故时的驾驶员及其家庭成员、投保的车主的家庭成员；在此之外的人和物才为第三者。因此，车上的人员如果在事故中受到伤害，或者驾车撞伤自己的亲属，都不属于第三者责任险赔付的范围。车险中保险公司、投保车主和第三者的关系如图 2.9 所示。

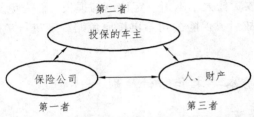

图 2.9　保险公司、投保人和第三者的关系

（2）车价决定车辆损失的赔偿额度。车价是计算保险费的基本条件，车价的高低决定保险费的多少，车主不要以为报价高多花保险费，就会多获得赔偿。其实车价无论报多少，都是按现时该车购置的价格标准按年份折旧赔偿的，所以报高了会多交保险费，报低了会使赔偿额不足。

《中华人民共和国保险法》规定：保险金额不得超过保险价值，超过保险价值的，超过的部分无效。保险金额低于保险价值的，除合同另有约定外，保险公司按照保险金额与保险价值的比例承担赔偿责任。所以，超额投保、不足额投保都不能获得额外的利益。

保险公司车险保额一般是根据新车购置价确定的，而新车的市场价格随市场需求的变化而变化，所以，在每年投保的时候查询一下你所驾驶车型的市场价格，根据当前市场价格投保是节省保险费的合理办法。

（3）保险补偿原则。保险补偿原则是财产保险合同理赔时最明显的原则之一。补偿原则是指投保的车主所获得的赔偿不得超过其所受到的损失，投保的车主不能因保险关系而取得额外利益。因此，如果投保的车主因他人过错遭到损失，在获得保险公司的赔偿后，就不能再向第三者索赔，而应当将向第三者的索赔权转让给保险公司。

但是，法律规定对人身保险可以重复投保，也允许权利人得到多份保险金，而且如果投保的车主因他人过错遭到损失，在获得保险公司的赔偿后，并不影响其再向第三者行使索赔的权利，反之亦是如此。

（4）盗抢险只按折旧价赔偿。由于保险公司在赔偿的时候是根据保险车辆的折旧价、购车发票的票面价格以及投保金额的最低价确定赔偿金额的，所以盗抢险的保额，新车和旧车是不同的。新车的保额要按照新车的购置价投保，而旧车的保额要按照车辆的折旧价和购车发票金额的最低金额确定。

（四）车险投保的程序

1. 合理选择投保险种

车主在办理车险时，应先投保可提供赔偿他人的险种，除交强险外，可考虑商业第三者责任险和附加无过错责任险；其次，再考虑补偿自己损失的险种，按重要性依次考虑车辆损失险、盗抢险、附加玻璃单独破碎险和附加车身划痕险等。

2. 确认保险单内容

现在的保险公司业务员会代车主填写投保单，车主一定要仔细阅读保险单的有关内容，不懂的项目，要仔细询问，待全部弄清之后正确填写。保险单内主要有以下项目：

（1）投保人。投保人指投保单位或个人的名称。单位填写全称，应与公章名称一致；个人填写姓名。投保人名称应与车辆行驶证相符，如因承包等原因，投保人的名称与行驶证上的名称不相符时，在投保单上应将两者明确，投保人的名称写在前，行驶证上的名称加括号写在后面。

（2）使用性质。使用性质按营业运输或非营业运输划分并如实填写。营业运输指从事社会运输并收取运费的车辆；非营业运输指机关、团体、企事业单位和家庭自用的车辆。如果两者兼有，则按营业运输填写。

（3）车辆损失险保险金额。车辆损失险保险金额是指车主投保车辆的价值，一般按投保车辆在投保当地的市场价格确定，即保险公司根据市场确定的价目承保。

（4）保险期限。保险期限一般为一年，即从签订保单的次日零时起至期满日 24 时止，也可根据实际情况投保短期保险，费率按短期费率计算。

（5）特别约定。特别约定指除投保单内容之外，车主还有其他要求，在车主和保险公司协商后，可在此栏目中注明。

3. 交费并领取保险单和保险证

填完投保单后，车主凭保险费收据办理交费手续，交费后即可领取保险单和保险证，这些单证要随车保存。

（五）车险的理赔

保险车辆发生交通责任事故后，如何办理索赔是参保车主最为关切的事情。出现交通事故后首先应及时报案，除了向交通管理部门报案外，还要及时向保险公司报案。一方面让保险公司知道你的车出了交通事故，另一方面也可以向保险公司咨询如何处理、保护现场，保险公司会告知车主准备事故证明的各种材料。

1. 车险理赔的一般程序

车险理赔的一般程序是报案→出险→定损→修理→提交材料→赔付。各环节内容如下：

（1）报案。保险车辆发生交通事故后，车主在向事故发生地交通管理部门报案的同时，应在 48 h 内通知保险公司；对于保险车辆发生单方事故或两辆同在一家保险公司投保足额综合险的车辆发生相互碰撞的事故，参加保险的车主可立即向保险公司报案，由保险公司查勘现场。

如果保险车辆被盗窃、被抢劫或被抢夺后，应在 24 h 内（除不可抗力因素外）向当地公安部门报案，同时在 48 h 内通知保险公司并按保险公司要求履行其他义务。

报案的方式有电话报案、直接到保险公司或有理赔权的保险代办点报案；本地车辆在外地出险，可以向该公司在当地的保险分公司或支公司报案。

报案需提交的材料内容为保险材料号码，投保的车主名称，车牌号码，事故发生的时间、地点、原因以及造成的损失情况。

（2）填写出险通知书。在保险公司人员指导下，如实填写出险通知书（索赔申请书），投保的车主本人需签字。

（3）定损（核定损失）。因保险事故受损或造成第三者财产损失，在受损车辆或财物修复前，车主切记要与保险公司共同检验受损财物。保险车辆因保险事故受损或致第三者财产损失，修复前投保的车主需会同保险公司共同检验，确定修理项目、方式和费用，否则，保险公司可能会拒绝赔偿或赔偿较少。查勘时，需提交投保的车主身份证原件、保险单原件、行驶证和肇事驾驶员驾驶证原件。

（4）办理索赔所需的手续。非独立的交通事故赔偿必须等交通管理部门的事故认定结束后，才能到保险公司办理理赔。保险车辆和受损财物修复后，或交通事故中伤者出院后，投保的车主应带齐车辆或受损财物的《损失评估报告》《定损修理合同》或死伤者的治疗抢救费用凭证、其他费用凭证和有关证明材料，尽快到交通管理部门进行损害赔偿调解，办理交通事故的结案手续。

待上述工作就绪后，应向保险公司提交索赔所必需的材料，办理正式索赔手续。投保的车主在办理正式索赔时，必须向保险公司提交以下几类材料：

① 保险单、投保的车主身份证、在审验合格期内的行驶证和肇事驾驶员的驾驶证复印件。

② 经保险公司查勘人员确认、投保的车主签字的出险通知书。

③ 道路交通事故应提供交通管理部门出具的事故责任认定书或简易事故处理书、事故损害赔偿调解书和损失赔偿相关票据。

④ 非道路交通事故应提供其他有效事故证明。

⑤ 车辆修理发票、清单和施救发票。

⑥ 有投保的车主签字（盖章）的赔款收据和委托书（查勘时，由保险公司提供）。

（5）领取保险赔款。按照保险公司的工作流程和工作理赔处理时限，保险公司将赔款理算后知会办理理赔的车主，该车主应在确认赔款后一年内领取赔款。

2. 车险理赔的金额计算

保险车辆在保险期内发生事故，造成本车损失或他人人身或财产损失时，分别按不同情况，根据保险条款中的有关公式计算保险赔偿金额。

（1）保险车辆发生全部损失或推定全损。全部损失是指被保险车辆的整体损毁或者严重受损，失去了修复价值，保险公司将其推定为全损情况。推定全损是指实际全损已不可避免，或受损货物残值，如果加上施救、整理、修复和续运至目的地的费用之和超过其抵达目的地的价值时，视为推定全损。

① 保险金额等于或低于出险时的实际价值，按保险金额计算赔偿，即

赔款 =（保险金额 − 残值 × 保险金额/实际价值 − 应由机动车交通事故责任强制保险赔偿金额）× 事故责任比例 ×（1 − 事故责任免赔率）×（1 − 绝对免赔率）

② 保险金额高于出险时的实际价值，按出险时的实际价值计算赔偿，即

赔款 =（实际价值 − 残值 − 应由机动车交通事故责任强制保险赔偿金额）× 事故责任比例 ×（1 − 事故责任免赔率）×（1 − 绝对免赔率）

实际价值是指新车购置价减去折旧金额后的价格。折旧金额按月计算，不足一个月，不计折旧，最高折旧金额不超过投保时机动车新车购置价格的 80%。

折旧金额 = 投保时机动车新车购置价 × 保险机动车已使用月数 × 月折旧率

（2）保险车辆发生部分损失。部分损失是指保险车辆受损后，未达到整体损毁或推定全损程度，而只是局部损失的情形。

赔款 =（实际修复费用 − 残值 − 应由机动车交通事故责任强制保险赔偿金额）× 保险金额/新车购置价 × 事故责任比例 ×（1 − 事故责任免赔率）×（1 − 绝对免赔率）

（3）保险车辆发生第三者责任险事故。保险车辆发生事故致使第三者遭受人身伤亡或财产直接损失，依法应由被保险人承担的损害赔偿责任，保险公司根据保险单载明的赔偿限额，对于超过交强险分项赔偿限额以上的部分负责赔偿：

① 当被保险人交强险以上应负赔偿金额超过赔偿限额时，则

赔款 = 赔偿限额 ×（1 − 免赔率）

② 当被保险人交强险以上应负赔偿金额低于赔偿限额时，则

赔款 = 交强险以上应负赔偿金额 ×（1 − 免赔率）

（六）保险理赔纠纷的处理

保险合同在履行过程中，双方当事人经常会因保险责任归属、赔偿金额的多少而发生争议，应采用适当方式，公平合理地处理。常用方式有协商和解、仲裁和司法诉讼 3 种。

1. 协商和解

在争议发生后，双方应实事求是、有诚意地进行磋商，彼此作出适当的让步，达成双方都能接受的和解协议。

2. 仲裁

仲裁是由合同双方当事人在争议发生之前或之后达成书面协议，愿意把他们之间的争议交给双方都同意的第三者进行裁决，仲裁员以裁判者的身份而不是以调解员的身份对双方争议作出裁决。仲裁组织作为民间机构，是以第三者或中间人的身份，对双方当事人之间的纠纷作出公断，因而没有采取强制措施的权利；对仲裁裁决的强制执行权，属于人民法院。如果仲裁裁决后，保险人拒不履行裁决，可以向保险人所在地的人民法院申请强制执行。

3. 诉 讼

诉讼解决保险纠纷，指的是人民法院依法确定诉讼程序，对保险纠纷予以审查，在查明事实、分清责任的基础上作出判决或裁定。诉讼解决保险纠纷是人民法院的司法活动，其所作出的法律裁判具有国家强制力，当事人必须予以执行。

（七）注意事项

1. 投保注意事项

（1）投保时履行如实告知义务。

根据《中华人民共和国保险法》（以下简称《保险法》）第 16 条的规定，订立保险合同，保险人就保险标的或者被保险人的有关情况提出询问的，投保人应当如实告知。投保人故意或者因重大过失未履行前款规定的如实告知义务，足以影响保险人决定是否同意承保或者提高保险费率的，保险人有权解除合同。合同解除权自保险人知道有解除事由之日起，超过 30 日不行使而消灭。自合同成立之日起超过 2 年的，保险人不得解除合同；发生保险事故的，保险人应当承担赔偿或者给付保险金的责任。投保人故意不履行如实告知义务的，保险人对于合同解除前发生的保险事故，不承担赔偿或者给付保险金的责任，并不退还保险费。投保人因重大过失未履行如实告知义务，对保险事故的发生有严重影响的，保险人对于合同解除前发生的保险事故，不承担赔偿或者给付保险金的责任，但应当退还保险费。保险人在合同订立时已经知道投保人未如实告知的情况的，保险人不得解除合同；发生保险事故的，保险人应当承担赔偿或者给付保险金的责任。

（2）履行交纳保险费的义务。

根据《保险法》第 14 条的规定，保险合同成立后，投保人按照约定交付保险费，保险人按照约定的时间开始承担保险责任。此外，各保险公司的机动车辆保险条款中也有相关规定，如中国人民保险公司的各机动车辆保险条款中均规定：除另有约定外，投保人应当在保险合同成立时一次交付保险费。保险费交付前发生的保险事放，保险人不承担赔偿责任。因此，投保人在保险合同成立后，应按照约定及时交付保险费并向保险公司索取发票，以保障自己的权益。

（3）不要进行重复投保。

根据《保险法》第 56 条的规定，重复保险是指投保人对同一保险标的、同一保险利益、同一保险事故分别与两个以上保险人订立保险合同，且保险金额总和超过保险价值的保险。重复保险的投保人应当将重复保险的有关情况通知各保险人。重复保险的各保险人赔偿保险金的总和不得超过保险价值。除合同另有约定外，各保险人按照其保险金额与保险金额总和的比例承担赔偿保险金的责任。重复保险的投保人可以就保险金额总和超过保险价值的部分，请求各保险人按比例返还保险费。因此，被保险人不会因重复保险而获得大于实际损失的赔偿，并会有可能因此多付保险费。

（4）不要超额投保。

根据《保险法》第 55 条的规定，保险金额不得超过保险价值。超过保险价值的，超过部分无效，保险人应当退还相应的保险费。另外，各保险公司的机动车辆保险合同均明确规定为不定值合同，而不定值合同是按照保险事故发生时保险标的的实际价值确定保险价值的保险合同。因此，保险公司只会按保险事故发生时保险标的的实际价值进行赔付，投保人不会按照保险金额得到赔偿，反而会因此多付保险费。

（5）了解保险责任的开始时间。

根据《保险法》第13条的规定，投保人提出保险要求，经保险人同意承保，保险合同成立。依法成立的保险合同，自成立时生效。投保人和保险人可以对合同的效力约定附条件或者附期限。我国保险实务中以约定起保日的零点为保险责任开始时间，以合同期满日的 24点为保险责任的终止时间。

2. 投保后注意事项

（1）再次认真阅读机动车辆保险合同条款。

投保人与保险公司签订机动车辆保险合同后，应再次认真阅读机动车辆保险合同条款的内容，确信自己没有任何疑问并能完全理解保险合同条款。投保人还要注意检查收到的保险合同文件是否完整，除了机动车辆保险单以外，还应该包括机动车辆保险条款、机动车辆保险证等文件。

（2）妥善保管机动车辆保险单。

机动车辆保险单是投保人购买机动车辆保险的主要凭证。在投保人或被保险人向保险公司索赔、申请变更保险合同内容或者申请其他服务时，必须提交保险单。因此，投保人应该将保险单放在安全可靠的地方，并记下保险公司名称、投保险种名称、保险单的号码以及保险金额等保险合同中的重要事项。如果投保人不慎将保险单遗失或损毁，可以向保险公司申请挂失或补发。

（3）随身携带保险证。

投保人应随身携带保险证，一旦发生保险事故，在报案时能够及时、准确地说明被保险人、保险车辆及保险单号等有关情况，使保险公司报案受理人员迅速处理报案并安排理赔人员及时进行现场查勘。

（4）定期检查机动车辆保险单。

投保后应定期检查自己的机动车辆保险单，确认其是否仍在保险期限内，并根据投保机动车辆的实际情况检查是否仍然符合保险合同要求，如有需要变更之处，应及时到保险公司办理变更手续。

（5）车辆使用注意事项。

被保险人及其驾驶员应当做好保险车辆的维护工作，保险车辆装载必须符合规定，使其保持安全行驶技术状态。被保险人及其驾驶员应根据保险人提出的消除不安全因素和隐患的建议，及时采取相应措施。

（6）其他注意事项。

根据机动车辆保险条款的责任免除规定，被保险人应注意以下事项：不得利用保险车辆从事非法活动；保险车辆不得肇事后逃逸；驾驶人员不得饮酒、吸食或注射毒品、被药物麻醉后使用保险车辆；不得无证驾驶或驾驶与驾驶证准驾车型不相符的车辆；公安交通管理部门规定的其他属于无有效驾驶证的情况下不得驾车；保险车辆应具备有效行驶证件。否则对因上述原因造成保险车辆损失或对第三者的经济赔偿责任，保险公司不承担赔偿责任。

 **任务实施**

任务一　办理车辆保险

1. 任务说明

周先生为某高校教师，年龄 35 岁，月收入 7 000 余元。周先生到丰田 4S 店购买了一辆卡罗拉轿车，车辆主要是家庭自用。由于没有车库，车辆只能停放在小区。新车购置价为 15.08 万元，有电子防盗系统。请协助客户选择车辆投保方案，并代办保险业务。

2. 技术要求与标准

（1）两个学生相互配合能在 45 min 内完成此项目。

（2）技术标准如表 2.5 所示。

表 2.5　技术标准

项　目	要　求	项　目	要　求
衣　着	穿正装，佩戴工作证	语言表达	普通话标准、流利，注意与客户沟通、交流的方式
形　象	口腔清洁、无异味，工作时间不得饮酒	业务流程	熟练，应变能力强

3. 设备器材

（1）计算机。

（2）车辆保险教学软件。

（3）保险单证。

（4）打印机。

4. 作业准备

（1）检查计算机及车辆保险软件的运行状况。

（2）准备好所需单证。

（3）检查打印机的运行状况。

5. 操作步骤

（1）准备投保证件（身份证原件及复印件、机动车合格证复印件、机动车销售统一发票发票联复印件）。

（2）收集客户信息，制订投保方案，如表 2.6 所示。

表2.6　选择制订投保方案

温馨提示：请车主自愿选择保险公司和投保险种，履行签字手续。（请在所选项目前的"□"内打√）

选择保险公司	客户需要提供的材料：身份证复印件（或者组织机构代码证复印件）、购车发票复印件、机动车合格证复印件、其他需要提供的复印件 使用性质：□营业　□非营业	
□中国人民财产保险公司 □中国太平洋财产保险公司 □中国平安财产保险公司 □中国大地财产保险公司 □中华联合财产保险公司 □大众财产保险公司 □天安财产保险公司 □永安财产保险公司 □阳光财产保险公司 □人寿财产保险公司 □安邦财产保险公司	投保人（车主名字必须与发票一致）	
	□交强险	
	□车辆损失险（行驶当中两车相撞、自然灾害、单方肇事造成被保险车辆受到保险范围内的损失）	
	□第三者责任险（被保险车辆出险造成第三方财产或人身伤亡的损失）	□5万元 □10万元 □15万元 □20万元 □30万元 □50万元 □100万元
	□车上人员责任险（发生意外事故时，造成被保险车辆上人员的人身伤亡）（1万~10万）	□驾驶员万元/座 □乘客万元×座
	□全车盗抢险，按发票价格投保	
	□车上货物责任险（1万~10万）	
	□自燃损失险（因本车电器、线路、供油系统等发生故障及运载货物自身原因，起火燃烧造成保险车辆的损失）	
	□车身划痕险（无明显碰撞痕迹的车身划痕损失）	2 000元
	□不计免赔（应当由被保险人自行承担的免赔金额部分，保险人负责赔偿）	□车损□三者□人员□盗抢 □自燃
	□玻璃（前后风窗玻璃，左右车窗玻璃单独破碎）	□国产□进口
	□其他险种	
	□贷款车（必须填写银行全称）第一受益人：	

（3）绘制机动车辆保险单，保单示例如表2.7、表2.8所示。

表2.7　××保险公司机动车交通事故责任强制保险单（正本）

保险单号：

被保险人					
被保险人身份证号码（组织机构代码）					
地　　址		联系电话			
被保险机动车	号牌号码		机动车种类		使用性质
	发动机号码		识别代码（车架号）		
	厂牌型号		核定载客　人	核定载质量	kg
	排量		功率	登记日期	
责任限额	死亡伤残赔偿限额	110 000元	无责任死亡伤残赔偿限额	11 000元	
	医疗费用赔偿限额	10 000元	无责任医疗费用赔偿限额	1 000元	
	财产损失赔偿限额	2 000元	无责任财产损失赔偿限额	100元	
与道路交通安全违法行为和道路交通事故相联系的浮动比率					%
保险费合计（人民币大写）：　　　　（￥：　　　元）其中救助基金（　　%）￥：　　　　元					
保险期间自　　年　　月　　日　　时起至　　年　　月　　日　　时止					
保险合同争议解决方式					
代收车船税	整备质量		纳税人识别号		
	当年应缴	￥：　　元	往年补缴	￥：　元	滞纳金　￥：　元
	合计（人民币大写）：				
	完税凭证号（减免税证明号）		开具税务机关		
特别约定					
重要提示	1. 请详细阅读保险条款，特别是责任免除和投保人、被保险人义务。 2. 收到本保险单后，请立即核对，如有不符或疏漏，请及时通知保险人并办理变更或补充手续。 3. 保险费应一次性交清，请您及时核对保险单和发票（收据），如有不符，请及时与保险人联系。 4. 投保人应如实告知对保险费计算有影响的或被保险机动车因改装、加装、改变使用性质等导致危险程度增加的重要事项，并及时通知保险人办理批改手续。 5. 被保险人应当在交通事故发生后及时通知保险人				
保险人	公司名称：　　　　　　　　　　　　公司地址： 邮政编码：　　　　服务电话：　　　签单日期：　　　（保险人签章）				

核保：　　　　　　　　　制单：　　　　　　　　　　　　经办：

表2.8 ××保险公司机动车保险单（正本）

投　保　人：　　　　　　　　　　　　　　投保人身份证号码：

被　保　险　人：　　　　　　　　　　　　被保险人身份证号码：

行驶证车主：　　　　　　　　　　　　　　保单号：

　　根据投保人填写的投保单，本公司签发保险单，同意投保人按约定缴付保险费后，依照本保险单所载条款、批单以及其他双方约定的条件，承担保险责任。本保险单经保险人盖章且保险人授权代表签字生效。本保单签发之日保险合同成立。

保险车辆情况	号牌号码		厂牌型号		
	VIN 码		车辆种类		
	发动机号		核定载客　　人		核定载质量　　kg
	初次登记日期		年平均行驶里程　　km		使用性质
	行驶区域		已使用年限　　年		新车购置价　　元
	承保险种	费率浮动	保险金额、责任限额/元		保险费/元

保险费合计（人民币大写）：	（￥：　　　　元）

保险期间自_____年_____月_____日零时起至_____年_____月_____日24时止

特别约定	

保险合同争议解决方式					

重要提示	1. 本保险合同由保险条款、投保单、批单和特别约定组成。 2. 收到本保险单、承保险种对应的保险条款后，请立即核对，如有不符或疏漏，请在48 h 内通知保险人并办理变更或补充手续；超过48 h 未通知的，视为投保人无异议。 3. 请详细阅读承保险种对应的保险条款，特别是责任免除和投保人、被保险人义务。 4. 被保险机动车因改装、加装、改变使用性质等导致危险程度增加以及转卖、转让、赠送他人的，应书面通知保险人并办理变更手续。 5. 被保险人应当在交通事故发生后及时通知保险人

保险人	公司名称：　　　　　　　　　公司地址： 邮政编码：　　　　　　　　　联系电话：　　　　　网址： 签单日期：　　　　　　　　　（保险人签章）

核保：　　　　　　　　制单：　　　　　　　　　　　　　　经办：

（4）计算需缴纳的保险金额。

（5）缴纳保费。

（6）签发保险单证，如图 2.10、图 2.11 所示。

图 2.10　强制保险标志

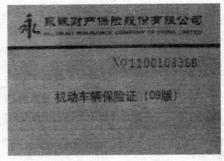

图 2.11　机动车保险证

（7）审核保险单证并妥善保管。

任务二　办理车辆上牌手续

1. 任务说明

周先生为某高校教师，年龄 35 岁，月收入 7 000 余元。周先生到丰田 4S 店购买了一辆卡罗拉轿车，车辆主要是家庭自用。由于没有车库，车辆只能停放在小区。新车购置价为 15.08 万元，有电子防盗系统。丰田 4S 店已经为周先生的新车办理了保险。请协助周先生办理汽车上牌手续。

2. 技术要求与标准

（1）两个学生相互配合能在 45 min 内完成此项目。

（2）技术标准如表 2.9 所示。

表 2.9　技术标准

项　目	要　求	项　目	要　求
衣　着	穿正装，佩戴工作证	语言表达	普通话标准、流利，注意与客户沟通、交流的方式
形　象	口腔清洁、无异味，工作时间不得饮酒	业务流程	熟练，应变能力强

3. 设备器材

（1）计算机。

（2）申请表格（车辆购置税纳税申报表、机动车注册登记申请表）。

（3）打印机。

（4）照相机。

4. 作业准备

（1）检查车辆的运行状况。

（2）准备好各类申请表格。

（3）检查打印机的运行状况。

5. 操作步骤

（1）准备缴纳车辆购置税所需相关材料（机动车销售统一发票报税联原件、机动车销售统一发票发票联复印件、机动车合格证复印件、车主身份证复印件），领取"车辆购置税纳税申报表"（见表 2.10）并签字。

表 2.10　车辆购置税纳税申报表

纳税人名称：

金额单位：元、角、分

纳税人证件名称			证件号码		
联系电话		邮政编码		地　址	
车辆基本情况					
车辆类别	（1）汽车；（2）摩托车；（3）电车；（4）挂车；（5）农用运输车		发动机号码		
生产企业名称			车架（底盘）号码		
厂牌型号			排气量		
购置日期			关税完税价格		
机动车销售发票（或有效凭证）号码			关税		
机动车销售发票（或有效凭证）价格			消费税		
减税、免税条件					
申报计税价格	特殊计税价格		税率	免（减）税额	应纳税额
①	②		③	④＝①×③	⑤＝①×③或②×③
			10%		
此纳税申报表是根据《中华人民共和国车辆购置税暂行条例》的规定填报的，我相信它是真实的、可靠的、完整的 声明人签字：			如果你已委托代理人申报，请填写以下资料： 　为代理一切税务事宜，现授权（　　　）， 地址（　　　）为本纳税人的代理申报人，任何与本申报表有关的往来文件，都可寄予此人 授权人签字：		
纳税人签名或签章	如委托代理人的，代理人应填写以下各栏				代理人（公章）
	代理人名称				
	地址				
	经办人				
	电话				
接收人： 接受日期：			车购办（印章）：		

（2）缴纳车辆购置税税款并领取中华人民共和国税收通用完税证。

（3）领取车辆购置税完税证明。

（4）查验车辆。检查车辆发动机号、车辆识别代码及车辆外观，如图 2.12 所示。

图 2.12　查验车辆

（5）准备办理机动车注册登记的相关材料（机动车所有人的身份证明、购车发票等机动车来历证明、机动车整车出厂合格证明或者进口机动车进口凭证、车辆购置税完税证明或者免税凭证、机动车交通事故责任强制保险凭证、车船税纳税或者免税证明、不属于经海关进口的机动车和国务院机动车产品主管部门规定免予安全技术检验的机动车，还应当提交机动车安全技术检验合格证明、机动车外部彩色相片和车辆识别代号拓印膜），领取机动车注册登记申请表（见表 2.11）并签字。

表 2.11　机动车注册登记申请表

<table>
<tr><td rowspan="4">机动车所有人</td><td>姓名/名称</td><td colspan="3"></td><td>联系电话</td><td></td></tr>
<tr><td>住所地址</td><td colspan="3"></td><td>邮政编号</td><td></td></tr>
<tr><td>暂住地址</td><td colspan="3"></td><td>邮政编号</td><td></td></tr>
<tr><td>身份证明名称</td><td>号码</td><td colspan="2"></td><td colspan="2">□常住人口　　□暂住人口</td></tr>
<tr><td rowspan="5">机动车</td><td>机动车使用性质</td><td colspan="5">□公路客运　　□公交客运　　□出租客运　　□旅游客运　　□租赁　　□货运
□非营运　　　□警用　　　　□消防　　　　□救护　　　　　　　□工程抢险</td></tr>
<tr><td>机动车获得方式</td><td colspan="5">□购买　□法院调解、裁定、判决　□仲裁裁决　□继承　□赠予
□协议抵偿债务　□资产重组　□资产整体买卖　□调拨　□境外自带</td></tr>
<tr><td>机动车厂牌型号</td><td colspan="5"></td></tr>
<tr><td>车辆识别代码/
车架号</td><td colspan="5"></td></tr>
<tr><td>发动机号码</td><td colspan="5"></td></tr>
<tr><td rowspan="3">相关资料</td><td>来历凭证</td><td colspan="3"></td><td rowspan="3">机动车所有人签章：

（个人签字/单位盖章）
　　年　　月　　日</td></tr>
<tr><td>进口凭证</td><td colspan="3">□《货物进口证明书》□《没收走私汽车、摩托车证明书》□《中华人民共和国海关监管车辆进（出）境领（销）牌证通知书》</td></tr>
<tr><td>其他</td><td colspan="3">□国产机动车的整车出厂合格证　□身份证明　□《协助执行通知书》　□《公证书》</td></tr>
<tr><td>申请方式</td><td colspan="4">□由机动车所有人申请
□机动车所有人委托代理申请</td><td></td></tr>
</table>

续表

代理人	姓名/名称		联系电话	代理人签章： （个人签字/单位盖章） 年　　月　　日
	住所地址			
	身份证明名称	号码		
	经办人姓名			
	身份证明名称	号码		
	经办人住所地址			
	经办人签字			

（6）申请机动车牌照，如图 2.13 所示。

图 2.13　选号

（7）领取机动车登记证书、行驶证、车辆检验合格证。

（8）领取机动车号牌，上路行驶。

 ## 学习评价

1. 理论考核

（1）简述机动车号牌和行驶证的作用。

（2）简述新车登记注册的程序。

（3）什么叫汽车保险？其险种有哪些？

（4）简述汽车保险投保和办理理赔业务的程序。

（5）简述车险投保的基本要求。

（6）办理汽车保险时应注意哪些事项？

（7）如果购买了交强险，还需要购买商业第三者责任险吗？交强险和商业第三者责任险有什么区别和联系？

（8）车辆损失险的保险责任有哪些？

（9）办理机动车注册登记时必须具备哪些手续？

（10）根据《机动车登记规定》，已注册登记的机动车在哪些情形下需要申请变更登记？

2. 技能考核

（1）机动车保险的办理项目评分表如表 2.12 所示。

表 2.12　机动车保险的办理项目评分表

基本信息	姓　名		学　号		班　级		组　别	
	规定时间		完成时间		考核日期		总评成绩	
任务工单	序　号	步　骤		完成情况		标准分	评　分	
				完　成	未完成			
	1	考核准备 材料： 工具设备：				5		
	2	准备投保证件				5		
	3	收集顾客信息，制订投保方案				30		
	4	绘制机动车辆保险单 （见表 2.5、表 2.6、表 2.7）				10		
	5	计算需缴纳的保险金额				5		
	6	缴纳保费				5		
	7	签发保险单证				10		
	8	审核保险单证并妥善保管				5		
安　全						5		
6S						5		
团队协作						5		
沟通表达						5		
工单填写						5		

（2）家庭自用轿车上牌手续的办理项目评分表如表 2.13 所示。

表 2.13　家庭自用轿车上牌手续的办理项目评分表

基本信息	姓　名		学　号		班　级		组　别	
	规定时间		完成时间		考核日期		总评成绩	
任务工单	序　号	步　骤		完成情况		标准分	评　分	
				完　成	未完成			
	1	考核准备 材料： 工具设备： 场地：				10		
	2	准备缴纳车辆购置税所需相关材料				10		
	3	领取并填写车辆购置税纳税申报表				5		
	4	缴纳车辆购置税税款				5		

续表

基本信息	姓　名		学　号		班　级		组　别	
	规定时间		完成时间		考核日期		总评成绩	
任务工单	序　号		步　骤		完成情况		标准分	评　分
					完　成	未完成		
	5		领取车辆购置税完税证明				5	
	6		查验车辆				10	
	7		准备机动车注册登记所需相关材料				5	
	8		填写机动车注册登记申请表				5	
	9		申请牌照				5	
	10		领取登记证书、行驶证和车辆检验合格证				5	
	11		领取车辆号牌				5	
安　全							5	
6S							5	
团队协作							5	
沟通表达							10	
工单填写							5	

 **知识拓展**

一、新车的检查和启用

（一）新车的检查和验收

汽车在出厂时，虽然已按规定进行了检查、验收，但是在运输过程中也有可能造成意外损伤。为了分清责任，确保汽车安全可靠地行驶，在新车购置后应进行严格的检查和验收。检查和验收的主要内容有以下几个方面。

1. 检查随车资料

按照车辆购置合同和车辆使用说明书的规定，对照车辆清单或装箱单进行验收，清点随车工具和附件（如车轮罩和灭火器）等。进口汽车的随车资料主要有进口商检证、说明书和货检单等；国产汽车的随车资料包括出厂证、合格证和说明书等。

检查汽车的发动机号、车架号、产品合格证上的车辆识别代码和出厂日期是否和原车一致，钢印号是否整齐无修改痕迹。

从出厂日期上判别其是否为积压车，了解车辆从产到销的时间。出厂日期是标志该车从生产线上完成装配的日期，如果这个日期和买车的日期比较接近，说明该车较新。

另外，车型、发动机功率和座椅数量等均要求说明书和实物一致。

2. 查看轮胎

新车的里程表上显示行驶了 10～20 km 是正常的，可以认定是零公里的新车。因为汽车厂家在试车、进出库、装载时要消耗掉一定的里程。

零公里新车的轮胎，即便是轮胎制造过程中产生的细小痕迹以及刺状的突起，也是完全没有磨损的。通过观察轮胎的磨损、底盘的清洁程度和脚踏板可以知道该车是否做过样车。

3. 观察是否漏水漏油

打开发动机罩，观察发动机气缸体、气缸盖和油底壳有无润滑油渗漏，散热器周围有无水渍，蓄电池接线柱附近有无污染和锈蚀，空调管路的接口处有无尘土沾黏。

观察转向节附近有无渗油，万向节的防尘套是否完好，减振器周围有无尘粒黏连，减振的橡胶零件有无变形，变速器和驱动桥的外壳是否有渗漏的油迹，或观察地面是否有滴油的痕迹。

4. 检查车门

车门关闭时，若发出沉闷的"砰砰"声，说明车门工艺精湛，密封性良好；若关门时，发出清脆的"啪啪"声，则说明车门工艺不好，密封性差。

5. 观察车身

应首先注意发动机罩、行李舱盖以及车门的缝隙是否均匀；边角有无漆瘤或鼓包；线条是否清晰明快。从侧面迎着光线观察，了解车身的弧线是否圆滑，棱线是否笔直。检查外观有无脱焊、掉漆、锈蚀或刮碰痕迹。

6. 检查车窗、转向盘和仪表板

坐进驾驶室，检查车窗升降是否平顺，角落边缘有无锈迹，座位有无污垢。用手上下晃动转向盘，不应有窜动现象，左右转动转向盘，应有一定的自由行程，这个自由行程要符合使用说明书的要求。查看仪表板和仪表装配是否工整，有无歪斜现象。检查工具箱、烟灰缸以及车内其他小装置的开合是否顺畅。

7. 检查脚踏板

静止状态下，检查加速踏板是否反应灵敏；离合器踏板是否过硬、过沉；离合器踏板和制动踏板是否有一定的自由行程；踩下制动踏板到极限，有无继续向下的感觉，若有，说明制动油路有问题。3 个踏板均应复位迅速，无卡滞现象。

8. 检查电气设备

检查蓄电池的液面高度是否符合规定，蓄电池的正负极接线柱是否洁净。打开启动钥匙的第一挡，仪表板上所有的指示灯应该全亮。油量指针应该有上升的变化。检查灯光时，先打开故障报警开关，此时，所有的灯光均应有节奏地闪动；扳动转向灯开关和雾灯开关，检查灯光是否完好；挂倒挡，倒挡灯应该亮起；踩下制动踏板，制动灯应该亮起。

检查刮水器，在中、低、高各速度上应工作正常，喷水器出水畅通。按动喇叭，声音应柔和动听。打开收音机，听音响效果，先开到最小声音，听音响对细小声音的分辨能力；然后开到最大声音，听听喇叭是否失真。

9. 试　车

（1）检查发动机工作情况。重点检查发动机怠速是否平稳，转速表转速是否符合说明书要求；增大节气门开度，听声音是否为由小到大、比较柔和；检查加速性能的好坏。

（2）检查底盘工作情况。重点检查转向盘的转向灵敏性和操纵轻便性；检查制动系统的制动效果，紧急制动时是否仍能维持方向的稳定性；检查悬架及其减振器的缓冲减振效果，感觉乘坐是否舒适。

若接收的是在用汽车，应注意检查其装备是否齐全，技术状况是否良好，要注意查收车辆的技术档案和有关技术资料。

（二）新车的启用

新购进的汽车，为了能够尽快投入正常运行，使用前应做好以下几项工作。

（1）对驾驶员和维修工进行技术培训，使驾驶员掌握车辆的使用性能，维修工掌握新车的维修技术要点。

（2）按照制造厂的规定对车辆进行清洁、润滑、紧固、补给和必要的调整。

（3）建立车辆的技术档案。

（4）严格按照技术要求，做好走合前的维护工作。

（5）在索赔期内，车辆发生损坏，应及时向制造厂提出索赔。为便于因质量问题需要提出索赔，最好不要在索赔期内对车辆进行改装或加装其他附加装置，并做好使用记录，以备查阅。

（三）新车的开蜡

汽车制造厂的新车尤其是进口新车，要运输到各地的经销商处进行销售，下线时在新车漆表面喷涂了一层封漆蜡，以防止运输过程中或露天存放时受到风吹、日晒、雨淋和粉尘、烟雾等的侵蚀而破坏漆面，确保新车到达用户手中时漆膜完好如新。封漆蜡主要含有石蜡、树脂和特氟隆等成分，能对新车表面油漆起到近 1 年时间的保护作用。但封漆蜡没有光泽，严重影响汽车美观，且易黏附灰尘，因此在新车交付正常使用时要对其进行除蜡处理，称为新车的开蜡。

1. 新车开蜡的步骤

（1）车身表面进行高压清洗。新车开蜡时必须清洗车身表面，否则会影响开蜡水的溶解效果。可用冷水高压清洗机冲洗，除去车身表面的尘土和其他附着物。

（2）喷施开蜡水。车身表面清洗干净后，按照自上而下的顺序在表面均匀地喷上开蜡水，确保每个部位都被溶液覆盖，不要忽视边角缝隙处。等待 5 ~ 8 min，使开蜡水完全渗透进蜡层，快速溶解封漆蜡保护层。

（3）擦除残蜡。当车蜡完全溶解后，用海绵、棉布、毛巾或无纺布擦除车身表面的残蜡，然后用新车专用香波彻底清洗开蜡残液和各种残留污垢。

（4）清洗和擦干车身。使用冷水高压清洗机冲洗车身表面，然后喷上洗车液清洁车身，再用高压水冲净车身，并擦干。

（5）镀膜。车身擦干后，再用新车专用高级水晶镀膜蜡给车身镀上一层抗静电、防老化、防酸雨和防紫外线等的保护膜。

2. 新车开蜡应注意的事项

（1）必须使用新车开蜡水进行开蜡，不可使用其他溶剂。

（2）喷施开蜡水时要尽量均匀，确保每个部位都能被覆盖。

（3）仔细检查车身各部，尤其是厂牌、车标内空隙、车门车窗密封橡胶的边条缝等处，如有残留未洗净的局部蜡迹，应重新喷涂开蜡水、重新清洗。

（4）冬季气温较低时，因开蜡水不易和车身表面上的防护涂层产生化学反应，开蜡比较困难。因此，冬季不宜进行开蜡操作，最好选择气温在 20 ℃ 以上进行。

二、汽车的检测和审验

（一）车辆检测和审验的规定

为确保车辆运行安全和技术状况良好，必须对在用车辆进行技术检测。在用车辆的技术检测分为自检和强制性检测两种。车辆所属单位进行自检，以确保车辆具有良好的动力性、经济性和安全性为主要目的；车辆管理部门对在用车辆进行强制性检验，是通过检查其是否符合国家规定的技术条件，以确定被检车辆的技术状况是否满足运行安全和营运的基本要求。《中华人民共和国道路交通安全法实施条例》规定：机动车应当从注册登记之日起，按照下列期限进行安全技术检验：

（1）营运载客汽车 5 年以内每年检验 1 次；超过 5 年的，每 6 个月检验 1 次。

（2）载货汽车、大型和中型非营运载客汽车 10 年以内每年检验 1 次；超过 10 年的，每 6 个月检验 1 次。

（3）小型、微型非营运载客汽车 6 年以内每 2 年检验 1 次；超过 6 年的，每年检验 1 次；超过 15 年的，每个月检验 1 次。

另外，公安部、国家质监总局两部门 2014 年发布《关于加强和改进机动车检验工作的意见》，规定自 2014 年 9 月 1 日起，试行 6 年以内的在用私家小汽车免予上线检验，私家车免年检条件如下：

（1）2010 年 9 月 1 日之后注册登记的免检。

（2）每 2 年按规定提供交强险、车船税证明，将交通安全违法和交通事故处理完毕后，直接领取检验标志。

（3）发生过伤人事故的不在此列。

面包车和 7 座以上车辆暂不纳入免检范围。

营运机动车在规定检验期限内经安全技术检验合格的，不再重复进行安全技术检验。

（二）车辆检测和审验的分类

根据参加检验的时间和目的要求，车辆的检测和审验可分为年度检验、临时性检验、安全检测、综合性能检测、维修检测和特殊检测等项目。

1. 年度检验

年度检验简称年检，是指按照车辆管理部门规定的期限对在用车辆进行的定期检验，或根据交通运输管理部门制定的车辆检测制度对营运车辆进行的定期检测。

车辆年检的目的是检验车辆的主要技术性能是否满足国家标准《机动车运行安全技术条件》（GB 7258—2012）的规定，督促车属单位对车辆进行维修和更新，确保车辆具有良好的技术状况，消除事故隐患，确保行车安全；同时，使车辆管理部门全面掌握车辆分类和技术状况的变化情况，以便加强管理。

2. 临时性检验

临时性检验是指除车辆年检和正常检验外的车辆检验。车辆临时检验的内容和年检基本相同，其目的是评价车辆性能是否满足《机动车运行安全技术条件》的要求，以确定其能否在道路上行驶，或车辆技术状况是否满足参加营运的基本要求。

（1）在用车辆参加临时性检验的范围。

在用车辆在下述情况下，应按交通运输管理部门的规定，参加临时性检测。

① 申请领取临时号牌（如新车出厂、改装车出厂）的车辆。

② 放置很长时间，要求复驶的车辆。

③ 遭受严重损坏，修复后准备投入使用的车辆。

④ 挂有国外、港澳地区号牌，经我国政府允许，可进入我国境内短期行驶的车辆。

⑤ 车辆管理部门认为有必要进行临时检验的车辆（如春运期间、交通安全大检查期间）。

（2）营运车辆参加临时性检测的范围。

营运车辆在下述情况下，应按交通运输管理部门的规定，参加临时性检测。

① 申请领取营运证的车辆。

② 经批准停驶的车辆恢复行驶时。

③ 经批准封存的车辆启封使用时。

④ 改装和主要总成改造后的车辆。

⑤ 申请报废的车辆。

3. 安全检测

安全检测以涉及汽车安全与环保的项目为主要检测内容，其目的是确定汽车性能满足有关汽车运行安全和公害等法规的规定，是对全社会民用汽车的安全性检查。

4. 综合性能检测

综合性能检测是指对汽车的安全性、动力性、经济性、可靠性、噪声和废气排放状况等进行的全面检测。其目的是对在用运输车辆的技术状况进行检测诊断，对汽车维修行业的维修车辆进行质量检测，以确保运输车辆安全运行，提高运输效率和降低运行消耗。

5. 维修检测

维修检测以汽车性能检测和故障诊断为主要内容，其目的是对汽车维修前进行技术状况检测和故障诊断，据此确定附加作业和小修项目以及是否需要大修，同时对汽车维修后的质量进行检测。

6. 特殊检测

特殊检测是指为了不同的目的和要求对在用车辆进行的检验，在检验的内容和重点上与上述各类检验有如下不同。

（1）改装或改造车辆的检测。为了不同的使用目的，在原车型底盘的基础上改制成其他用途的车辆后，因其结构或使用性能变更较大，车辆管理部门在核发号牌和行车执照时，应对其进行特殊检验。该检验包括汽车主要总成改造后的车辆的检验；有关新工艺、新技术、新产品以及节能、科研项目等的检测、鉴定。

（2）事故车辆的检测。对发生交通事故并有损伤的车辆进行检测，一方面是为了分析事故原因，分清事故责任；另一方面是为了查找车辆的故障，确定汽车的技术状况，以保证行车安全。

（3）外事车辆的检测。为保证参加外事活动车辆的技术状况，防止意外事故发生，必须对车辆的安全性能和其他有关性能进行检测。

（4）其他项目的检测。接受公安、商检、计量、保险等部门的委托，进行有关项目的检测。

三、汽车运行技术条件和运行工况

（一）机动车运行安全技术条件

为保证车辆安全行驶，运行可靠，必须符合《机动车运行安全技术条件》（GB 7258—2012）规定的技术条件。汽车运行安全技术条件主要包括以下几个方面：

（1）车辆外观整洁，装备齐全、紧固、可靠，各部件应完好，并具有正常的技术性能。

（2）发动机动力性能良好，运行可靠，不得有异响；燃料消耗正常，无漏油、漏水、漏气、漏电现象。

（3）底盘各总成连接牢固，无过热、无异响，性能良好，各润滑部位不缺油，钢板弹簧无断裂或错开现象，轮胎气压正常，汽车、挂车连接及防护装备齐全、可靠。

（4）转向轻便灵活，转向节及臂、横直拉杆及球销不得松旷，性能良好，四轮定位符合要求。

（5）车辆制动性能符合规定，挂车与牵引车意外脱落后，挂车应能自行制动，牵引车的制动仍然有效。

（6）客车车厢、货车驾驶室内应不进尘土、不漏雨，门窗关闭严密，开启灵活；挡风玻璃视线清晰；客车座椅齐全、整洁、牢固；货车车厢无漏洞，栏板销钩牢固、可靠。

（7）车辆的噪声及废气排放应符合有关规定。

（8）灯具、信号、仪表和其他电气设备应配备齐全，工作正常、可靠。

（二）汽车危险货物运输规则

车辆运载具有易爆、易燃、有毒、放射性等危险货物时，必须符合《汽车危险货物运输规则》的规定。其主要技术条件有车辆的车厢、底板平坦良好，栏板牢固，衬垫不得使用松软易燃材料；运载危险货物的车辆左前方悬挂黄底黑字的"危险品"标志；根据车内装运危险货物的性质，车辆必须配备相应的消防器材等用具；车辆行驶和停车时必须遵守交通、消防、治安等法规要求；必须指派熟悉车内危险物性质的人员承担押运人员，严禁搭乘无关人员。车辆总质量超过桥梁、渡船标定承载质量时，或车辆装载超高、超宽、超长时，均应采取安全有效措施，报请当地交通、公安主管部门批准。未经允许，不得冒险通过。

除上述运行条件外，车辆装载散装、粉尘、污秽货物时，应使用密闭车厢或加盖篷布，以免洒漏，污染环境。车辆在等外道路、危险渡口和桥梁上通过，或在遇有临时开沟、改线、水毁、塌方、冰坎、翻浆等情况时，必须采取防范危险的有效措施，以保障行车安全。

（三）汽车运行工况

1. 运行工况的概念

为了研究汽车与运行条件的适应性，通常采用多参数描述汽车的运行状况，并称之为汽车运行工况，即汽车在使用条件下，汽车驾驶员以其自己的经验和技能去操纵车辆，完成一定任务时，汽车及其各零部件、总成的各种参数变化及技术状态。

汽车运行工况的参数包括汽车速度、变速器的挡位、发动机转速、节气门开度、制动频度等。在特定的汽车运行工况研究中，还包括发动机曲轴瞬时转速、输出功率、输出转矩、油耗、冷却液温度、各总成润滑油温度、各挡使用频度、离合器结合频度等。

2. 运行工况调查

汽车是在一定的道路和交通条件下完成运输任务的。为了提高汽车运输生产率、降低运输成本和实现控制排放等要求，必须研究汽车在所运行的交通和道路条件下的运行状况。

汽车运行工况的调查内容，可根据研究任务的需要而增减。通过测试数据的统计分析，求得汽车运行工况参数样本的分布规律及其数学特征，进而在无偏性、一致性和有效性的原则下，推断出参数的总体分布和数学特征。

汽车运行工况是个随机过程，受到许多因素的影响，如道路状况、交通流量、气候条件以及汽车自身技术性能的变化等，同时也受驾驶员操作习惯的影响。运行工况的调查和研究通常采用测试统计方法和计算机数字仿真方法。

在汽车运行工况研究中，工况调查是首先要进行的工作。通过运行工况调查，掌握在特定的使用条件下，表征汽车运行状况的各参数变化范围和变化规律，为评价车辆的合理运用以及车辆性能、结构能否满足使用要求提供基础资料。

汽车运行工况测试是汽车运行工况调查的重要步骤。通过汽车运行试验及试验后的数据处理和统计分析完成运行工况调查。

汽车运行工况调查的内容有选择反映汽车运行状况，具有代表性的路线，并取得道路资料和交通状况的调查数据；同步测取汽车行驶中的车速、发动机转速、油耗、节气门开度及挡位使用和变化情况；记录在调查路线（或路段）内的累积停车次数和累积制动次数等。必要时还要记录交通流情况，如交通量、交通构成等。

在测试汽车运行工况时，风速、气温、海拔高度等试验条件应符合试验规范，或对测试参数进行修正。试验所用车辆必须符合国家标准规定。汽车运行工况数据主要用于确定汽车的常用工况及其特征，并结合汽车的结构特点，评价汽车常用工况的合理性及其影响因素。

例如，具体使用条件下汽车油耗水平的预测、油耗定额的制定、节能装置的选用、底盘的匹配、车辆的选型等，都需要研究汽车运行条件的适应性问题。为此，需要定量地研究汽车的运行工况。第一步就是进行工况调研，在调研中精选调研参数非常重要，调查中需要有相应的专门的测试设备。

此外，在城市交通规划、交通流控制方面就必须要考虑对汽车排放污染物的影响程度，特别是对城市环境状况的评估，必须进行汽车运行工况与排放污染物影响规律的研究。利用仪器测量汽车瞬时行驶速度和同步测量城市道路特征参数，通过对大量采集数据的处理分析，建立城市汽车排放污染物测量的一般道路汽车行驶工况、主干道汽车行驶工况、快速道路汽车行驶工况、城区综合道路汽车行驶工况，从而实现合理的城市交通规划和交通流控制。

项目三　汽车合理使用

工作情景

　　汽车在注册、上牌与投保之后就可以上路行驶了，但汽车应该如何使用呢？特别是当我们刚驾驶一辆新车，既需要了解其使用性能，掌握车辆上配套的各类装置的使用方法，还需要弄清楚汽车需要使用什么样的燃料、润滑油料等。只有当我们掌握了汽车的使用性能之后，我们才能将汽车合理使用好。

　　客户刘女士为一合资企业高管，年收入 15 万元左右，平时对汽车不太了解，刚在一汽丰田 4S 店购买了一辆卡罗拉轿车，接车时向 4S 店销售人员咨询新车磨合期的注意事项、汽车常用运行材料如何使用、汽车在特殊条件下的使用方法、汽车在使用过程中的安全知识及在高速公路上应该注意的问题，请给予刘女士满意答复。

学习目标

　　通过本项目学习，应能达到以下目标：

　　（1）运用汽车运行材料使用知识指导客户如何合理使用汽车燃料、润滑油、冷却液、制动液、轮胎等。

　　（2）运用汽车使用知识指导客户如何在磨合期使用汽车。

　　（3）运用汽车特殊条件下使用知识指导客户在低温、高温、山区、高原、坏路、无路条件下正确使用汽车。

　　（4）运用汽车安全使用与管理知识指导客户日常安全行驶和高速公路上的安全行驶。

相关知识

一、汽车运行材料的合理使用

（一）汽车燃料的合理使用

　　汽车燃料分为液体和气体两类。传统的汽车液体燃料是汽油和轻柴油。气体燃料主要是液化石油气（LPG）和压缩天然气（CNG）等。气体燃料虽然在储运、分配和车上存放都不如液体燃料方便和安全，但由于它在环保方面所具有的优越性，正越来越多地被用于城市公交车和出租车。

1. 汽　油

汽油是由碳原子数 5 ~ 11 的烃类混合物构成。汽油质量与发动机性能密切相关，随着高性能汽油发动机汽车的发展，对汽油性能的要求也会不断地提高。

（1）汽油的主要使用性能。

① 汽油的蒸发性。汽油的蒸发性是指汽油从液体状态转变为气体状态的难易程度。为保证在不同的气温和发动机的各种工况下都能形成正常工作需要的混合气及平顺地向不同工况转换，汽油必须有适当的蒸发性。

汽油机在低温启动时，由于进气系统和发动机处于预热阶段，汽油受热量小，不易蒸发，因此要求汽油要有好的蒸发性，否则会使混合气形成不良，燃烧不完全，油耗增加，碳氢化合物（HC）排放浓度增加，进入到气缸内的未蒸发汽油冲刷发动机气缸，直接流入油底壳稀释发动机油，加快机油的变质，并影响机油润滑效能，增加发动机磨损；另一方面，蒸发性过大同样对汽油机供油系统不利，主要是高温时在油路中易产生"气阻"，造成供油不畅，其次是在保管和使用中的蒸发损失增加，造成浪费和污染，过高的蒸发性也容易使电喷汽油机的碳罐过载。

② 汽油的抗爆性。汽油的抗爆性是指汽油在发动机气缸内燃烧时抵抗爆震的能力，汽油的抗爆性用辛烷值来表示。所谓汽油的辛烷值是指在一定的试验条件下与该汽油抗爆性相同的标准燃料所含的异辛烷体积的百分数，代表点燃式发动机燃料抗爆性的一个约定数值。

为提高汽油的抗爆性，主要采用先进的炼制工艺生产和添加抗爆剂的方法。虽然四乙基铅可明显提高汽油的抗爆性，但由于铅微粒会随着含铅汽油燃烧后排到大气中，对人体有害，同时铅会对尾气后处理装置的三元催化剂造成中毒，因此，世界各国和地区均向低铅和无铅汽油迈进。我国也已经从 2000 年 1 月 1 日起停止生产含铅汽油。无铅汽油的生产主要依靠在炼制工艺中增加重整、烷基化、异构化和醚化组分来实现。

③ 汽油的氧化安定性。汽油在常温和液相状态下的抗氧化能力称为氧化安定性。汽油中的不安定组分是汽油储存时变质的根本原因。汽油在储存中氧化生成胶质和酸性物质，将使辛烷值降低、酸度增大、颜色加深，胶质沉积在燃料系统内造成供油量减少、堵塞喷油嘴、燃油泵等，胶质同时也会黏着气门、燃烧生成积炭、引起发动机过热等。汽油中最不安定的组分包括烃类中的二烯烃、苯烯烃和非烃类中的苯硫酚、吡咯及其同系物。这些对氧活泼的组分存在于二次加工的汽油中，含量虽少，但用一般的精制方法难以除净。它们不但自己易于在常温下氧化，而且对油品的氧化起到催化剂的作用，危害甚大。因此，在适当精制油品的基础上，使用添加剂来改善汽油的安定性是比较经济的方法。

④ 汽油的腐蚀性。汽油的腐蚀性是指在运输、储运和使用过程中与运输设备、储运容器和发动机零部件金属发生化学反应，使金属失去固有性质的能力。汽油的腐蚀性来源于少量的非烃化合物和外来杂质。汽油中含有硫、活性或非活性的硫化物、水溶性酸或碱等，对金属有腐蚀性。当汽油内单质游离状态的元素硫含量到 0.005% 时，与汽油接触的铜片上便出现腐蚀痕迹。在较高的温度下单质硫能直接腐蚀钢铁。汽油内不允许含有单质硫或硫化合物（能够直接腐蚀金属的活性硫化合物）。汽油规格中的硫含量实际主要用来控制非活性硫化合物。非活性硫化合物指硫酸和二硫化物等不直接腐蚀金属的硫化合物，但燃料燃烧后它们都生成腐蚀性的二氧化硫或三氧化硫。通常，汽油的腐蚀性可以用硫含量、水溶性酸及碱、酸度来表征，可以用铜片试验或博世试验来评定。

⑤ 汽油的无害性。汽油中含有许多有害物质，主要有苯、烯烃、芳烃、锰、铁、铜、铅、磷、硫、机械杂质和水分等。我国环保局于 2011 年发布了 GWKB 1—2011《车用汽油有害物质控制标准》，对这些有害物质进行了严格控制。

（2）车用汽油的分类。

国家质量监督检验检疫总局于 2013 年 12 月 18 日发布了强制性国家标准 GB 17930—2013，替代了先前的 GB 17930—2011，这一标准将车用汽油（Ⅲ）和车用汽油（Ⅳ）按研究法辛烷值分为 90 号、93 号和 97 号 3 个牌号，车用汽油（Ⅴ）按研究法辛烷值分为 89 号、92 号、95 号和 98 号 4 个牌号，同时规定向用户销售的符合本标准的车用汽油所使用的加油机和容器都应标明下列标志：90 号汽油（Ⅲ）、93 号汽油（Ⅲ）、97 号汽油（Ⅲ）、90 号汽油（Ⅳ）、93 号汽油（Ⅳ）、97 号汽油（Ⅳ）、89 号汽油（Ⅴ）、92 号汽油（Ⅴ）、95 号汽油（Ⅴ）或 98 号汽油（Ⅴ），并应标识在汽车驾驶者可以看见的地方。

（3）车用汽油的正确使用。

① 根据发动机的压缩比大小选用适当的汽油牌号，压缩比越高，汽油的牌号越高。

② 汽车制造厂一般会在使用说明书中推荐使用的汽油牌号，用户可根据具体情况适当选用，但不能选用低于厂家推荐的牌号。如选用低于要求的汽油牌号，易引起发动机爆燃，使功率下降，油耗增加，甚至损坏发动机部件；反之，如选用的牌号过高会造成不必要的浪费。

③ 防止发动机产生"气阻"。夏季高温或高海拔地区供油系统容易产生气阻，应加强发动机的散热。

④ 不使用不合格汽油。汽油在运输、储运过程中轻质馏分容易损失，在储运中发生氧化变质而导致实际胶质增多等均会使汽油质量下降，这类汽油容易引起发动机故障，应尽量避免使用。

⑤ 推广使用加入有效汽油清洁剂的无铅汽油。

⑥ 注意季节变化、车辆使用地区变化等外界条件改变对汽油选择的影响。如冬季应选用蒸气压较大的汽油，夏季应选用蒸气压较小的汽油；高原地区应选择蒸气压较小的汽油，平原地区应选择蒸气压稍大的汽油。

2. 轻柴油

柴油按国家标准分为轻柴油、重柴油、军用柴油等，汽车用柴油机属高速柴油机，所用柴油为轻柴油。本项目所提及的柴油均指轻柴油。

（1）柴油的使用性能。

柴油是在活塞压缩行程上止点前，由喷油器喷入气缸内的高温高压空气中自行发火燃烧的，因此，要求柴油容易自燃发火，具有良好的低温流动性，适当的黏度和馏分组成，硫含量和 10%蒸余物残炭都应加以限制。柴油机燃油供给系统中的精密机件的润滑也由柴油提供，因此柴油本身也需要有一定的润滑性。轻柴油内的固体杂质和水分等也会对这些精密机件的寿命带来严重危害，需要严格控制。

① 柴油的低温流动性。柴油的密度和黏度都要比汽油大，因此柴油的低温流动性决定柴油机燃料供给系统在寒冷气候下能否正常供油。柴油的低温流动性在日本用凝点来评定，在美国用浊点来评定，在欧洲用冷滤点来评定，我国用凝点和冷滤点来评定。

浊点是柴油在逐渐冷却过程中开始析出石蜡晶粒，使油变为浑浊时的温度。在浊点温度下，柴油中开始出现很少的微小结晶，使液体不再透明。为保证发动机低温下的正常供应、输送，柴油的使用温度一般应高于浊点 3 ~ 5 ℃。

在规定的仪器和试验条件下使柴油冷却，当冷却到液面仍能流动的最低温度称为倾点。液面开始静止不动的最高温度称为凝固点，简称凝点。

冷滤点是在规定条件下，20 mL 试样开始不能通过过滤器的最高温度，以 ℃ 表示。凝点是柴油在低温下使用、运输和装卸的重要指标，在室外工作的发动机应该使用凝点低于周围气温 5 ~ 7 ℃ 的柴油，以保证发动机正常工作。在低温下静置的柴油，如果温度低于凝点以下，将无法向车辆油箱加油。

通常，改进柴油低温流动性的途径有 3 条，即脱蜡、向柴油中调入二次加工馏分的煤油和向柴油中添加流动性能改进剂。其中，添加流动性能改进剂是国内外目前常用的方法。

② 柴油的雾化和蒸发性。柴油发动机的燃烧室和喷油设备既定后，柴油的雾化和蒸发性就决定了柴油发动机燃烧室内形成良好混合气的质量的程度。影响柴油雾化和蒸发性的主要因素有柴油的馏程、运动黏度、密度和闪点。

③ 柴油的抗粗暴性。柴油的抗工作粗暴性用十六烷值（CN）来表示。所谓十六烷值是代表柴油在发动机中发火性能的一个约定量值，燃料的发火性表示其自燃的能力。当燃料热到一定程度，不用点火便能自行着火燃烧的温度称为燃料的自燃点。如果轻柴油的自燃点低，容易发火，则滞燃期短，发动机工作柔和；反之，自燃点太高，不易发火，则滞燃期长，柴油机工作粗暴。

十六烷值的高低直接影响柴油机的燃烧性能。十六烷值过低，柴油的发火性不好，当燃油喷入气缸后着火延迟期过长，大量的燃料不能立刻燃烧而积累起来，当自燃开始时，这些积累下来的过多燃料同时燃烧，造成压力增长过快，在气缸内产生强烈的金属敲击现象，这一现象称为柴油机的爆震。爆震容易造成机件过载损坏，发动机功率下降，油耗增加，排放变差。燃料十六烷值太高，即热稳定性太低，喷入气缸后热裂化反应强烈，形成大量不易燃烧完全的游离碳，结果导致后燃期延长，排气含黑烟，发动机油耗增多，功率下降。为保证柴油机稳定运转，所用柴油的十六烷值应与柴油机的结构相适应。选择柴油十六烷值的主要依据是柴油机转速。柴油机转速越高，燃料在气缸中燃烧的时间越短，因而对燃料十六烷值的要求也越高。

通常提高柴油十六烷值的方法，一是用硫酸或选择溶剂除去柴油中的芳香烃，二是添加十六烷值改进剂。

④ 柴油的腐蚀性。柴油中含有的腐蚀性物质主要有硫、有机酸、水溶性酸或碱等。

柴油的硫含量一般比汽油高得多。柴油中含硫过大对发动机具有极大的危害，硫对零件的腐蚀作用强，增大了燃烧产物中二氧化硫、三氧化硫的排放，对环境造成很大危害，同时加速了润滑油的变质等。为此，很多国家对柴油中的含硫量进行了严格控制，如在柴油轿车普及率最高的欧洲，已经开始使用含硫量低于 0.001 % 的超低硫柴油。

柴油在储存较长时间后，会氧化生成有机酸使酸度逐渐增大，过多的酸含量，对容器、燃油供油系统的零部件有腐蚀作用，能使喷油器喷嘴结焦，高压油泵的柱塞磨损增大，燃烧室内积炭增多，发动机功率下降。

柴油腐蚀性的评定项目主要有硫含量、硫醇硫含量、有机酸、灰分和水分、铜片腐蚀、水溶性酸或碱。

⑤ 柴油的安定性。柴油的安定性是指储存安定性和热安定性。直馏轻柴油的安定性很高；调和二次加工组分的轻柴油含有较多的烯烃和芳烃，安定性较低；轻柴油馏分越重，因环烷烃、芳烃和胶质增多，安定性随之下降。安定性好的柴油在储存过程中颜色和实际胶质变化不大，基本上不生成不可溶的胶质和沉渣。

⑥ 机械杂质、水分。柴油中含有机械杂质，会使过滤器堵塞，加剧供油系统的精密配合副的磨损，还可能引起高压油泵柱塞和喷油器喷针卡死、出油阀关闭不严和喷嘴堵塞等故障。为此，在使用中应加强过滤和沉淀，定期更换柴油过滤器，以防止机械杂质进入燃油系统。

柴油中水分的存在也有很大危害，由于水分的润滑性极差，进入供油系统后会造成精密的配合零件缺乏正常的燃油润滑，势必加剧磨损，缩短寿命；油路中存在水分会滋长微生物，尤其是在过滤器中，甚至造成过滤器堵塞；水分加强了有机酸和硫化物对发动机部件的酸性腐蚀和锈蚀；气温降到 0 ℃ 以下时油内水分结冰，堵塞油路，影响供油；自燃点升高，使柴油机启动困难。

（2）车用柴油的分类。

我国轻柴油的分类执行 GB 19147—2013《车用柴油（Ⅳ）》标准，按凝点分为 5 号、0 号、– 10 号、– 20 号、– 35 号和 – 50 号 6 个牌号。

（3）柴油的合理使用。

① 合理选择牌号。柴油的牌号是根据凝点来划分的，这样用户就能很方便地选择牌号。当车辆停放的环境气温低于凝点时，柴油将会凝固，造成柴油无法在供油系统正常流动，发动机将不能启动和运转，因此，在选用柴油牌号时应该依据车辆使用地区和季节的气温，一般所选柴油的凝点应比当地最低气温低 5 ~ 7 ℃，以保证最低气温时不凝固。

在气温允许的情况下尽量选用高牌号柴油。低牌号柴油凝点低，其炼制工艺复杂，生产成本高，而且柴油中凝点越低的成分燃烧性越差，使用时着火延迟期长，越容易发生工作粗暴，所以在气温允许的情况下应尽量选用高牌号柴油，真正做到既经济又实用。

② 严防加错油。柴油车油箱中加入汽油或混入汽油，会增大发生火灾的危险，并使冬季启动发动机时困难。汽油机和柴油机的工作原理不同，对油料的品质要求也不同。

③ 在低温条件下无低凝点柴油时,可采用适当的预热措施,以适应凝点较高柴油的需要。

④ 加油时，必须注意勿使水分进入油中。夏季保持油箱装满柴油过夜，可防止油箱气温下降吸入潮湿的空气。

⑤ 因故障修理发动机供油系统部件时应注意清洁，防止杂质在装配机件时进入高压油泵、喷油器等部件。必须定期清洗柴油滤清器及放出油箱中的水分。

⑥ 为了保证发动机燃料系统在低温下正常供油，柴油的凝点应比使用地区的最低气温低 5 ℃ 左右。

⑦ 加油的工具要专用，最好是密闭加油，同时不得晃动油桶和将吸油管插到桶底。加油后，将油箱盖盖好。

⑧ 严冬不能启动发动机时，要用乙醚与航空煤油按 1：1 配成燃料帮助启动。绝对禁止向柴油中加入汽油启动发动机。

⑨ 冬季使用桶装高凝点柴油时，不得用明火加热，以免爆炸。各种牌号的柴油应分别储存，不宜露天存放，禁止暴晒。

3. 汽车使用中的节油措施

（1）保持汽车的良好技术状况。

汽车具有良好的技术状况，是节油的重要保证。提高维护质量是维持或恢复汽车技术状况的重要举措。在汽车使用过程中，若能按规定的维护周期、作业项目和技术要求，进行清洁、润滑、检查、紧固、调整和及时排除故障，就能减小零件的摩擦、破损，降低汽车的燃料消耗。

（2）提高和推广节油驾驶技术。

节油驾驶技术可概括为预热保温、中速行驶、脚轻手快、合理滑行、正确制动等。

（3）提高维修质量。

提高汽车的维修质量，使汽车处于良好的技术状况是节油工作的基础，对节约燃油有明显作用。为提高汽车维修质量，应建立严格的维修制度，在维修过程中严格执行维修标准，并不断地提高维修人员的技术水平，按照维修规范和技术标准进行作业，确保维修质量。

（4）加强油料管理。

汽车运输部门应采取有效管理方法，收集和记录汽车燃料消耗的原始数据，进行统计分析，制订出切实可行的节油管理措施，并组织实施。在油料保管过程中应减少浪费，燃油的装罐、运输、入库、保管、领发和盘存六大流转环节都应建立责任制，完善手续，杜绝各环节的流失现象。建立和健全燃油领用制度、定额考核制度和节油奖励制度，可调动节油的积极性，促进节油工作顺利开展。

4. 天然气

天然气（Natural Gas，NG）是地表下岩石储集层中自然存在的以轻质碳氢化合物为主体的气体混合物的统称，其主要成分是甲烷。

（1）天然气的分类。

天然气按其来源有气田气、油田伴生气和煤成气之分。其中伴生气又有两种：一种是溶解在石油中，称为溶解气；另一种是聚集在含气已饱和的油层顶部，称为气顶气。按压力、形态和储存状态，天然气主要有常压气态、高压气态、液态和吸附4种。燃用天然气的汽车称为天然气汽车（NGV）。

（2）天然气的主要优点。

① 来源丰富。世界天然气的探明储量与石油大体相当，由于在开发程度上天然气赶不上石油，天然气的储产比比石油大得多，也就是说，天然气将伴随人类更多的岁月。按近年来的勘察情况，世界上的天然气大约可以开采60年，石油大约可以开采40年。而我国，天然气可以开采上百年，石油只够开采20年。

② 燃料经济性好。首先其热效率高，天然气的辛烷值比汽油高，燃用天然气比燃用汽油时许用压缩比高（大约高 2~4 个单位）。若原汽油机的压缩比等于8，燃用天然气时压缩比允许提高到 10~12，相应地理论循环热效率可以提高 7%~12%。另外，天然气的价格低。天然气开采后的再加工成本（含运输）比汽油低，售价理应比汽油低。

③ 排污少。由于天然气的燃烧比较完全，与燃油发动机相比其排放物中 CO 低 90%，HC 低 50%，微粒低 40%；由于天然气混合气的热值低，燃烧温度较低，NO_x 排放浓度小 30%；由于天然气中含硫量极少，排放物中 SO 几乎为零，SO_2 低 70%；由于天然气中不含铅，则铅的排放为零；由于天然气成分中含碳元素较少，在发热量相同时排气中的 CO_2 低 23%。

④发动机使用寿命长。由于燃用天然气时燃烧产物中硫化物极少，使制约发动机使用寿命的重要因素——腐蚀性磨损大为减轻，大修周期延长；此外还由于燃料是气态，对气缸壁的冲刷作用小，对润滑油污染轻，磨损小。

⑤维修费用减少。天然气燃烧产物中极少含有常温下为液态的成分，发动机润滑油被稀释污染少，换油周期可延长约 10 000 km；天然气不含重成分加之燃烧完全，所产生的积炭较少，火花塞及活塞环的寿命较长，且保养时清理积炭作业较轻等。据相关资料显示，其维修费用可减少约 50%。

⑥ 怠速过渡工况运行稳定性好。天然气的混合气形成质量好且其跟随性较好，没有汽油机所面临的汽油雾化、蒸发以及管臂油膜等不稳定因素的影响，混合气浓度易于满足工况的要求，使怠速及过渡工况运行稳定。应当指出，燃用天然气可以使发动机在较低的混合气浓度下稳定工作，这也是节约燃料的一个因素。

（3）存在的主要问题。

天然气汽车具有动力性较低、储气瓶占用空间较大、汽车用户的初始投资较大和需要建立耗资巨大的加气网络等缺点或问题。

5. 液化石油气

液化石油气（Liquified Petroleum Gas，LPG）是指以丙烷及丁烷为主体的碳氢化合物的混合物，来源于油井气、石油加工的副产品和煤制取液体燃料时的副产品等。液化石油气在常温、常压下为气态，而在 – 0.5 ℃ 或常温（15 ℃）、0.8 MPa 的压力下为液态。很显然液化石油气的液化较天然气液化要容易得多，一般均以液态储运。燃用液化石油气的汽车称为液化石油气汽车（LPGV）。

液化石油气与天然气的理化性质有一定的差别，但都是以气态形式供给发动机，较之汽油或柴油有类似的优缺点（程度不同），有时将它们统称为天然气。但是，应当注意到液化石油气与天然气的理化性质又存在许多不同之处：① 液化石油气的辛烷值比天然气低；② 加气站设施以及在汽车上的储带容器和燃料供给装置等不同；③ 液化石油气的分子质量比天然气高，自燃点比天然气低；④ 液化石油气的能量密度要比天然气大得多。

（二）汽车发动机油的合理使用

发动机润滑油也称发动机油，简称机油。它是保证发动机正常运行的重要材料，具有润滑、冷却、清洁、密封、防锈、降噪、减摩等功能。

1. 发动机润滑油的使用性能

发动机润滑油的工作条件非常苛刻，因此对其使用性能有很高的要求。

（1）良好的润滑性。

在各种条件下，发动机润滑油降低摩擦、减缓磨损和防止金属烧结的能力，称为发动机润滑油的润滑性。

发动机润滑油的黏度和化学性质对发动机零件在不同润滑状态的润滑作用有重要影响。当油膜厚度大于运动副表面粗糙度时，处于液体润滑状态，此时摩擦系数随润滑油黏度的降低而减小。当润滑油的黏度低到一定程度时，油膜厚度降低到近似等于运动副表面的粗糙度，该区域为混合润滑状态，润滑油的黏度和化学性质对摩擦系数都有影响。当润滑油膜的厚度小于运动副表面的粗糙度时，便成为边界润滑状态，此时起润滑作用的不再是润滑油的黏度，而完全是润滑油的化学性质，即润滑油的油性和极压性。油性是润滑油在摩擦金属表面上的吸附性。润滑油中极性分子定向排列吸附在金属表面上形成吸附膜，这种吸附膜只能在中温、中速、中负荷情况下，才能保持边界润滑。当高温、高速、高压时，吸附膜脱落，油性失效。极压性是润滑油在摩擦表面所具有的一种化学反应性质。当润滑油中加入含硫、磷等化合物添加剂时，高温下这些化合物分解生成的活性元素与摩擦表面金属形成化学反应膜，该反应膜的熔点和剪切强度比较低，能降低摩擦和磨损。

通常在发动机润滑油中添加油性剂和极压抗磨剂，使其具有良好的润滑性。

（2）良好的低温操作性。

发动机润滑油保证发动机在低温条件下容易启动和可靠供油的性能，称为发动机润滑油的低温操作性。发动机润滑油应具有良好的低温操作性。

发动机润滑油黏度随气温降低而增加，因此，发动机低温启动时转动曲轴的阻力矩增加，曲轴转速下降，从而造成发动机启动困难。同时，发动机润滑油黏度增加后，流动困难，造成供油不足，零件磨损严重。

（3）良好的黏温性。

温度对油品的黏度影响很大。温度升高，黏度降低；温度降低，黏度升高。润滑油随温度升降而改变黏度的性质称为润滑油的黏温性。良好的黏温性是指油品的黏度随温度的变化程度小。

发动机润滑油所接触到的各润滑表面的温度差别很大。因此，就要求发动机润滑油在高温条件下工作，能保持一定的黏度，以形成足够厚度的油膜，确保润滑效果；而在低温条件下工作时，黏度又不至于过大，以维持一定的流动性，使发动机低温时容易启动和减小零件的磨损。

能同时满足低、高温使用要求的发动机润滑油叫作多黏度发动机润滑油，俗称稠化机油。这种发动机润滑油用低黏度的基础油和黏度指数改进剂调配而成，具有良好的黏温性。

（4）良好的清净分散性。

发动机润滑油具有抑制积炭、漆膜和油泥生成或将这些沉积物清除的性能，称为发动机润滑油的清净分散性。

发动机润滑油基础油本身是不具备清净分散性的，而是通过添加清净剂和分散剂而获得的。现代发动机的性能逐渐强化，工作条件越加苛刻。从一定意义上说，发动机润滑油使用性能的高低，体现在清净剂和分散剂的性能和添加量上。

（5）良好的抗氧化性。

在一定的条件下，发动机润滑油抵抗氧化变质的能力，称为发动机润滑油的抗氧化性。发动机润滑油在一定条件下会发生化学反应，由于氧化而使其颜色变深、黏度增加、酸性增大，并析出沉积物。发动机润滑油的氧化是发动机润滑油沉积物生成、变质的前提，因此抗氧化性也是发动机润滑油的重要性质。它是决定发动机润滑油使用期限的重要因素。发动机润滑油自身减缓其氧化变质过程的主要途径是选择合适的馏分，合理精制；添加抗氧化剂或抗氧抗腐剂。

（6）良好的抗腐性。

发动机润滑油抵抗腐蚀性物质对发动机金属零部件腐蚀的能力称为发动机润滑油的抗腐性。发动机润滑油在使用过程中不可避免地被氧化而生成各种有机酸，这些有机酸将对金属产生腐蚀作用。提高发动机润滑油抗腐性的主要途径是提高发动机润滑油的精制程度，减小其酸值，同时要添加适量的抗氧抗腐剂。

（7）良好的抗泡性。

发动机润滑油抑制并消除其泡沫的性质叫作发动机润滑油的抗泡性。当曲轴箱中的发动机润滑油受到激烈搅动时，势必有空气混入，就会产生泡沫。泡沫如果不及时消除，会产生气阻、供油不足等故障。一般在发动机润滑油中添加抗泡剂，以提高发动机润滑油的抗泡性。

2. 发动机润滑油的分类

目前，美国润滑油的 API 使用性能分类法和 SAE 黏度分类法已被世界各国所公认和广泛采用，我国也参照这两种润滑油的分类方法制定了 GB/T 7631.3—1995《内燃机油分类》和GB/T 14906—1994《内燃机油黏度分类》两项国家标准。

（1）发动机润滑油 API 使用性能分类。

发动机润滑油的使用性能分类，是根据在发动机润滑油试验评定中所表现的润滑性、清净分散性、抗氧抗腐性等确定其等级的。

1970 年，美国石油协会（API）、美国材料与试验协会（ASTM）和美国汽车工程师协会（SAE），共同提出了发动机润滑油的使用性能必须通过规定的发动机试验来确定，即 API 使用性能分类法，它是按照发动机润滑油的强化程度和工作条件的苛刻程度来划分的。参照国外标准，我国制定了相应的发动机润滑油 API 使用性能分类标准，在 GB 11121—2006《汽油机油》中规定了 SE、SF、SG、SH、GF-1、SJ、GF-2、SL、GF-3 九个级别的汽油发动机润滑油的品种，SA、SB、SC、SD 级别的汽油发动机润滑油已废除；在 GB 11122—2006《柴油机油》中规定了 CC、CD、CF、CF-4、CH-4、CI-4 六个级别的柴油发动机润滑油的品种，CA、CB 级别的柴油发动机润滑油已废除。这两个标准对汽油/柴油发动机通用润滑油的规格未作具体规定，发动机通用润滑油可根据需要在 9 个汽油发动机润滑油品种和 6 个柴油发动机润滑油品种中进行组合。API 使用性能分类法是一种开端分类法，随着发动机和发动机润滑油技术的发展，将不断增加发动机润滑油的新级别。

（2）发动机润滑油 SAE 黏度分类。

我国的发动机润滑油黏度分类是参照 SAE J300—2015《发动机润滑油黏度分类》制定的。本分类标准采用含字母 W 和不含字母 W 两组系列黏度等级号划分。冬用的发动机润滑油黏度等级以 6 个含 W 的低温黏度级号（0W、5W、10W、15W、20W、25W）表示，W 取自于英文单词 Winter 的首字母；夏用的发动机润滑油黏度等级以 5 个不含 W 的 100 ℃ 运动黏度级号（20、30、40、50、60）表示。

按 SAE 黏度分类的发动机润滑油，还有单级油和多级油（稠化机油）之分。只能满足低温或高温一种黏度级要求的润滑油称为单级油。既能满足低温时的黏度级要求，又能满足高温时的黏度级要求的润滑油称为多级油。它由低温黏度级号与高温黏度级号组合来表示，如5W/30、15W/40 等。以 5W/30 为例，这是一种多级油，在低温使用时符合 SAE 5W 黏度级；

在高温使用时符合 SAE 30 黏度级。

发动机润滑油的 SAE 黏度级号与适用气温对照关系如表 3.1 所示。

表 3.1 SAE 黏度级号与适用气温对照表

SAE 黏度级号	适用温度/°C	SAE 黏度级号	适用温度/°C
5W/30	−30～30	20W/20	−15～20
10W/30	−25～30	30	−10～30
15W/30	−20～30	40	−5～40 以上
15W/40	−20～40 以上		

3. 发动机润滑油的选择

发动机润滑油的选择应兼顾使用性能级别的选择和黏度级别的选择两个方面。

（1）使用性能级别的选择。

发动机润滑油使用性能级别的选择，主要根据发动机性能、结构、工作条件和燃料品质等。

汽油发动机润滑油使用性能级别的选择一般应考虑以下因素：

① 发动机压缩比、排量、最大功率、最大扭矩。

② 发动机润滑油负荷，即发动机功率（kW）与曲轴箱发动机润滑油容量（L）之比。

③ 曲轴箱强制通风、废气再循环等排气净化装置的采用对发动机润滑油的影响。

④ 城市汽车时开时停等运行工况对生成沉积物和发动机润滑油氧化的影响等。

SE、SF、SG、SH 和 SJ 等级别油品的使用性能以及在部分车型上的应用情况如表 3.2 所示。

表 3.2 汽油发动机润滑油使用性能选择参考表

汽油发动机润滑油使用性能级别	性能特点	应用车型
SE	具有抗氧化性及可控制高温沉积物、锈蚀和腐蚀的性能	适用于 20 世纪 70 年代开发的发动机，如天津夏利、大发、昌河等车型
SF	抗氧化和抗磨损性能优于 SE，还具有控制沉积物、锈蚀和腐蚀的性能	适用于 20 世纪 80 年代开发的发动机，如奥迪 100、捷达、桑塔纳、切诺基、富康等车型
SG、SH	具有可控制沉积物、磨损和油的氧化性能，并具有抗锈蚀和腐蚀的性能，优于 SF	适用于 1989 年以后开发的发动机，如红旗、明佳等车型
SJ	可减少积炭的生成，具有优良的抗磨损、清净分散性，可延长发动机的寿命	适用于劳斯莱斯、凯迪拉克、奔驰、宝马、沃尔沃、林肯、雷克萨斯、克莱斯勒、奥迪等进口及国产高级轿车

柴油发动机润滑油使用性能级别的选择，主要根据发动机的平均有效压力、活塞平均速度、发动机润滑油负荷、使用条件和柴油的硫含量。

发动机的平均有效压力、活塞平均速度等可反映发动机的强化程度，用强化系数 k_ϕ 表示。

对于四冲程柴油机：

$$k_\phi = 5p_{me}c_m$$

式中 k_ϕ——强化系数；

     p_{me}——发动机平均有效压力，MPa；

     c_m——活塞平均速度，m/s。

$$p_{me} = \frac{30N_e\Gamma}{V_L n}$$

式中 N_e——发动机有效功率，kW；

     Γ——发动机冲程数；

     V_L——发动机排量，L；

     n——发动机转速，r/min。

$$C_m = \frac{Sn}{30}$$

式中 S——活塞行程，m。

CC、CD、CF 和 CF-4 等级别油品的使用性能以及在部分车型上的应用情况如表 3.3 所示。

表 3.3 柴油发动机润滑油使用性能选择参考表

柴油发动机润滑油使用性能级别	发动机平均有效压力/kPa	发动机强化系数	燃油含硫量	应用机型
CC	784~980	35~50		玉柴，扬柴，朝柴 4102、4105、6102，锡柴、大柴 6110，日野 ZM400，五十铃 4BD1、4BG1 等柴油机
CD	980~1 470	50~80	<0.4	康明斯、斯太尔、依维柯、索菲姆等增压柴油机
CF	1 470 以上	80 以上		用于低速高负荷和高速高负荷条件下运行的低增压和增压式重负荷柴油机
CF-4	—	—		用于高速四冲程柴油机，特别适用于高速公路行驶的重负荷货车

（2）黏度级别的选择。

发动机润滑油黏度级别的选择，主要是根据气温、工况和发动机的技术状况。

黏度是评价发动机润滑油品质的一个重要指标，发动机润滑油黏度级别的选择一般要遵循以下原则：

① 根据工作地区的环境温度、发动机负荷、转速，选用适宜黏度等级的发动机润滑油，以保证零件正常润滑。

② 尽量选用黏温特性好、黏度指数高的多级油,这样不仅可以减少因气温变化带来更换发动机润滑油的麻烦,而且可以减少发动机润滑油的浪费。

③ 从工况方面考虑,重载低速和高温下应选择黏度较大的发动机润滑油;轻载高速应选择黏度较小的发动机润滑油。

④ 从发动机的技术状况考虑,新发动机应选择黏度较小的发动机润滑油;磨损严重的发动机应选择黏度较大的发动机润滑油。

4. 发动机润滑油的使用

对发动机润滑油做出合理选择后,必须依据规定对其加以正确使用,在使用中应注意以下几个方面:

(1)要注意使用中润滑油质量的变化,有条件者可以定期检查润滑油的各项性能指标,一旦发现性能指标有较大变化,应及时更换,不应教条地照搬换油期限。目前,我国多采用滤纸斑点试验法进行润滑油质量的快速分析,使原来在用发动机润滑油的定期换油法,转变为在油质监测下的定期换油法,必要时在用发动机润滑油可提前报废。

(2)换油时应采用热机放油方法。即在更换发动机润滑油时,应先运行车辆,然后趁热放出润滑油,以便使机油内的油泥、污物等尽可能地随润滑油一起排出。

(3)加注发动机润滑油要注意适量。油量不足会加速润滑油的变质,而且会因缺油而引起零件的烧损;发动机润滑油加注过多,不仅会增大润滑油的消耗量,而且过多的润滑油易窜入燃烧室内,将恶化混合气的燃烧。

(4)要定期检查、清洗发动机润滑油滤清器,清理曲轴箱中的脏物。

(5)要避免不同牌号的发动机润滑油混用,以免相互起化学反应。

(6)选购时,应尽可能购买有影响、有知名度的正规厂家的发动机润滑油,要特别注意辨别真假,确保润滑油的品质。

(三)汽车发动机防冻液的合理使用

在水冷式内燃发动机冷却系统中,防冻液的主要功能是将发动机做功后产生的余热通过发动机冷却系统传递到发动机周围的介质中,以保持正常的发动机工作温度。发动机防冻液主要由水、防冻剂和各种添加剂组成。为使防冻液具有良好的防冻性,防冻液中都加入了一定量的防冻剂,如乙二醇、丙二醇等。防冻液中使用的添加剂主要有缓冲剂、缓蚀剂、防垢剂、消泡剂和着色剂等。目前,根据防冻剂类型,防冻液主要分为乙二醇型和丙二醇型防冻液两种。

1. 发动机防冻液的使用性能

(1)降低水的冰点。冰点是防冻液重要的物理性能指标。防冻液的主要成分——乙二醇有较好的降低冰点的作用,能保证汽车发动机在低温条件下正常工作。乙二醇水溶液的冰点随其浓度的增加而降低。当浓度超过60%后,冰点反而回升。但乙二醇水溶液的浓度与冰点之间的关系不呈线性也不连续。所以,在配制防冻液时,要注意掌握乙二醇的浓度,应控制在58%以下。

（2）提高水的沸点。防冻液沸点的提高会明显降低发动机因过热而产生的故障，使之更能适合现代发动机高温、高压、高功率的需求。乙二醇水溶液的沸点比纯乙二醇的沸点低得多，这主要是由于乙二醇和水互溶后形成了共沸物的缘故。当乙二醇浓度为50%时，沸点可达105 ℃，当浓度为70%时，沸点可达114 ℃，所以，当发动机冷却系统的设计压力高于一个大气压时，乙二醇型发动机冷却液的水溶液也不会沸腾。

（3）腐蚀抑制性能。纯乙二醇对各种金属的腐蚀作用很小。乙二醇水溶液对金属的腐蚀主要是由于乙二醇的高温氧化和缓慢氧化，致使防冻液 pH 降低呈酸性，从而对金属造成腐蚀。因此，标准的防冻液除含有乙二醇水溶液外，还应含有不同防腐蚀功能的添加剂。

乙二醇型发动机冷却液品质的关键就是能够抑制发动机冷却系统极易发生的化学腐蚀、电化学腐蚀和气穴腐蚀。要求腐蚀抑制剂能对现代发动机冷却系统常用的 6 种金属部件（铜、焊料、黄铜、钢、铸铁、铸铝）有优良而持久均衡的抑制各种腐蚀的能力。

（4）防止结垢性能。结垢是在散热器表面附着不溶性盐类或氧化晶体所致，除垢可分为物理、化学两种方法，对于防冻液多采用化学方法。防冻液中的阻垢添加剂被称为抗沉淀剂、分散剂、絮凝剂或胶溶剂，也有的作为络合剂添加到防冻液中。作为防冻液阻垢剂的化学物质很多，使用最广的是聚磷酸盐和有机磷酸盐。

（5）节能性能。乙二醇型发动机冷却液的节能原因主要是其水溶液的比热比水小，用作发动机冷却液后发动机达到良好的工作温度的时间比水短，有利于燃料的雾化，因而提高了发动机的热效率。

（6）抗泡沫性。防冻液在发动机冷却系统循环过程中，可能产生泡沫。这些气泡附在器壁上，会加剧金属材料的气蚀，同时还会使防冻液溢流，渗透到发动机舱的其他部位，造成对发动机及其部件的不良影响。

2. 防冻液的规格

乙二醇水型防冻液使用最为广泛，它是由软水和乙二醇加上防锈防霉剂、pH 调节剂、抗泡剂及着色剂等添加剂组成。

我国参照 ASTM D3306 标准制定了防冻液的国家标准 GB 0521—92。该标准所属产品分为浓缩和冷却液两类，按质量分为一级品和合格品两个等级，冷却液按冰点分为 - 25 号、- 30 号、- 35 号、- 40 号、- 45 号、- 50 号 6 个牌号。

国内乙二醇防冻液从防腐性能上分为普通型和长效型两种。普通型使用期为一个冬季，长效型则为两年。随着汽车技术性能的逐渐提高，要求使用长效型防冻液的车辆越来越多。目前市售的长效型防冻液有直接使用和浓缩液两种，浓缩液在使用时应根据当地的气温进行稀释和配制。

3. 防冻液的正确使用

（1）牌号的选择。防冻液牌号即防冻液冰点值，在选用防冻液时，选用冰点要比车辆运行地区的最低气温低 10 ℃ 左右。应根据车辆运行地域的不同，选择不同冰点的防冻液。

建议选用牌号：长江以北及长城以南地区为 – 25 号；东北和西北地区为 – 35 号。注意：不同厂家、不同牌号的防冻液不能混合使用，以免引起化学反应，破坏各自的性能，甚至损坏发动机。

（2）选择正品。当前汽车配件市场上的防冻液种类比较多，而且生产渠道又是多种多样，许多假冒伪劣产品混杂其中，有些所谓的"防冻液"，大多使用醇和水混合后添加色素制成，其内无任何冷却液应具有的添加剂，沸点在 90 ℃ 左右，腐蚀性较强，极易导致发动机过热现象的发生。

（3）加水稀释。为便于运输与储藏，防冻液多加工成浓缩状，使用时必须加水稀释才能获得最佳的冷却效果，禁止在汽车上直接加注防冻液母液。如直接加注母液不但不能满足冷却液对冰点的要求，反而会出现一些意想不到的现象，如防冻液变质、浓度大、密度大、低温黏度大以及发动机温度高等现象。防冻液稀释时最好使用蒸馏水，不得已时也可使用冷却后的开水稀释，切不可使用自来水、地下水或地表水稀释。否则，易导致水垢的产生或加重对冷却系统的腐蚀作用。

乙二醇冷却液的最低和最高使用浓度，一般规定最低体积分数为 33.3%，此时冰点不高于 – 18 ℃，低于此浓度时则冷却液的防腐蚀性能不够。最高体积分数为 69%，此时冰点为 – 68 ℃，高于此浓度时冰点反而会上升。全年使用冷却液的车辆其最低体积分数为 50% 左右为宜。加水稀释的比例应依据冷却液外包装上的使用说明，结合使用地区和季节确定，调配后的冰点值应低于所在地区最低气温 10 ℃ 左右。

（4）更换周期。冷却液在高温状态下长期使用后，必然会导致变质，从而使其性能下降，为此应定期更换冷却液，一般每两年或每 30 000 km 更换一次。

（四）汽车制动液的合理使用

汽车制动液又称为刹车油或刹车液，由基础油或基础液以及各种添加剂组成，是用于汽车液压制动系统、传递压力、使车轮制动器实现制动作用的一种功能性液体。汽车制动液在制动系统中传递压力，其制动工作压力一般为 2 MPa，高的可达 4 ~ 5 MPa。

随着汽车发动机技术水平的不断提高、道路交通条件的改善、高速公路的发展以及汽车制动系统结构的改进，对制动液的性能要求越来越高。由于汽车制动液的质量性能指标高低直接关系到车辆的行驶安全。因此，必须按照车辆技术性能要求，使用相应质量等级的制动液产品。

1. 汽车制动液的主要性能要求

汽车制动液担负着在油压制动（占汽车制动系统的绝大部分）中传递压力的重要作用，为保证汽车安全行驶，要求其安全可靠、质量高、性能好、四季通用。其主要性能要求如下：

（1）保证制动迅速而准确。这就要求制动液在使用范围内有良好的流动性，并且为保持制动缸和皮碗很好地滑动，还要求制动液具有润滑性。同时，要求其黏度随温度变化小。

（2）保证制动安全可靠（不产生气阻）。在现代高速汽车中，行驶制动比较多，同时产生大量的摩擦热，使制动系统温度升高，有时可达 150 ℃ 以上。如果使用沸点低的制动液，在高温时汽车液压制动系统易产生气阻，引起制动失灵。美国规格以平衡回流沸点表示，平衡回流沸点，是指在规定试验条件下测得的制动液的沸腾温度。平衡回流沸点越高，制动液的高温性能才有可能实现。但并不是所有平衡回流沸点高的制动液一定具有优良的高温性能，制动液遇潮吸水后会使沸点下降。只有在平衡回流沸点和湿平衡回流沸点都高的情况下，制动液的高温性能才好。湿平衡回流沸点，是指在规定的试验条件下，加入一定量水分后测得的平衡回流沸点，它是衡量制动液吸收一定水分的情况下的耐高温性能指标。

（3）化学安定性好。制动液不产生热分解和重合而使油品增黏，也不允许生成油泥沉淀物；不产生腐蚀作用，不能有胶质产生；互溶性要好。

（4）皮碗膨胀率小。在汽车制动系统中，为了保证制动液不渗漏，并传递制动能量，使用了多种橡胶零部件。制动液直接与这些橡胶部件相接触，为了保证这些橡胶件正常工作不引起过度的软化、溶胀、溶解、固化和收缩，要求制动液具有良好的橡胶适应性能。

（5）腐蚀要合格。汽车制动系统中与制动液接触的金属管路和零部件较多，并涉及多种金属元素，为了保证这些零部件不被破坏，制动液必须具有优良的金属防护性能，以减少和控制车辆制动系统金属腐蚀现象的发生，确保其长期正常、可靠工作，保证车辆行驶安全。制动液在储存和使用过程中会发生氧化，生成一定量的酸性物质，为了使其具有适当的中和酸性物质的能力，减小对金属的腐蚀性，制动液应具有一定的碱性和储备碱度，标准要求 pH 为 7.0 ~ 11.5。

（6）不产生分层和沉淀。溶水性指标主要用来评定水分对制动液性能的影响，即在标准规定条件下观察其是否分层、是否有沉淀物及透明度等现象。制动液在储存一定时间后，由于其对金属包装罐焊料的侵蚀作用而产生铅盐，在进行溶水性试验时，铅盐化合物会水解生成沉淀物。

此外，还要求制动液有适宜的黏度和良好的低温流动性。

2. 汽车制动液的分类

制动液由基础油、溶剂、添加剂组成。一般来说，基础液和溶剂分别占总量的 20% ~ 50% 和 40% ~ 80%，添加剂占总量的 0.5% ~ 5%。

自从 20 世纪 30 年代汽车开始使用制动液以来，汽车制动液产生了 3 个品种类型，即蓖麻油醇型制动液、矿物油型制动液和合成型制动液。目前，国内外的汽车制动液基本为合成型制动液。按其合成原料的不同，有醇醚型和酯型两种。

合成型制动液是以有机溶剂中醇、醚和酯为基础，加入添加剂调制而成。基础溶剂有单元和多元组分。国内外厂家多采用乙二醇醚、二乙二醇醚、三乙二醇醚、水溶性聚醚等。合成制动液的成分比较复杂，性质差异很大。

3. 汽车制动液的规格

（1）国外典型制动液的规格。

国外典型的制动液有按美国联邦政府运输安全部（DOT）制定的联邦机动车辆安全标准（FMVSS）生产的 DOT 系列 DOT3、DOT4、DOT5 等典型产品；按美国汽车工程师协会（SAE）标准生产的 SAE 系列 J1703e、J1703f 等典型产品。其中 DOT 标准已被国际标准 ISO 所采用。

（2）国内制动液的规格。

我国现行的制动液国家标准是 GB 12981—2012《机动车辆制动液》。根据 GB 12981—2012《机动车辆制动液》，制动液分为 HZY3、HZY4、HZY5、HZY6 四级。其中，H、Z、Y 分别为"合成""制动""液体"3 个词组第一个汉字的拼音首字母。

4. 汽车制动液的合理使用

（1）汽车制动液的选用一般应遵循以下原则：

① 选用的制动液产品质量等级应等于或高于车辆制造厂家规定的制动液质量等级。

② 所选用的制动液产品类型应与车辆制造厂家规定的制动液产品类型相同。

③ 尽量选择正规厂家生产的、性能稳定、质量有保证的制动液产品。

④ 选择合成制动液。按 GB 12981—2012《机动车辆制动液》规定，HZY 系列制动液的主要特性和推荐使用范围如表 3.4 所示。

表 3.4　HZY 系列制动液的主要特性和推荐使用范围

级　别	制动液的主要特性	推荐使用范围
HZY3	具有良好的高温抗气阻性能和优良的低温性能	相当于 DOT3 的水平，我国广大地区均可使用
HZY4	具有优良的高温抗气阻性能和良好的低温性能	相当于 DOT4 的水平，我国广大地区均可使用
HZY5	具有优异的高温抗气阻性能和低温性能	相当于 DOT5 的水平，供特殊要求的车辆使用

（2）汽车制动液使用的注意事项。制动液使用一定时间后会因吸湿、化学变化等原因使性能指标降低，从而影响制动的灵敏性，因此使用中的制动液应定期更换。在使用过程中还要注意以下问题：

① 不同类型和牌号的制动液绝对不能混存、混用，否则会因制动液分层而失去制动功用。存放制动液的容器，应密封良好，防止水分混入和吸收水汽，使沸点降低；也不要露天存放或靠近热源，以免变质失效。制动液属易燃品，应注意防火。

② 汽车制动液使用之前，应予以检查，如发现有杂质及白色沉淀等，应过滤后再用；灌装制动液的工具和容器应当专用；更换油液时应将制动系统清洗干净，勿使矿物油制动液混入；若要更换主缸或轮缸的活塞皮碗，同时也要更换制动液。

③ 在使用过程中要注意是否有异常情况发生。如果制动过程中发现有制动费力、踩制动踏板有踏空的感觉、制动效果不正常等，应立即检查。除个别是由机械故障引起外，一般是要更换制动液。

④ 制动液有腐蚀性，使用时注意不得滴漏到其他零件上。合成制动液对油漆物质会产生分解反应，应避免与油漆接触。

⑤ 汽车使用中，应定期检查总泵储液罐中的液面高度，必要时予以添加，不可加注或混用其他牌号的制动液，以免导致制动系统出现故障。

⑥ 汽车制动液多以有机溶剂制成，易挥发、易燃。因此，管理和使用中要注意防火。

（五）汽车轮胎的合理使用

轮胎是汽车的重要部件之一，其使用合理与否，直接影响汽车的行驶安全性和使用经济性。轮胎必须能承受汽车行驶时的荷载，并提供足够的制动力及防止汽车横向滑移的侧滑力，保证汽车的行驶安全性。轮胎的使用寿命、轮胎的滚动阻力系数，决定着汽车的使用经济性。据统计，汽车使用中轮胎的费用一般占运输成本的 5%～10%，轮胎的技术状况可使油耗在 5%～10%变化。

1. 汽车轮胎的分类

汽车轮胎有不同的分类方法。

汽车轮胎按用途分，可分为载货汽车轮胎和轿车轮胎，而载货汽车轮胎又分为重型、中型和轻型载货汽车轮胎等。

汽车轮胎按胎体结构不同可分为充气轮胎和实心轮胎。现代汽车绝大多数采用充气轮胎。充气轮胎按组成结构不同，分为有内胎轮胎和无内胎轮胎两种。

按轮胎内的空气压力大小，充气轮胎可分为高压轮胎、低压轮胎、超低压轮胎和调压轮胎4种。低压轮胎由于具有弹性好、断面宽、与道路接触面积大、壁薄且散热性好等优点，所以被广泛使用，目前轿车、载货汽车几乎全都采用低压轮胎。

充气轮胎按胎体中帘线排列的方向不同，分为普通斜交轮胎和子午线轮胎两种。子午线轮胎明显优越于普通斜交轮胎，在轿车上已普遍采用，货车也越来越多地采用子午线轮胎。子午线轮胎与普通斜交轮胎相比，子午线轮胎在性能上有以下优点：

（1）使用寿命长。子午线轮胎耐磨性好，比普通斜交轮胎使用寿命可延长 30%～50%。

（2）滚动阻力小。由于具有强度较高的带束层，胎面的刚性大，轮胎滚动时弹性变形小，滚动阻力比普通斜交轮胎可减小 25%～30%，油耗可降低 5%～8%。

（3）承载能力大。由于子午线轮胎的帘线强度能得到充分利用，故承载能力大，比普通斜交轮胎提高约 14%。

（4）缓冲能力强，附着性能好。由于胎侧部分比较柔软，能吸收大部分冲击能量，故缓冲能力强。附着性好是由于轮胎接地面积大，胎面滑移小的缘故。

子午线轮胎的缺点是胎侧薄、变形大，胎侧与胎圈受力比普通斜交轮胎大，因而胎侧易产生裂口；胎面噪声大；制造技术要求高，成本高等。

2. 汽车轮胎规格的表示方法

（1）基本术语。

① 轮胎的主要尺寸。

轮胎的主要尺寸是轮胎断面宽度 B、轮辋名义直径 d、轮胎断面高度 H、轮胎外直径 D、负荷下静半径和轮胎滚动半径 r 等，如图 3.1 所示。

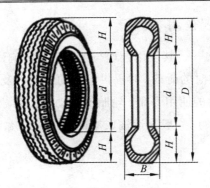

图 3.1　轮胎的主要尺寸

轮胎断面宽度 B：指轮胎按规定气压充气后，轮胎外侧面间的距离。

轮辋名义直径 d：指轮辋规格中直径大小的代号，与轮胎规格中相对应的轮胎内直径一致。

轮胎断面高度 H：指轮胎按规定气压充气后，轮胎外直径与轮辋名义直径之差的一半。

轮胎外直径 D：指轮胎按规定气压充气后，在无负荷状态下胎面最外表的直径。

负荷下静半径：指轮胎在静止状态下只承受法向负荷作用时，由轮轴中心到支承平面的垂直距离。

轮胎滚动半径 r：指车轮旋转运动与平移运动的折算半径。滚动半径 r 按下式计算：

$$r = \frac{s}{2\pi n_{\mathrm{w}}}$$

式中　s——车轮移动的距离，mm；

　　　n_{w}——车轮转过的圈数。

② 轮胎的高宽比和轮胎系列。

轮胎的高宽比是指轮胎的断面高度 H 与轮胎断面宽度 B 的百分比，表示为 H/B（%）。轮胎的高宽比又称扁平率。

轮胎通常根据扁平率划分系列。目前，汽车轮胎常见的扁平率为 80、75、70、65、60、55、50 等，相对应的轮胎系列分别为 80 系列、75 系列、70 系列、65 系列、60 系列、55 系列、50 系列等。

③ 轮胎的层级。

轮胎的层级是表示轮胎承载能力的相对指数，用 PR 表示，主要用于区别尺寸相同但结构和承载能力不同的轮胎。轮胎的层级数并不代表轮胎帘布层的实际层数，而是表示载质量与棉帘线相当的棉帘线的层数。

④ 轮胎最高速度和速度级别符号。

轮胎最高速度是指在规定条件（路面级别、轮辋名义直径）下，在规定的持续行驶时间（持续行驶最长时间为 1 h），允许使用的最高速度。

随着现代科技的不断发展，汽车速度在不断提高。为了使轮胎的速度性能与汽车最高速度相匹配，一般需标注轮胎的速度级别，以便能根据最高设计车速正确配装汽车轮胎。轮胎速度级别的表示符号和允许的最高行驶速度如表 3.5 所示。

表 3.5　轮胎速度级别符号与最高行驶速度（摘录）

轮胎速度级别代号	最高行驶速度/（km/h）	轮胎速度级别代号	最高行驶速度/（km/h）
J	100	S	180
K	110	T	190
L	120	U	200
M	130	H	210
N	140	V	240
P	150	W	270
Q	160	Y	300
R	170		

表 3.5 规定的速度级别符号既适用于轿车轮胎，也适用于货车轮胎，但它们的含义不完全相同。对于轿车轮胎，它是指不允许超过的最高速度；对于货车轮胎，它是指随负荷降低可以超过的参考速度。

⑤ 轮胎负荷指数。

轮胎负荷指数是描述轮胎在最高速度、最大充气压力等规定使用条件下负荷能力的参数，以数字表示。轮胎负荷指数目前有 0、1、2、…、279，共 280 个，它与负荷能力的对应关系如表 3.6 所示。

表 3.6　轮胎负荷指数与负荷能力的对应关系表（摘录）

指数	81	82	83	84	85	86	87	88	89	90
负荷/kg	462	475	487	500	515	530	545	560	580	600
指数	91	92	93	94	95	96	97	98	99	100
负荷/kg	615	630	650	670	690	710	730	750	775	800
指数	101	102	103	104	105	106	107	108	109	110
负荷/kg	825	850	875	900	925	950	975	1 000	1 030	1 060
指数	111	112	113	114	115	116	117	118	119	120
负荷/kg	1 090	1 120	1 150	1 180	1 215	1 250	1 285	1 320	1 360	1 400

（2）我国轮胎规格的表示方法。

我国轮胎现执行的标准为 GB 9743—2007《轿车轮胎》、GB/T 2978—2014《轿车轮胎规格、尺寸、气压与负荷》、GB 9744—2007《载重汽车轮胎》及 GB/T 2977—2008《载重汽车轮胎规格、尺寸、气压与负荷》等。标准规定了我国汽车轮胎规格的表示方法。

① 轿车轮胎规格的表示方法。

示例：

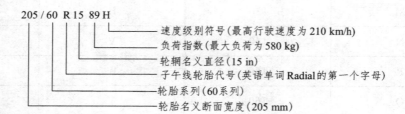

② 载货汽车轮胎规格的表示方法。

微型载货汽车普通断面斜交轮胎示例：

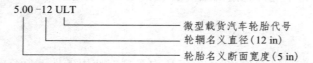

轻型载货汽车普通断面子午线轮胎示例：

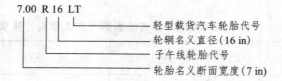

轻型载货汽车斜交公制系列轮胎示例：

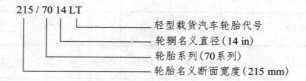

中型载货、重型载货汽车普通断面子午线轮胎示例：

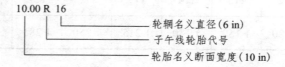

中型载货汽车子午线无内胎公制系列轮胎示例：

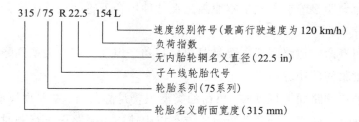

315 / 75 R 22.5 154 L
- 速度级别符号(最高行驶速度为120 km/h)
- 负荷指数
- 无内胎轮辋名义直径(22.5 in)
- 子午线轮胎代号
- 轮胎系列(75系列)
- 轮胎名义断面宽度(315 mm)

3. 影响轮胎使用寿命的因素

轮胎的使用性能是以利用压缩空气的性质和内外胎的弹性为基础的。汽车车轮承受和传递汽车与路面的全部作用力，在各种外力作用下，产生复杂的变形。因变形发生摩擦，产生大量内热，使轮胎温度升高、强度降低。轮胎的损坏，基本上就是力和热综合作用的结果。轮胎受力变形时，帘线和橡胶在拉压应力、高温的作用下产生疲劳，使弹性和强度下降。当应力超过帘布层强度极限时，帘线就会折断。轮胎受力变形，帘布层间产生切应力，当切应力超过帘布层与橡胶间的吸附力时，就会出现帘线松散、帘布层脱层等现象。所以，轮胎的损坏形式主要是胎面磨损、帘布脱层、帘线松散或折断、胎面与胎体脱胶等。

轮胎气压、负荷、汽车行驶速度、气温、道路条件、汽车技术状况、驾驶方法、维护质量和管理技术等因素对轮胎使用寿命的影响很大。

（1）轮胎气压。

"气压是轮胎的生命"，轮胎气压不同，所承受的负荷就不同。轮胎气压偏离标准是轮胎早期损坏的主要原因，尤以气压不足对轮胎的危害最大。

轮胎气压越低，胎侧变形越大，使胎体帘线产生较大的交变应力。由于帘线能承受较大的伸张变形，而承受压缩变形的能力较差，故周期性的压缩变形会加速帘线的疲劳破坏。当轮胎以低压状态滚动时，除增大胎体的应力外，还因摩擦加剧而使轮胎温度升高，降低了橡胶和帘线的抗拉强度。试验表明，轮胎气压降低20%，轮胎使用寿命降低15%以上。

当轮胎气压过高时，造成轮胎接地面积小，增大了单位面积上的负荷，同时轮胎弹性小，胎体帘线过于伸张，应力增大，由此造成胎冠磨损增加。如汽车在不良路面上行驶时，由于车轮承受的动负荷大，则易使胎面剥离或爆胎。气压过高对轮胎的磨损强度虽比气压不足时要小，但爆破的可能性却增大了。

（2）轮胎负荷。

轮胎所承受的最大负荷，设计时已经限定。超载时，外胎损坏特点与气压低时类似，胎侧弯曲变形大。但轮胎超载时受力和变形状态比气压低时更恶化，因此轮胎的损坏就更加严重。试验表明轮胎超负荷10%，轮胎使用寿命约降低20%。超载的轮胎若碰撞障碍物时，易造成轮胎爆破。

（3）汽车行驶速度和气温。

当汽车行驶速度过高时，会造成轮胎使用寿命缩短。原因是高速行驶时胎面与路面摩擦频繁，滑移量大，使胎体温度升高，结果导致轮胎气压增高；汽车高速行驶时，动负荷大，会造成轮胎的损伤。

在不同的汽车行驶速度下，气温对轮胎的使用寿命影响也很大，尤其在气温和车速均高时，轮胎使用寿命会明显缩短，其根本原因是在这种场合下轮胎气压急剧升高。

（4）道路条件。

影响轮胎使用寿命的道路因素主要是路面材料和平坦度。它们关系到摩擦力和动负荷的大小，由此影响轮胎的使用寿命。

轮胎在良好平整的路面上行驶时，负荷的类型主要是静负荷，主要损坏形式是正常磨损。汽车在坏路上行驶时，由于轮胎动负荷大（汽车以中速在不平路面上行驶时，车轮的动负荷为静负荷的两倍以上），轮胎使用寿命缩短很多。试验证明，若以汽车在沥青路面上行驶时的使用寿命为 100%，则在非铺装路面上行驶时，轮胎的使用寿命约降低 50%。

（5）汽车技术状况。

汽车底盘的技术状况（尤其是行驶系统）不良，会造成轮胎的异常磨损。如轮辋变形、轮毂轴承松旷、车轮不平衡会造成轮胎磨损成多边形或波浪形；轮辋偏心、轮毂与转向节轴偏心或转向节轴弯曲会造成轮胎一侧局部偏磨等。

（6）汽车驾驶方法。

轮胎的使用寿命与汽车驾驶方法紧密相关，如起步过猛、紧急制动、转弯过急和碰撞障碍物等，会加速轮胎的损坏。

（7）轮胎维护质量。

对轮胎维护，不认真执行强制维护的原则，或在汽车二级维护中没有将拆检轮胎、进行轮胎换位作为主要内容，就不能保持轮胎的良好技术状况。如果将类型、规格、花纹和新旧程度不同的轮胎混装，就会使部分轮胎超载而早期损坏。

（8）轮胎管理技术。

不执行轮胎装运技术要求，轮胎保管条件不良或方法不当，也将引起轮胎早期损坏。轮胎与矿物油、酸类物质和化学药品接触，会使橡胶、帘布层遭受腐蚀。保管期间受阳光照射，室温过高或空气过分干燥，会加速轮胎老化；空气中水分过多，轮胎受潮，会使帘布层霉烂变质。内胎折叠存放，会产生裂痕。外胎堆叠，将引起变形。

4. 延长轮胎使用寿命的措施

为加强汽车轮胎的合理使用，国家发布了有关的技术标准。GB/T 9768—2008《轮胎使用与保养规程》，规定了轮胎管理、使用和维修的基本原则及具体技术要求，要认真执行，切实做好合理使用轮胎的工作。

针对影响轮胎使用寿命的主要因素，为延长轮胎使用寿命应采取以下措施：

（1）保持轮胎气压正常。

轮胎制造厂在设计各种规格的轮胎时，都规定了其最大负荷和相应的充气压力，国家标准中对气压与负荷的对应关系也有明确规定，因此，除非汽车使用说明书另有规定，否则必须按轮胎标准气压充气。

　　轮胎气压用轮胎气压表检查。常用的是手提式轮胎气压表，如图3.2所示，它由气压表、复位按钮、气管组合件和气嘴组合件组成。使用时，检查指针是否指示零位，若不在零位，应按动复位按钮使指针复位。测量轮胎气压时，把轮胎气压表下端气嘴组合件的气嘴套在轮胎气门嘴上，使气嘴阀端面压在气门芯的顶杆上，并用力把气门芯顶杆压下打开气门，轮胎内的气流便进入气压表内，在刻度盘上便指示出轮胎气压值。读值后按动复位按钮，使表针回到零位。

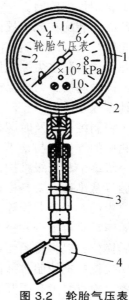

图3.2　轮胎气压表
1—气压表；2—复位按钮
3—气管组合件；4—气嘴组合件

　　注意：轮胎气压的检查应在汽车行驶之前而不能在汽车行驶之后，因汽车行驶过程中，随轮胎工作温度升高轮胎气压将增大，致使检查结果不准确。

　　（2）防止轮胎超载。
　　轮胎的负荷不应超过轮胎的额定负荷。装载要尽量分布均匀，不可使质心偏移。
　　（3）掌握车速，控制胎温。
　　汽车行驶速度与轮胎生热的关系很大，车速越高，挠曲变形速度就越快，轮胎生热量也就越高，轮胎胎体温度上升至100 ℃以上时，轮胎会分层、脱胶、爆胎。
　　近年来，随着公路状况的改善，特别是高速公路的增加，汽车运行速度显著提高。如果汽车所使用的轮胎只具有低速特性，那么在较高车速行驶时，可能出现爆胎等故障。所以，要求汽车所使用的轮胎应与最高设计车速相适应。最大设计车速较高的汽车需选用具有高速特性的轮胎。
　　汽车夏季行驶时应增加停歇次数，如果轮胎发热或内压增高，应停车休息散热，严禁放气降低轮胎气压，也不要用冷水浇泼。因放气后轮胎温度并未降低，而轮胎的变形因气压降低而增大，使胎温继续升高，直到轮胎的发热量与散热量重新达到平衡为止。此时，轮胎的温度比原来更高，致使轮胎受到严重损伤。而浇泼冷水降温，会使轮胎在高温时骤然冷却，因各部收缩不均衡而产生裂纹。
　　（4）保持汽车技术状况良好。
　　从延长轮胎使用寿命的角度出发，汽车维护中要特别注意下列作业：
　　① 前束和外倾角应符合标准。
　　② 行车制动器调整良好，不拖滞。
　　③ 轮毂轴承的间隙调整适当。
　　④ 轮胎螺母紧固，车轮应平衡。
　　⑤ 钢板弹簧的挠度应尽量一致，前、后轴应平行。
　　⑥ 轮毂油封和液压制动轮缸无漏油现象。
　　⑦ 车轮总成的横向摆动量和径向跳动量应符合GB 7258—2012《机动车运行安全技术条件》的要求，对车轮总成的横向摆动量和径向跳动量的要求是总质量小于或等于3.5 t的汽车不得大于5 mm，其他车辆不得大于8 mm。
　　（5）精心驾驶车辆。
　　为了合理使用轮胎、延长使用寿命，驾驶操作要做到：起步要平稳，避免轮胎在路面上滑移；加速要均匀；控制车速，防止高速行驶导致胎温过高；行驶中要尽量避免紧急制动；尽量选择较平坦的路面行驶等。

（6）合理搭配轮胎。

轮胎必须装配在规定规格的轮辋上；同一车轴应装配相同规格、花纹和层级的轮胎；普通斜交轮胎与子午线轮胎在同车上不能混用；轮胎花纹应根据道路条件选择，装配有花纹轮胎时，花纹"人"字尖端的指向要与汽车前进时轮胎旋转方向一致；换装新胎时，应尽量做到整车或同轴同换；为确保行车安全，翻新轮胎不能装在转向轮上；汽车所使用的轮胎应与最大设计车速相适应。

（7）强制维护，及时翻新。

对轮胎的维护应与整车维护一样，贯彻预防为主、强制维护的原则。轮胎维护分为日常维护、一级维护和二级维护，维护周期按汽车规定的维护周期执行。

轮胎日常维护主要是检查轮胎气压是否符合规定；检查轮胎螺母有无松动；清理轮胎夹石和花纹中的石子、杂物等。轮胎的一级维护除日常维护作业外，以一般检查和紧固为主。检查轮胎螺母是否缺少和松紧程度；检查胎面磨损情况，必要时（如单边偏磨严重）应进行一次轮胎换位，以保持胎面花纹磨损均匀。二级维护除一级维护作业外，主要是拆检轮胎，进行轮胎换位；把轮胎各部件拆开，检查外胎有无内伤、脱层、起鼓，检查内胎有无老化、脱胶现象，检查垫带有无开裂等；把伤洞清理干净，塞胶烘补好；测量胎面花纹磨损；进行轮胎换位。

由于负荷、驱动形式和道路的影响，汽车各轮胎磨损部位和磨损程度不同，为使全车轮胎磨损均匀，一般应按规定的周期对轮胎进行换位。

轮胎换位的基本方法：若4条轮胎新旧一样且花纹无方向，可采用交叉换位，即左前和右后互换、右前和左后互换的方法。若花纹有方向，可采用前后互换，即右前和右后互换、左前和左后互换的方法。若轮胎新旧不一，对于采用前轮驱动的车辆，建议将较新轮胎装到前轮，较旧轮胎装到后轮，左右互换。对于采用后轮驱动的车辆，建议将较新轮胎装到后轮，较旧轮胎装到前轮，左右互换。具体换位方法如图3.3和图3.4所示。

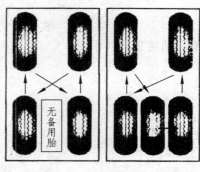
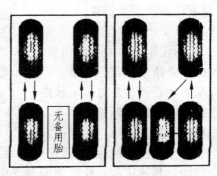

图3.3　斜交线轮胎的换位　　　　　　　图3.4　子午线轮胎的换位

进行轮胎换位应注意以下几个方面：

① 轮胎换位方法选定后，不再变动。

② 对有方向性花纹的轮胎，换位后不能改变旋转方向。

③ 轮胎换位后，应按规定重新调整轮胎气压。

　　当轮胎花纹磨至极限时，应及时更换新胎或送厂翻新。轮胎翻新是将胎面花纹磨耗超限而胎体尚好的轮胎进行翻新，轮胎的胎体寿命一般都比胎面寿命长，特别是尼龙胎和钢丝胎，胎体寿命一般都比胎面寿命长 4～5 倍，而胎体经济价值占整个外胎经济价值的 70%左右，又加上翻新费用低廉，因此轮胎翻新的经济效益显著。轮胎翻新后应达到相应的技术标准，我国 GB 7037—2007《载重汽车翻新轮胎》和 GB 14646—2007《轿车翻新轮胎》两个标准，分别对载重汽车及其挂车用充气轮胎和轿车充气轮胎的翻新质量作了规定。

　　（8）正确装运，妥善保管。

　　装运轮胎时，不得与油类、易燃物、化学腐蚀品等混装，并用篷布遮盖，以免阳光照射或雨淋。长途运输必须竖立放置；内胎如无包装，需放在外胎内，并适量充气。轮胎库房应清洁干燥，避免阳光射入库内，室内温度应保持为 – 10～30 ℃，相对湿度为 50%～80%。库房应距离热源、发电设备和其他产生臭氧地点 1 m 以外。外胎或成套轮胎应立放，严禁平置或堆叠，以免变形，至少每两个月转动其支点一次。内胎如需单独存放，应在适当的充气状态下，悬挂在半圆形的托架上，并定期转动其支点，不得折叠堆置。轮胎在保管中，应有库存卡片，记载轮胎类型、规格、层级、厂牌、生产和入库时间，并按生产和入库时间分批存放，先进先出，顺序使用。

二、汽车在磨合期的使用

　　磨合期是指在汽车运行初期改善零件摩擦表面的几何形状和表面层物理性能的过程，新车（包括大修竣工的汽车）最初的使用阶段称为磨合期。汽车的使用期限、行驶可靠性、动力性和燃料经济性与汽车工作初期的使用情况有很大关系。

　　汽车经过初期使用阶段的磨合，使各运动部件摩擦表面之间进行相互研磨，不断提高配合精度，从而顺利过渡到正常使用状态。汽车的使用寿命、工作可靠性和经济性在很大程度上取决于汽车使用初期的磨合，而且磨合的好坏将直接影响到汽车的大修间隔里程。因此，汽车磨合的目的就是使各运动部件快速适应各种工况，并大大延长汽车的使用寿命，降低维修成本。

　　发动机内部各运动部件之间需要通过磨合才能达到最佳工作状态。所以，磨合期间的驾驶方式和操作习惯将直接关系到发动机的工作性能和使用寿命。

　　在磨合期内，简单地说就是要做到减载、限速、保持正确驾驶方法以及按规定对汽车进行技术维护作业，特别要注意以下几点：

　　（1）磨合期内的前 1 500 km 内，不要高速行驶，汽车在各挡位的行驶速度请勿超过发动机最高转速的 70%，更不要长时间高速行驶，严禁超负荷运行，不允许超载，应严格按照生产厂家使用说明的要求遵守操作规程。

　　① 新的摩擦制动片尚未达到 100%的制动效果，制动应有提前量，特别是在 200 km 内，轮胎摩擦力不够，因此在制动时要比正常情况下多用些力，这也包括在刚换新轮胎或新制动踏板时。

　　② 新轮胎尚未达到最佳附着力，应尽量避免快速转弯时紧急制动。

　　③ 在 1 000～1 500 km 时，可逐渐将发动机转速及车速提高到最高默许速度。不允许长

久地用第一挡或高速挡行驶；在各个挡位都不要使车速达到极限，各挡位每小时的车速要控制在最高速的 3/4 范围内，大体上为 1 挡 25 km/h、2 挡 40 km/h、3 挡 60 km/h、4 挡 90 km/h、5 挡 100 km/h。

④ 需要声明的是，"先离后刹"的做法是在磨合时期，并且是在非常状况（紧急制动）时采取的保护发动机的措施，切不能作为习惯长期使用。当车辆度过了"保育"期，从离合器保养方面讲，就应是"先刹后离"，有不少新手在学车时，因害怕熄火，总是脚踩离合器，要减速就先踩下离合器，即使是挂了高挡或低挡行驶，也为了换挡方便，使离合器不离脚。这样制动、换挡，对于新手可能会使车子开得平稳些，但对离合器却会造成不小的伤害。

⑤ 还有人习惯在停车时，挂一挡踩离合器等候，或是挂了空挡还踩着离合器，认为这样可以使起步动作简化。但是，这种习惯会使左腿始终都处在用力状态，无法放松，易使驾驶人疲劳，更严重的是会造成离合器长时间处于磨损状态。

（2）不要以过低的发动机转速行驶，如果发动机出现工作不平稳，车身抖动，应立即换入低挡，避免拖挡。高速度同样能使发动机和传动机件的负荷增多，因此车速应控制在规定范围内。除了在速度上要限制之外，还需严格执行驾驶操作规程，一是要避免节气门全开；二是要保持发动机的正常工作温度。同时新车不宜过载，承载率应低于 90%，并选择平坦道路行驶。

（3）由于机件之间尚属于磨合期，过大的负荷和过高的速度，都会加剧对零件的冲击。此外，汽车在磨合期还应注意尽量不做紧急制动，冷车启动注意预热。力争做到慢起步，缓停车。发动机处于冷车状态时，无论在空挡或挂挡行车时都不要高速运转；在磨合期间，应该注意更换不同的挡位进行均匀地磨合。进挡时应该注意保持正确的挡位角度和位置，如果遇到进挡困难，可以松开离合器，然后重复进行进挡。

（4）车辆的行驶里程超过磨合里程后，应该进行短时间的高速行驶，以使发动机的全部性能得到充分发挥。车辆进入磨合期后，应进行阶段性能检查维护，内容包括以下方面：

① 磨合前期。清洁全车；紧固外露的螺栓、螺母；添加燃油、机油；补充冷却液；检查变速器、轮胎的气压；检查灯光仪表；检查蓄电池；检查制动。

② 行驶到 30～50 km 时，检查变速器、前后车桥、轮毂、传动轴等是否有杂声或有无发热现象；检查制动系统的制动能力及紧固性、密封效果。

③ 行驶到 150 km 时，检查全车外露螺栓、螺母的紧固情况。

④ 磨合结束。到指定维护站或 4S 店进行全车磨合保养（首保）；换机油、机油滤清器，清洗油底壳，测气缸压力，清除积炭，拆除限速装置，调整发动机怠速，检查制动系统，调整离合器踏板自由行程，紧固前悬架及转向机构。

（5）磨合期内的机油消耗量与燃油消耗量相比可能会偏高，此为正常现象。

（6）磨合期内超速或者超载行驶将导致发动机气缸壁和活塞环、曲轴和轴瓦等配合副之间的过度磨损，从而使发动机的性能、燃料消耗、机油消耗水平以及机件的使用寿命受到极大的损害。

三、汽车在低温条件下的使用

（一）低温对汽车车况的影响

冬季行车易引发许多故障或事故。在天寒地冻的冬季里，尤其是经过一个晚上露天的风吹霜寒后，车身温度非常低，难以启动，车况急剧下降。

（1）随着温度的下降，机油的内摩擦力增加，发动机的阻力增加，使发动机启动所需要的功率增加。

（2）燃料对发动机启动性能的影响主要是其蒸发性。燃油的气化与温度和进气流速有关，随着温度的降低，燃油的黏度和相对密度增大，低温时，发动机机件的吸热作用影响混合气的温度，对燃油的气化不利，大部分燃料以液态进入气缸，造成混合气过稀，不易启动。要改善燃料气化量，主要在于提高进气歧管的温度。

（3）蓄电池在启动过程中主要影响起动机的启动转矩和火花塞的跳火能量。在低温条件下，蓄电池电动势变化不大，即环境温度有较大变化时，蓄电池的单格电压下降并不多。但是，随着温度的降低，蓄电池的电解液黏度增大，向极板的渗透能力下降，内阻增加；同时，启动时的电流很大，从而使蓄电池的端电压及容量明显下降。所以在低温启动时，蓄电池输出功率下降，导致起动机无力拖动发动机旋转或不能达到最低启动转速。低温启动时，由于蓄电池的端电压低，火花塞的跳火能量小，使发动机启动困难。此外，火花弱的原因还有冷的可燃混合气密度大使电极间电阻增大；火花塞有油、水及氧化物等。

发动机冷启动过程包括4个阶段：预热期、启动期、平滑运转期和升温期，如图3.5所示。预热期，是指对进气歧管加热直到能够进行启动发动机的时间；启动期，是指用起动机带动发动机运转的时间，其中包括起动机啮合后发动机间断的着火时间；平滑运转期，是指在起动机脱开以后到发动机能够平滑运转（无回火）的时间，在此时间内还不能带动负荷；升温期，是指达到平滑运转到发动机能带动负荷的时间。对于柴油机来说，在完成升温的时间内，所有的加热辅助装置都要予以关闭。

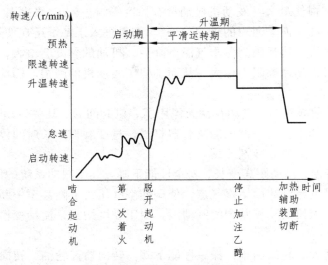

图 3.5　发动机冷启动过程

发动机低温启动时，气缸壁磨损严重的主要原因为在启动过程中，气缸壁润滑条件差；冷启动时，大部分燃料以液态进入气缸，冲刷了气缸壁的油膜；汽油的含硫量对气缸壁磨损的影响也很大，这是由于汽车在燃烧过程中产生的氧化硫与凝结在气缸壁上的水滴化合成酸引起腐蚀磨损所致。

传动系统总成（变速器、主减速器和差速器等）的正常工作温度是靠零件摩擦和搅油产生的热量保证，这种温升速度很慢。研究表明，汽车主减速器齿轮和轴承在 - 5 ℃ 的润滑油中比在 35 ℃ 的润滑油中运转磨损增大 10 ~ 12 倍。另外，传动系统润滑油因低温而黏度增大，运动阻力相应增大，传动系统各总成在起步后的很长一段时间内的负荷较大，使总成中传动零件的磨损加剧。

（二）汽车在低温条件下使用的特征

做好冬季车辆的维护保养及低温下的安全驾驶是一项十分重要的工作。为此，作为专业驾驶、维修人员必须掌握冬季的车况特点。

（1）汽车难以启动或无法启动。由于冬季天冷低温，使燃油蒸发雾化困难不易形成可燃混合气，机油黏度过大使启动阻力增大，加上蓄电池容量下降等原因使启动转速下降，从而导致启动困难。有时，汽车无法启动，这往往是由于经过一个晚上极低的室外温度后，汽车冷却液结冰或机油冷凝、电解液流动困难等原因造成的。冷却液的防冻作用在冬季显得非常重要，如果不及时更换冷却液，汽车的冷却循环将受到阻碍，会导致发动机水套"开锅"，而散热器却结冰甚至冻裂。

（2）怠速不稳，容易熄火。这大多是由于蓄电池温度太低使蓄电池的物理、化学性能降低造成的。汽车的蓄电池最怕低温，低温下蓄电池的电容量比常温下蓄电池的电容量低很多。在常温下正常使用的蓄电池一遇寒冷电容量会突然下降，加上冬季冷车启动，耗电量特别大。因此，装有使用两年左右蓄电池的车辆特别容易产生这一故障。

（3）磨损严重，易产生噪声。发动机噪声过大，往往是由于机油黏稠而导致零部件润滑不及时，使磨损严重、间隙过大而产生的。发动机 70% 左右的磨损均发生在冷车启动时，这种磨损是渐进性的，损伤最大。发动机机油都有黏度等级（SAE 级别），一般冬、夏两季使用不同程度等级的机油（四季通用的机油除外）。如果进入了冬季还在使用夏季黏稠的机油，就会加快发动机的磨损。这是因为冬季气温下降后，机油的黏度会增大，流动性变差，供油不及时，导致运动机件的摩擦阻力增大，从而加快了发动机的磨损。因此，应及时将夏用机油换成冬用机油。

（4）空调的取暖效果变差。空调在秋天停用了一段时间后，某些运动部件会出现"咬死"现象，造成启动阻力加大，使空调电磁离合器打滑，过度磨损。长时间停用空调，还会使轴封干枯、黏连而失效，造成制冷剂泄漏。

（5）制动效果变差，制动距离变长，安全性能下降。气压制动系统的储气筒上的进气阀、排气阀、制动管路等处易结冰而堵塞气道，使压缩空气压力下降甚至中断，从而导致制动效能下降或制动失效。液压制动管路中的制动液，由于黏度增大，流动变慢，从而导致制动效能下降。

（6）转向阻力增大，转向困难，操纵性能下降。转向器齿轮油、转向助力液等由于低温使流动性下降，阻力增大，从而导致转向困难，操纵性变差。

总之，发动机温度低的启动比温度高的启动的启动阻力大，图 3.6 表明某发动机启动阻力与环境温度的关系，随着温度的降低，启动阻力的差别增大。

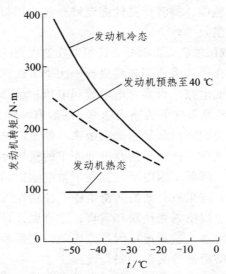

图 3.6　发动机启动阻力与环境温度的关系

（三）汽车在低温条件下使用的措施

针对以上这些情况应采取以下措施：

（1）预热。在发动机启动前采用热水、蒸汽或电热装置、远红外线加热装置对发动机进行预热，以改善混合气雾化、汽化和零件润滑条件。温度过低时，柴油机汽车用的轻柴油黏度增大，流动不畅，雾化不良，必要时也应进行预热。在寒冷地区，汽车启动前预热一般采用热水、热蒸汽、热空气、电热器和红外辐射加热装置等。其中，热水预热是应用最广泛的预热方式，热水预热可分为车外式和随车式两种。车外式热水预热装置的热水由锅炉加热至 90 ~ 95 ℃，从散热器加水口灌入冷却系统。由于散热器的冷却及节温器的闭塞作用使这种加热方法的效果较差。例如，为了保证启动可靠，在气温 − 10 ℃、− 20 ~ 10 ℃ 和 − 20 ℃ 以下时，消耗的热水量分别为冷却系统容量的 1.5 倍、2 倍、3 ~ 4 倍。

（2）保温。对发动机采用百叶窗和保温套进行保温。在 − 40 ℃ 以下的严寒，对发动机油底壳和蓄电池都应进行保温。注意预防冷却系统冻结。车辆冷却系统尽可能加注防冻液，其冰点应比使用地区的最低气温低 5 ℃，有条件的地区也可以建设车库对汽车保温。

在严寒地区，汽车发动机保温的目的是发动机在一定的热工况下工作，并随时可以出车。在无车库条件下，一般主要对发动机保温，其次是蓄电池，只有在气温很低或承担某些特殊任务的车辆才进行油箱和驾驶室保温。发动机的保温方法可采用百叶窗或改进风扇参数（叶片数目或角度），也可以降低风扇转速或使风扇不工作（装离合器）。后一种方法不但减少了热量耗散，还减少了发动机的功率损失。关闭百叶窗可减少流经散热器的空气流，但由于气流阻力大，风扇消耗的功率略有增加。

汽车发动机罩采用保温套是保持发动机温度状况的重要措施。这种常见的保温方法可以

使汽车在 – 30 ℃ 左右的气温下工作时，发动机罩内温度保持在 20 ~ 35 ℃。停车后，也比无保温套的汽车发动机主要部位的冷却速度降低近 6 倍。

保温材料可以是棉质或毡质，前者保温性能要好一些。用很薄的乙烯基带来密封汽车发动机罩也可以取得良好的保温效果。

发动机油底壳除了采用双层油底壳保温外，还可以在油底壳的内表面用一层玻璃纤维密封。

（3）进行季节性保养。在严寒季节到来前进行一次季节性保养。换用低黏度润滑油或稠化油以改善润滑条件；调整油电路，提高充电电流和电压；增加蓄电池中电解液的相对密度以防止冻结。提高蓄电池在低温条件下的输出功率，一般有两种方法：一是使用低温蓄电池；二是蓄电池保温。低温蓄电池的特点是使用薄极板来降低蓄电池的内阻，并加入一些活性添加剂。由于采用了薄极板，则在同样大小的蓄电池壳中的极板片数增加，与电解液的接触面积增大，使蓄电池容量增加，降低了内电阻，提高了蓄电池的输出功率。

（4）在冰雪路面行驶时，应采取有效的防滑措施。注意在雪路驾车应适当间断性停车，闭目休息，或佩戴有色眼镜，以防雪光伤眼和雪盲；注意做好日常防冻保温工作。高寒地区使用的车辆，雪路行驶容易滑溜，造成运行困难，应随时携带喷灯、三角木、镐锹等必备的防寒救急品以及保温装置、防滑链等必要的安全设施。

（5）合理使用燃料与润滑油也是汽车在低温条件下的重要措施。低温下使用的燃料应具有良好的蒸发性、流动性、低含硫量，以利于低温启动和减少磨损。某些国家有专门牌号的冬季汽油和柴油，供汽车在严寒地区使用。

为了保证发动机在低温条件下直接启动（冷启动），需要采用专门的启动燃料——启动液。启动液应具备下列条件：容易点燃（或压燃），以保证发动机的启动可靠性；发动机启动后，工作稳定柔和；在启动过程中，发动机磨损要小。

乙醚（$C_2H_5OC_2H_5$）是启动液中的主要成分，这种液体的沸点仅为 34.5 ℃，40 ℃ 时的饱和蒸气压为 122.8 kPa（车用汽油在 38 ℃ 时的饱和蒸气压都不大于 66.66 kPa），因此乙醚具有很好的挥发性。同时，乙醚的闪点为 – 116 ℃，其蒸气在空气中达 188 ℃ 时即可自行燃烧，启动液中的乙醚成分越多越好，但是乙醚含量过多会引起气缸压力的急剧上升，发动机的工作不柔和。为此，要把启动液中的乙醚成分控制在一定范围内（40% ~ 60%），并用一些其他易燃材料过渡，直至发动机的基本燃料（汽油或柴油）工作。

除了启动液的成分对发动机的启动可靠性和工作稳定性有直接影响外，启动液的加注方法也起重要作用。启动液的加注方法应根据发动机进气系统的结构，尽可能地将启动液呈雾状均匀地分配到各气缸中。

（6）在冬季，汽车发动机冷却系统可使用防冻液，防止冻裂机件，不必每天加水、放水，以减轻劳动强度。特别是合理地使用防冻液和专门的启动预热设备相配合，可以大大减少启动前的准备时间。防冻液的使用性能用凝固点、沸点、传热性和热容量表示。为了保证防冻液在冷却系统中的流动性，要求其黏度要低。防冻液还不应引起金属腐蚀、橡胶溶胀，并具有一定的化学稳定性。

（7）在特别寒冷的情况下，轮胎橡胶硬化、变脆，受冲击载荷的作用时易破裂。因此，在冬季行驶时，为了使轮胎升温和减少冲击，应在汽车起步后的头几千米内以低速行驶，要缓慢起步及越过障碍物。

（四）汽车在冰雪条件下使用的特征和措施

（1）冬季雪地路面附着系数非常低，车轮容易打滑，行车的危险性更大，所以行车速度要更低，以确保安全。行进中车速要平稳，要防止车速过快，避免猛加速。需要加速或减速时，加速踏板应缓缓踩下或松开，以防驱动轮因突然加速或减速而打滑，如图3.7所示。

图3.7　汽车在冰雪条件下行驶

（2）在冰雪路上行驶，容易发生追尾事故，所以要增大行车间距，行车间距要比无雪干燥路面时增大4~5倍。雪天路面的阻力很小，只有干燥沥青路面的1/4，一般应与前车保持正常行驶距离的2倍以上。用脚制动时，应以点制动方式，即轻踩轻抬，不要一脚踩死。没有ABS的车尤其要注意防止侧滑。

（3）雪融化后再次结冰，路面更滑，汽车行驶时车轮更容易打滑，制动时更容易溜车，给汽车行驶和制动都带来困难。为确保行驶安全，车速应控制在安全速度以内。

（4）在积雪较深的路面上行驶时，要跟着前车的车辙行驶，因为前车已把松软的雪压实，可防止车辆陷入深雪之中。

（5）尽量避免在冰雪路面上超车，一是因为冰雪路面上不宜加速，二是清扫路面积雪时把雪堆在路边，使路面变窄，这些都是超车的不利因素。实在需要超车时，一定要选择宽敞、平坦、冰雪较少的路段，不得强行超车，而且超过前车后千万不要马上向回变线，而要尽量给被超的车留出安全距离。

（6）雪后路滑，起步时若发现轮胎已被冻结于路面，应先用十字镐挖开轮胎周围的冰雪、泥土，以防损坏轮胎和传动机件。若驱动轮打滑，应铲除车轮下的冰雪，并在驱动轮下撒些干沙、煤渣、柴草等物，以提高附着性。

（7）驾车拐弯时要特别注意避开弯道内的积雪、结冰。冰雪路无法避开时，一定要提早减挡减速、缓慢通过；车速降下来后，应采取转大弯、走缓弯的办法，不可急转方向，更不可在弯道中制动或挂空挡。

（8）停车要尽量选没有冰雪的空地，拉紧驻车制动挂挡。需要在冰雪路面上停车时，应选择朝阳、避风、平坦干燥处停放，不得紧靠建筑物、电线杆或其他车辆，以防侧滑时碰撞。若必须在坡道上停车时，应挂挡、拉紧驻车制动，并在车轮下填塞三角木、石块等，以防汽车溜坡。

（五）汽车在雨雾条件下使用的特征和措施

雾天视野不佳，这是发生交通事故的主要原因，因此雾天驾驶最重要的注意事项就是控制车速，尽量不要以超过 100 km/h 的速度行车。当能见度小于 500 m 大于 200 m 时，车速不得超过 80 km/h；当能见度小于 200 m 大于 100 m 时，车速不得超过 60 km/h；当能见度小于 100 m 大于 50 m 时，车速不得超过 40 km/h；当能见度在 30 m 以内时，车速应控制在 20 km/h 以下；一般能见度在 10 m 左右时，车速控制在 5 km/h 以下。

如果雾太大，可以将车靠边停放，同时打开雾灯、近光灯和警告灯。停车后，从右侧下车，离开公路尽量远一些，千万不要坐在车上，以免被别的车辆撞到。等雾散去或者视线稍好后再上路。另外，在车内一定要携带三角警示牌，遇到突发故障停车检修时，可在车前、后 50 m 处摆放警示牌，提醒别的车辆注意。

要遵守灯光使用规定，打开前后雾灯、尾灯、示宽灯和近光灯，利用灯光来提高能见度。需要特别注意的是，雾天行车不要使用远光灯，因为远光灯射出的光线容易被雾气漫反射，会在车前形成白茫茫一片，开车的人反而什么都看不见。

在雾天视线不好的情况下，勤按喇叭可以起到警示行人和其他车辆的作用。当听到其他车的喇叭声时，应当立刻鸣笛回应，提示出自己的行车位置。两车交会时应按喇叭提醒对面车辆注意，同时关闭防雾灯，以免给对方造成炫目感。

在雾中行车时，应该尽量低速行驶，尤其是要与前车保持足够的安全车距，不要跟得太紧，更不要随便超车。要尽量靠路中间行驶，不要沿着路边行驶，以防不小心落入路侧的排水沟，或者与路边临时停车等待雾散的人相撞。如果发现前方车辆停靠在右边，不可盲目绕行，要考虑到此车是否在等让对面来车。当超越路边停放的车辆时，要在确认其没有起步的意图且对面又无来车后，适时按喇叭，从左侧低速绕过。另外，也请注意盯住路中的分道线，不能轧线行驶，否则会有与对面的车相撞的危险。

驾驶室与车厢的温度过低会影响驾驶人的劳动条件和乘客舒适感，风窗玻璃结霜会影响驾驶人的视野。现代汽车一般都装有采暖设备，采暖设备一般是利用发动机冷却系统的热量、排气热量或独立的采暖设施。无采暖设备的汽车，可将经过散热器的热空气引入驾驶室及风窗玻璃上，以便采暖和除霜。另外，用 30%饱和盐水加 70%的甘油涂在风窗玻璃表面，可实现防霜、防雾。

雨季来临，车不可避免地要经历深水的考验，驾驶时主要保证低挡稳住加速踏板慢速通过。如果由于驾驶不当在水中熄火，再启动会造成发动机气缸进水，无法启动。遇到这种情况不可强行启动，如处理不当会造成恶性事故。其处理办法如下：

（1）用外力将汽车拉出深水。

（2）拧下各气缸火花塞。

（3）用起动机带动发动机转动排出发动机气缸内的水。

（4）清理干净进、排气系统中的水，特别要将空气滤清器烘干。

（5）更换发动机油。

四、汽车在高温条件下的使用

（一）高温对车况的影响

炎炎夏日，气温高，发动机易过热，从而导致气缸充气性变差，动力下降；润滑油变稀、变质，润滑性能下降，运动零部件磨损加剧；驾驶人易疲劳、打盹，行车安全下降；雨水增多使车辆打滑而造成车辆受损，甚至发生交通事故。因此，做好夏季车辆的维护保养及高温下的安全驾驶是一项十分重要的工作。为此，作为专业驾驶、维修人员必须掌握夏季车况特点。

（1）机油容易变稀、变质、挥发和烧损，导致润滑性能下降、机油消耗过快。发动机在高温下运转时，机油的抗氧化安定性、黏温性及清净分散性等性能变坏，加剧其热分解、氧化和挥发。同时，干燥空气中的灰尘和潮湿空气中的水分通过进气系统和曲轴箱通风口进入发动机油底壳污染机油，引起机油变质。另外，变稀了的机油通过气缸壁、活塞、活塞环窜入燃烧室燃烧，并通过油底壳等过热区域时蒸发掉。更为严重的是，机油在高温下与积炭聚合成漆膜而黏附在缸壁上，加大发动机的磨损。

（2）加剧零部件的磨损。发动机在高温下运转，零部件的热膨胀较大，使其正常配合间隙变小，摩擦阻力增大，磨损加剧。同时，高温运转的发动机在活塞顶、燃烧室壁、气门头等零件上黏附许多积炭和胶质物，使金属零件的导热性变差，加速机件损坏。除此之外，由于发动机过热，机油变稀，油膜变薄，也加速机件磨损。

（3）发动机充气性能变差，动力下降。高温条件下，因气体的热膨胀，使进入气缸的可燃混合气或空气的数量减少，充气性下降，从而导致发动机功率下降，使车辆行驶无力、加速变差。有试验证明，当气温由 15 ℃ 上升到 40 ℃ 时，发动机的功率下降 6% ~ 8%。

（4）制动性能变差，行车安全系数降低。制动蹄片及制动鼓或制动盘受高温影响，频繁制动后，易产生热衰退，使制动力很快下降。特别是汽车在山区坡陡、弯急、道窄等情况复杂的条件下行驶时，使用制动次数增多，制动摩擦片温度会急剧升高，制动性能变差，使行车安全系数降低。

（5）高温下，易产生各种气阻，影响有关系统和机构的正常工作。供油系统受热后，部分燃油以气态形式存于供油管路和油泵中，不仅增大了燃油流动阻力，同时由于气体的可压缩性，使油泵无法输送燃油，导致供油中断，并使喷油器等部件无法喷油。液压制动管路中的制动液，因高温容易沸腾而产生气阻，使制动突然失灵，会导致车毁人亡。

（6）发动机易发生自燃或爆燃等不正常燃烧现象，使发动机使用寿命下降。随着大气温度的增高，进入气缸的混合气温度也高，发动机的温度将更高，使窜入气缸中的润滑油在高温缺氧的情况下生成胶质和积炭。积炭黏附于活塞顶部、燃烧室壁、气门顶部和火花塞上，形成炽热点，从而引起发动机炽热点火，便产生自燃或爆燃。

（7）发动机点火及电控系统故障。汽车在高温环境中行驶时，因点火线圈过热而使高压火花减弱，容易出现发动机高速断火现象。严重时会烧坏点火线圈及电子器件。环境温度升高，蓄电池的电化学反应加快，电解液蒸发快，极板易损坏，同时易产生过充电现象，影响蓄电池的使用寿命，严重的还会造成电线短路，引起汽车起火燃烧。近年来这种事故时有发生，应引起重视。

（8）造成发动机排放超标。环境温度变高时，发动机排气中 CO 的实际浓度增高，温度高时空气中的氧含量下降，混合气燃烧不完全。HC、NO_x 的浓度随气温变化情况与 CO 相同，受气温升高引起的混合气变化所支配，即气温升高、混合气变浓、HC 浓度增大。

（9）外界气温高，轮胎散热较慢。过热易使气压过高，引起轮胎爆胎。车速越快，轮胎产生的热量越大，越容易发生爆胎。

（二）汽车在高温条件下使用的防护措施

汽车在高温条件下使用时，发动机容易过热，造成充气系数降低、炽热点火和爆燃，还会导致润滑油黏度降低，机件磨损加剧。高温还会使燃料或制动液产生气阻，电解液加快蒸发，轮胎易于爆破。针对这些情况，通常采取以下措施：

（1）提高冷却系统散热能力。经常检查冷却系统的密封程度、风扇带的张紧度以及冷却液是否加满；清除水垢，必要时采取增加风扇叶片数、提高风扇转速和加装护风圈等措施。

（2）进行季节性保养。换用高黏度或含有添加剂的润滑油和耐高温的润滑脂以减少零件磨损；选用高辛烷值汽油，保持发动机正常的工作温度，适当推迟点火提前角，及时清除积炭，以防止燃料气阻和爆燃。行车中勿使发动机过热。在发动机过热、散热器"开锅"时，应及时停车降温，且注意不要熄火，防止发动机内部过热而发生拉缸事故。注意机油平面的检查，适当缩短换油周期。在灰尘大的地区，应加强空气滤清器的维护。在条件允许的情况下，对在酷热天连续行驶的车辆，要加装机油散热器和选用优质机油。

在高温地区行驶的汽车，应适当调小充电电流，调整蓄电池电解液密度，保持液面高度和通气孔畅通。点火系统的火花强度也会因气温升高、点火线圈发热而减弱，宜将点火线圈放在空气流通处。

（3）选用高沸点制动液以防止制动液发生气阻。经常检查轮胎状况，根据轮胎温度变化适当增加停车降温次数，以防止轮胎爆胎。

（4）注意车身维护。漆涂层和电镀层在湿热带地区的试验结果表明，漆涂层的主要损坏是老化、褪色、失光、粉化、开裂和起泡等。电镀层的主要损坏是锈斑、脱皮以及锈蚀等。因此，在维修中，应注意喷漆前的除锈和采用耐腐蚀、耐磨性高的涂层，并加强外表养护作业。

高温、强烈的阳光、多尘和多雨均影响驾驶人的劳动强度、行车安全和乘客舒适性。应加装空调设备、遮阳板，或者加强驾驶室、车厢的通风和防漏雨。

（三）捷达轿车在高温条件下的使用注意事项

为保证汽车能安全度过炎热的夏季，及时周到的维护与保养很重要。下面就捷达轿车的保养、驾驶与维修注意事项加以说明。

1. 启动前应对下列项目做到心中有数

（1）发动机润滑系统夏季保养与机油的量与质的检查。夏季气温高，容易造成机油早期变质，机油对发动机正常工作起决定作用，长期使用劣质机油或已变质机油，轻者油路结胶，引起机油报警；重者会发生拉缸、烧瓦和抱轴等恶性事故。

（2）车用燃料的选用。市场调查结果表明，现在部分加油站的汽油质量令人担忧。夏季的炎热使劣质汽油中的重质馏分和轻质馏分进一步分离，其不利影响进一步加大，杂质成分中对汽车影响最大的是胶质。汽油燃烧后，由于胶质不能完全燃烧，将积累在燃烧室、气门座和气门弹簧等处，当积累达到一定程度时，将引起汽车启动困难、动力不足、油耗过高和发动机异响等故障。此时如不及时清洗发动机，将会产生气门被胶质挡住而无法闭合，两气门发动机将无法启动，五气门发动机可能出现气门顶坏活塞。沈阳等地有关部门已鉴定并处理了几起这样的事故，其处理结果是加油站为用户赔偿经济损失。其实稍注意一下所用汽油即可避免此类情况的发生。

（3）冷却液的选用。这里必须改正一个错误的观念，即冬天用防冻液，夏天不用防冻液而用水即可。其实，轿车上的防冻液严格地讲应称作冷却液。捷达轿车的冷却液除了有防冻功能外还有防锈、防腐、防结垢及提高沸点等作用。捷达轿车所用的冷却液只要不缺不漏就无须用户进行保养。

（4）制动液的选用。捷达轿车使用 DOT4 制动液，每 2 年到特约服务站更换一次即可。平时只要制动液不漏就无须保养。由于制动液成分各不相同，所以不能混加，如错加油脂性制动液（日本车型常用），两种制动液很快发生化学反应，3 h 内制动即失灵。另外，选装 ABS 的捷达轿车换制动液后要对第二回路进行加液排气，需用专用工具和设备，必须到特约服务站进行处理。

2. 驾驶车辆的注意事项

（1）轮胎气压需按说明书要求（250 kPa 左右）常检查、常调整，否则轮胎缺气，容易造成轮胎早期磨损；轮胎气压过高，炎热的夏季可能造成高速行驶时爆胎，其后果不言而喻。

（2）行车切不可熄火滑行，这样会产生两种严重后果：一是转向盘被锁死，失去转向能力；二是时间稍长可能产生制动助力器失效，影响制动效果。

（3）遇有路边石或类似物时，应尽可能沿其垂直方向慢速通过，以保护轮胎、轮辋及前轮定位。

（4）注意组合仪表上各信号及警报系统。机油报警和冷却液报警时，需立即停车检测维修；充电指示灯、ABS、防盗器和安全气囊报警时，可将车开到特约服务站进行检测与维修。

（5）电喷车型启动时不要踩加速踏板，计算机会控制启动混合气加浓并实现冷启动多次点火。装三元催化转化器的更不许启动前踩加速踏板。

（6）自动挡轿车无法拖动启动时，如必须牵引，则必须挂 N 位，且其自动变速器牵引速度不能超过 35 km/h，牵引距离不得超过 50 km，更不能采用后轮离地拖前轮的牵引方法。

（7）ABS 使用方法：猛踩制动踏板并可自由转向。

（8）自动挡轿车在 P 位或 N 位才能启动发动机，起步换挡前必须先踩制动踏板。

（9）对带防盗系统的汽车，随车文件要保管好，内有防盗器密码，需配钥匙时请到特约服务站。

3. 停车后要做的检查项目

（1）变速器是否密封。变速器出厂前都作密封试验，但在使用过程中特别是出租车安装计价器时很容易破坏原密封。另外，变速器壳体外还有一个放气孔，上面用塑料盖堵住以防水进入，同时又保证气体流通，其作用是在变速器工作或其他原因使变速器内气体受热膨胀时，通过该孔排出。由于洗车或其他原因该件丢失，会使变速器意外进水。一旦变速器进水，必须立即更换变速器油，并彻底清洁变速器后，重新加入适量的变速器油并检查正常后再行驶。另外值得注意的是，若变速器上的放气阀不慎丢失，请与特约服务站联系购买，切不可用其他类似物堵住，这样变速器内会形成高压而破坏油封。

（2）车上各橡胶防护套是否老化，如老化应及时更换，以免损坏总成。

（3）炎热的夏季汽车长期行驶时，蓄电池内电解液水分蒸发较快，请注意及时补充。雨季蓄电池极柱容易被腐蚀造成接触不良，当腐蚀发生后用热水浇，即可除去腐蚀物，再涂上润滑脂油即可防止腐蚀的发生。

（4）装备自动变速器的轿车，高速行驶后慢速行驶 2 min，让自动变速器油冷却后再停车熄火。带涡轮增压器的车型，涡轮增压器最好也要有冷却过程。

（5）装备防盗器的车型，请确认防盗器指示灯开始闪烁并锁好车门后方可离开，因为防盗器控制发动机计算机、点火系统和启动系统而不控制车门。

五、汽车在山区或高原条件下的使用

（一）汽车在山区或高原条件下使用的特征

在我国，山区和高原公路约占全国总公路的 40%。汽车在高原地区行驶时，由于海拔高、气压低、空气稀薄，发动机充气量下降，混合气变浓，导致发动机动力性和燃料经济性下降。

海拔每上升 1 000 m，发动机功率和转矩分别下降 12% 和 11% 左右。汽车发动机功率、转矩与海拔的关系如图 3.8 所示。

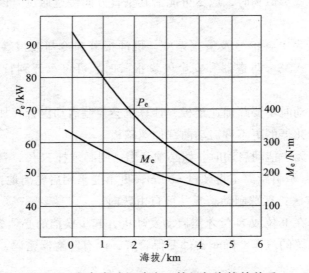

图 3.8 汽车发动机功率、转矩与海拔的关系

　　随着海拔的增加，大气压力降低，进气歧管真空度下降，在原节气门开度下则进气量不足，使发动机的转速下降。同时，由于混合气过浓，发动机怠速稳定性差，海拔每增高 1 000 m，怠速转速降低 50 r/min，如图 3.9 所示。

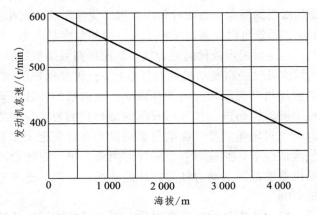

图 3.9　发动机怠速与海拔的关系

　　在高原行驶的汽车，由于空气密度下降，充气量将明显降低。随着海拔的增加，空燃比变小，混合气变浓，如不能进行修正，会使发动机油耗增大。电子控制燃油喷射发动机控制单元可对空气状况（大气压力）进行修正。海拔对排气污染物的生成也有影响。由于海拔影响发动机的空燃比，空燃比的变化又导致排气成分浓度的改变，从而影响有害物质的排放量。海拔与发动机排气中的 CO、HC 和 NO_x 的关系如图 3.10 所示，CO 和 HC 排放浓度随海拔升高而增大，而 NO_x 的排放浓度随海拔升高而有所下降。

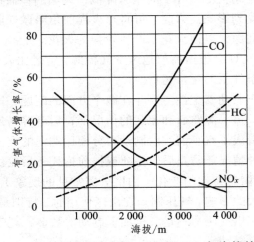

图 3.10　发动机排气中 CO、HC 和 NO_x 与海拔的关系

　　另外，由于山区地形复杂，经常会遇到上坡、下坡、路窄、弯多等问题，所以影响山区行驶安全的主要问题是汽车的制动性能。在山区行驶时，汽车需要经常制动减速，因此制动系统的使用特点是制动频繁，致使摩擦衬片和制动鼓（盘）经常处于发热状态。下长坡时，制动蹄摩擦衬片的摩擦因数急剧下降，严重时可能出现制动失效。此外，由于摩擦衬片连续高温，造成磨损加剧并常有碎裂现象。

（二）汽车在山区或高原条件下使用的措施

针对以上这些情况应采取以下措施：

（1）提高发动机的压缩比。提高发动机的压缩比可以提高它的热效率，增加功率，降低油耗，但压缩比的提高受到爆燃的限制。为此可采用改进燃烧室形状、火花塞位置等措施，以减少爆燃倾向。提高压缩比，不仅可以提高压缩终了气缸内的温度与压力，加快燃烧速率，改善燃烧过程，减少热损失，而且可采用较稀的混合气，从而提高发动机的动力性和燃料经济性。

（2）合理选择配气相位可以提高发动机的充气系数，改善发动机的动力性和燃油经济性。配气相位的确定，应与发动机的实际转速范围相适应。发动机的转速不同，进、排气门开闭角对气流惯性的影响也不同，因而进、排气门开闭的最有利的角度应随之变化。在进、排气门开闭的 4 个时期中，进气迟闭角和排气提前角影响最大。进气迟闭角是利用气流惯性提高充气系数，在一定的气流惯性下，对应着一个最佳迟闭角。进气迟闭角减少能提高低转速下的充气系数，改善发动机低速范围的动力性与燃油经济性；反之，进气迟闭角增大，对经常处于高速运转的发动机有利。

（3）采用增压装置，柴油机不会发生爆燃限制，因此可使用增压装置以提高充气量，改善发动机的动力性和燃料经济性。汽油机采用增压装置虽然受到一定限制，但在高原地区使用时，也可提高功率，降低油耗。

（4）采用含氧燃料。所谓含氧燃料就是在汽油中掺入乙醇、丙酮及其他含氧化合物。掺入的这些含氧燃料的分子中都含有氧，在燃烧过程中，理论上必要的空气量减少，从而补偿了因气压低而产生的充气量不足的问题。试验表明，采用含氧较高的燃料其相对效能随海拔的增加而提高。

（5）随着海拔升高，发动机压缩终了的压力降低，火焰的传播速度减慢，而空气稀薄又使分电器的真空提前装置受到影响。为此，可将点火提前角略微提前 $1° \sim 2°$，还可以适当调整火花塞和断电器触点的间隙，以使火花塞产生较强的火花。

（6）现代汽车发动机 ECU 会根据高原地区空气稀薄、空燃比大小，进行自我修正，保持最佳的空燃比，满足高原条件下的正常运行。

（7）在山区行驶的汽车制动安全性主要存在两个方面的问题，即前轮失去转向能力和后轮侧滑。前者容易发生在坡道、湿路面和超载的情况下；后者容易发生在平路、干路面和空载的情况下。这两个问题造成了汽车前、后制动力分配比例上的突出矛盾：第一种情况需防止前轮制动抱死；而第二种情况需防止后轮抱死或提前抱死（后轮比前轮提前抱死超过一定的时间间隔）。此外，路面附着特性的变化（山区公路常见的现象）、道路曲率的变化等也会对汽车制动稳定性产生较大的影响。气压制动在山区使用时，特别是高原山区，因空气稀薄，空气压缩机的生产率下降，供气压力不足，再加上制动次数多，耗气量大，往往不能保证汽车、特别是汽车列车的可靠制动。

在高原山区行驶的汽车，使用制动频繁，制动器因摩擦而生热，使制动系统温度升高。如使用沸点低的制动液，还会在高温时由于制动液的蒸发而产生气阻，引起制动失灵。

从总体上来说，采用 ABS 制动系统可以提高车辆制动的操纵稳定性，提高汽车在山区的行驶安全性。此外，汽车在山区条件下使用时，解决制动问题的途径如下：

① 采用辅助制动器。辅助制动器主要有电涡流、液体涡流和发动机排气制动器。前两种

辅助制动器由于体积较大，结构复杂，多用于山区或矿用的重型汽车上，又称为电力或液力下坡缓行器。发动机排气制动是一种有效而简便的措施。它是在一般发动机制动的基础上，再在发动机排气歧管上装一个排气节流阀，当使用排气制动时，切断发动机的燃料供给，关闭排气节流阀，达到降低车速、制动汽车的目的。排气制动也属于缓行制动，多用在重型汽车上。排气制动可保证各车轮制动均匀，制动功率可达发动机有效功率的 80% ~ 90%。

② 采用大范围可调制动比例阀。现有的比例阀主要用于防止后轮制动抱死，不能解决前轮制动抱死的问题，而一些进口矿用车的前轮制动减压阀，又只能用于防止前轮抱死，而且以上两类阀一般都是固定比例的，不适用于制动工况变化很大的山区情况，因此有必要采用一种从前轮制动减压到后轮制动减压的大范围可调制动比例阀。

五、汽车在复杂道路上的使用

在驾驶过程中，正常的道路驾驶常识较为容易掌握，而遇到复杂道路的驾驶，有的驾驶员就显得常识不够。由于缺乏应有的知识，往往会导致操作失误而发生交通事故，因此汽车在复杂道路上的使用应当引起高度重视。

（一）桥　梁

（1）接近桥梁时，应注意桥头附近的交通标志，遵守其规定，且与前车要保持一定的安全距离，降低行驶速度。

（2）遇到窄桥时，应尽量避免在桥上换挡、制动、会车和停车。前方来车距桥头较近时，应主动靠右侧避让，待前方车辆通过后，方可行驶。如对方车速较快，本车虽然距桥头较近，也要警惕其抢先上桥，并做好让车、停车准备。

（3）通过水泥桥或石桥时，如果桥面宽阔、平整，可按交通法规规定的车速通过；如桥面窄而不平，则应提前减速或换入低速挡位，缓慢、平稳通过。

（4）通过拱桥时，往往无法看清对方来车和行驶路线，因而应鸣号靠右侧减速行驶，并随时注意对方车辆、行人、牲畜和非机动车等，做好让车、停车的准备。

（5）通过木桥时，应提前停车，观察桥梁的坚固程度和质量限制，观察桥面的铁钉是否可能损坏轮胎。如有铁钉露出桥面，应绕行通过或予以排除。

（6）通过吊桥、便桥、浮桥以及一些简易桥时，应先停车观察，确认安全可靠再行驶。如车上有随行人员，应下车步行通过，以避免意外事故。由于上述 3 种桥梁的结构特点是承受压力小、桥面窄、结构简陋，特别是吊桥和浮桥，由于软链连接、桥身摇摆、桥面不稳，所以在通过桥梁时，不可在桥上换挡、制动、停车。

（7）通过桥面有冰雪、泥泞的桥梁时，由于可能发生侧滑，所以过桥前应对桥面情况进行勘察，必要时在桥面铺垫一些防滑物品，然后选择桥面中间缓慢通过。

（二）隧道、涵洞

隧道、涵洞均有单双车道之分，无论进入哪种隧道、涵洞前，均应注意交通标志和用文字说明的规定，重点检查装载高度是否在规定范围之内，绝不可粗心大意、盲目通过。

通过单行隧道时，应观察对面有无来车，如无来车，应开启灯光（尽量避免鸣号），稳速通过。通过双车道隧道时，应靠右行驶，注意用灯光与来车交会，尽量减少隧道内的噪声。通过较长隧道、涵洞时，应随时注意对方来车及其他非机动车和行人的动态。

雨后涵洞积水，而水的深度及路面情况一时不能辨清时，需经勘察，确认可以行驶时，再缓慢通过。要避免由于车速过快，洞内积水四溅浸湿电路而熄火。通过积水涵洞后，必须慢行一段距离，轻踩制动踏板，使制动鼓中的水分蒸发，以保持良好的制动效能。

通过隧道、涵洞时，切忌抢行。由于隧道、涵洞内光线阴暗，车辆进出隧道、涵洞时要待视力适应（明、暗适应）后，再加速行驶。隧道、涵洞内不准停车，以免阻塞交通，同时大量汽车发动机排出的有害气体会污染隧道、涵洞内的空气。车辆如在此发生故障，应及时向车辆施救中心求援，以求尽快撤离。

（三）狭　路

在通过狭路时，由于路幅狭窄，有的路面仅能行驶一辆汽车，遇到会车时一辆车应倒车选择合适地点让行。通过险峻的傍山狭路及便道时，注意力要侧重于路面及靠山的一边。在通过弯道半径很小的急弯、直角弯、连续弯的狭路时，要及时换入能够提供足够动力的挡位，控制车速，充分留出内轮差，把握好转向时机，选择较近而又安全的路线行驶。控制车速是山区狭路行车的重要环节，尽量避免制动，尤其是紧急制动。紧急制动往往容易发生侧滑，而山区道路狭窄、弯曲、地形多弯，车辆通行的路幅受到限制，所以车辆一旦出现侧滑是非常危险的。在合理使用行车制动器的同时，尽可能多地利用发动机的牵阻作用来控制车速。

（四）凹凸路

汽车在凹凸路上行驶时，由于路面不平，车身振动剧烈，在力和转矩的作用下，产生扭转变形、纵向平面弯曲变形和水平面上的剪切变形，还可能发生车架各部件相对位移。在这种复杂的受力情况下，汽车驾驶员控制转向盘和加速踏板的能力特别重要。驾驶时必须双手握牢转向盘，腰背部贴紧靠背，右脚跟靠在驾驶室底板上，尽量不使身体摆动或跳动。保证加速踏板稳定，稳住车速，避免车辆剧烈跳动，造成操纵困难。在行车中，要随时注意各部件的声响及装载物资的情况。

通过凸形较大的障碍时，应先制动减速，在接近障碍后换用低速挡缓慢通行。当前轮驶抵障碍物时"加油"要适当，待前轮刚越过障碍物凸顶时，即抬起加速踏板，让前轮自然滑下，同样的办法让后轮通过。通过面积较短小的凹凸路段时，可先放松加速踏板使车速降低，然后踏下离合器踏板滑行通过。通过"搓板"路时，应保持适当速度，以减小汽车振动。通过一般不高的横向凹凸路时，可使车辆呈斜角驶过，使左、右车轮分别先后接触障碍，避免两轮同时震跳及胎面与沟沿的垂直切割，减小对车辆的冲击力。通过较大凹形横断路时，应首先抬起加速踏板，运用间歇制动将车制动到几乎是停车状态，利用汽车自身的惯性缓慢落到凹底时再适当"加油"。如动力不足，应迅速换入低速挡，使前轮通过。前轮一过凹形底部后，即又放松加速踏板，使后轮慢慢下到底，然后，再适当加速使后轮通过。汽车行驶中突然遇到较大的凹坑或凸起障碍物时，切忌使用紧急制动，应立即抬起加速踏板，使车速很快降低，再迅速制动，利用车辆惯性低速通过，尽量减小冲击载荷，保护好汽车的前、后钢板弹簧。

（五）泥泞、翻浆路

泥泞、翻浆路的松散泥土和黏稠泥浆，在车轮挤压下显著变形，会造成较大的滚动阻力。况且，此时路面附着力小，车轮极易侧滑及空转，使汽车驱动力不足，制动效能降低，转向轮也易侧滑造成转向失灵，给安全行驶造成困难，燃料和机件也增加消耗和磨损。所以驾驶时，应根据以上特点，掌握不同的操作方法，才能保证安全行车。

通过泥泞、翻浆道路时，应尽量选择地势较高、干燥、泥浆较少的路面及道路中心行驶。如遇路面有车辙的地段时，可循车辙行驶。如必须通过泥泞地段时，要细心观察和判断，防止底盘碰撞障碍或使车轮陷入坑内。通过距离较短的泥泞路面时，可以加速通过。通过泥泞和翻浆路段时，需根据具体情况，选用挡位，一般使用中、低速挡，以获得足够的动力。中途应尽量避免换挡及停车，如必须换挡时，则减挡时机要提前，动作要敏捷，动力结合要平稳。确需中途停车时，再行起步应注意正确运用转向盘，有时起步转向盘需略向右偏转一点（右侧停车起步）。

在泥泞、翻浆道路上行驶时，应尽量保持匀速行驶。车速剧增、剧减，都会导致附着性能变坏，引起车辆侧滑和车辆空转。应尽量保持直线行驶。转动转向盘要缓和、平稳，不可猛转转向盘或转动、回转转向盘过多，以免车辆发生侧滑。需要停靠时，应减入低速挡，由路中间逐渐驶向路边。需减速时，无论弯路、平路、下坡和直线行驶，都尽量避免运用行车制动器（脚制动），而应多利用发动机的牵阻作用，松抬加速踏板减速。必要时，才可采用间歇制动（点刹）。因为在附着力很小的路面上使用行车制动器，车轮极易"抱死"而发生侧滑，转向轮被"抱死"，行驶方向也将失去控制。

如汽车陷入泥浆，加速时又造成驱动轮打滑、空转时，不可强行起步，应挂入倒挡倒车，使车辆退出打滑地段，另选行驶路线。如倒车仍打滑，应立即停车，清除泥浆，选用适当的材料（如沙石、禾草、树枝、木板、炉灰等物）铺垫路面。同时，也可用千斤顶将车支起，使用防滑链或缠上绳索，以改善附着性能。在行驶中，出现后轮侧滑时，应及时松抬加速踏板，把转向盘转向后轮侧滑的一方，这样可以使车辆恢复原行驶路线。

（六）涉　水

汽车涉水时，水底路面附着系数比干燥路面小，同时受水的浮力和水流流速的影响，车轮极易打滑和侧向移动；再加上水底路面一般坎坷不平，也会对汽车行驶形成较大的阻力。所以，汽车涉水前，应做好充分的准备工作。涉水时需大胆谨慎，缓踏加速踏板，一气通过。涉水的最大深度不应超过各厂牌汽车说明书上的规定。如水深超过规定时，不宜冒险涉水。

1. 涉水前的准备工作

水深达到汽车最大涉水深度时，应采取以下措施：

① 拆下风扇皮带，关闭百叶窗。

② 用防水布或塑料布等防水物包扎好分电器、高压线等，并把蓄电池放置高处。

③ 对汽油箱盖、机油尺孔，也要做好防水保护，并用软管将消声器出口引出水面。

2. 涉水的驾驶方法

① 涉水前，应检查发动机、转向和制动装置等技术状况是否正常。如果涉水前汽车行驶时间过长或气温较高而造成轮胎和制动鼓温度过高时，应待自然冷却后再涉水。

② 涉水时，应使用低速挡（越野车应使用前驱动和加力挡），平稳地驶入水中，防止车速过快将水溅入发动机等处，影响正常行驶。行驶中，应保持汽车具有足够而又稳定的驱动力，避免中途换挡、停车和急剧转向。

③ 车辆行进中应注视前进目标，绝不可注视水流，以免眩晕造成失误。

④ 涉水后如发生车轮打滑、空转、下陷时，应立即停车，但不能使发动机熄火，更不能猛踩加速踏板企图冲过去。应用其他车辆牵引，向前或向后将车辆拖出水路。

⑤ 多辆车涉水时，不可同时下水。应在前车通过后，后车再依次下水。

3. 涉水后的检查

汽车涉水后，应选择宽阔、安全的地点停车，进行检视和恢复工作。

① 擦干受潮的电器部分，装复风扇皮带，打开百叶窗。

② 将蓄电池、消声器等恢复原状。

③ 检查散热器前有无杂物，检视曲轴箱等处有无进水，轮胎间有无石块，传动轴处有无水草缠绕等。如有，则应予以清除，并按规定将车上的防水物拆除。

④ 以低速行驶一段距离，并在行驶中连续轻踏制动踏板，以清除行车制动器中的残余水分，待制动效能恢复后再正常行驶。

（七）过　渡

1. 待　渡

① 汽车驶近渡口时，应及时减速并注意检验行车制动器的作用是否完好。

② 必须遵守渡口管理制度，服从指挥，依次待渡。在下坡地段停车待渡，与前车应保持安全距离，汽车驾驶员不得离开驾驶室。若需要下车，则应采取安全措施。

2. 过渡时的驾驶方法

① 汽车上、下渡船时，均应使用低挡缓慢行驶，不可加油猛冲，避免中途换挡、停车。正确判断车轮在跳板上所处的位置，听从指挥及时调整。上、下渡船时，要注意车辆接近角和离去角，观察是否会刮擦跳板和码头下船处的地面，细心操作，力求平稳。

② 驶上渡船应低速驶到指挥位置停车，避免紧急制动。停稳后，将发动机熄火，把变速杆挂入一挡或倒挡，拉紧驻车制动器。必要时前、后轮应塞上三角木。

③ 汽车下船时，要听从指挥，依次下船，以保持船体平稳，防止船体倾斜。驶离渡船时，与前车要保持必要的安全距离。

（八）沙漠地区驾驶

汽车在西部沙漠地区作业或是因施工需要通过沙地时，因路面非常松软，变形大，行驶阻力增加，若行驶中换挡不及时或方向操作不当，易使车辆下陷，后轮空转，甚至熄火。

沙地起步，因路面松软，阻力大，在放松离合器踏板时，半联动时间要比一般道路稍长，油门要稍大，但不可过大。如油门过大、起步过猛，会使后轮空转下陷。

如不小心或操作不当使车辆陷住，尤其后轮陷入沙坑时，不可盲目反复地加大油门往前冲。如果不根据具体情况，猛踏加速踏板使车轮原地打转，会使汽车越陷越深。如遇后轮被陷住，不要盲目加油硬拼，而应立即铲除积沙，垫上硬石块、草袋之类的东西，然后再前行。如事先知道通过沙漠地带，应提前做好物质上的准备，比如带上一定的水，带上铁锹、木板、草袋等，以供应急用。

在沙漠里行车最重要的是要选择正确的行驶路线，无旧车辙时，应尽量按路线行驶。转向盘不宜猛打猛回，以免车轮下陷。通过松软沙土路段时，要正确判断路况，根据沙地长短、沙土松软强度，提前使用合理的挡位通过。如遇短而深的干沙路段，用中速挡稳住一口气行驶，尽量不换挡。如通过困难时，装有轮胎气压调节系统的车辆，通过沙地前可根据沙地松软程度及本车的载重情况，适量减小轮胎气压以提高汽车的通过能力。但通过后，应立即补充轮胎气压。

通过沙漠后，由于沙尘太大，会造成空气滤清器等严重堵塞。所以，通过后应对滤清器等进行检查维护。

六、汽车在高速公路上的使用

（一）高速公路的构成特点

（1）高速公路路幅宽，路面平整无急弯，中间设有分隔带，每个方向至少有 2~4 个车道。

（2）采用立体交叉，以控制车辆出入。高速公路没有平面交叉，行驶车辆只能在规定的出入口出入。

（3）交通设施齐全，标志设置醒目（夜间能反光或发光），有一套用现代化技术装备的交通管理系统和服务设施。

（4）高速公路一般都是封闭式的，路的两侧除有路栏外，还有铁丝网等隔离墙。加上分隔带的作用，不但解决了横向干扰，也将纵向干扰减少到了最低程度，从而保证了道路交通的畅通，为安全行车提供了最佳的交通环境。

（二）高速公路的行车特点

（1）行车速度高。大部分高速公路的设计行车速度为 80~120 km/h。车辆在高速公路上行驶时，最低车速不得低于 60 km/h，最高车速不得高于 120 km/h。

（2）交通容量大。高速公路的通行量每日一般为 10 000~15 000 辆车。在干道上，一般都超过 50 000 辆，有的高速公路已达 100 000 辆以上。要求每一个车道每小时的通行量为 1 500~2 000 辆。高速公路的通行能力比普通公路高几倍甚至几十倍。

（3）交通事故少。由于高速公路消除和减少了横向和纵向干扰，致使交通事故大为减少。

据有关资料分析，高速公路发生交通事故的次数是一般道路的 30% ~ 51%，由交通事故造成的死亡人数是一般道路的 43% ~ 76%。

（4）经济效益高。高速公路的效益可分为直接效益和间接效益。直接效益是指节省行驶费用和时间，减少驾驶员的疲劳程度等。间接效益是指运输和运输计划合理，减少了其他道路的交通拥挤等。

（三）通过高速公路的驾驶操作方法

1. 驶入高速公路

（1）操作方法：汽车需要驶入高速公路时，根据机动车辆靠右侧行驶的规定，必须由高速公路右侧进出。例如，想驾驶汽车驶入高速公路并向左转弯行驶，就必须通过引桥或栈桥绕到路的对面由路的右侧驶入高速公路。在进入高速公路时，驾驶员必须观察和正确判断高速公路右面车道上的车辆情况、行驶速度，在加速车道内将车速提高到 60 km/h 以上，开启左转向指示灯，在不影响其他车辆行驶的情况下加速驶入高速车道，如图 3.11（a）所示。

（2）注意事项。

① 从匝道入口驶入高速公路的车辆，必须在加速车道上提高车速，并在加速车道起点处开启左转向灯。当车速达到 60 km/h 以上时，要确认左侧行车道上车辆的通行状况，把握好机会，顺利地从加速车道驶入行车道。

② 要充分利用加速车道的长度，使车辆平顺地驶入行车道，禁止与行车道正常行驶的车辆抢行，以免发生碰撞事故。

2. 驶离高速公路

（1）操作方法：要驶离高速公路时，应在距离出口处约 500 m 处时拨亮右转向指示灯，然后平顺地驶入减速车道，再逐渐减速，直到在减速车道末端将车速降到约 40 km/h（必须用车速表确认），以便安全驶离高速公路，如图 3.11（b）所示。如错过出口处，必须继续行驶至下一个出口，方可离去，决不可在高速公路上倒车、掉头、逆行或穿越中间分隔带等。

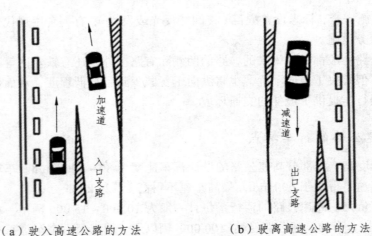

（a）驶入高速公路的方法　　　　　（b）驶离高速公路的方法

图 3.11　进出高速公路的方法

（2）注意事项。

① 禁止超车。距离出口约 2 km 处，见到第一个引导标志后，应避免超车行为。

距离出口约 1 km 处，见到第二个引导标志后，绝对不能再有超车行为。因为这里超车，难以回到原行驶的车道时，会强行回转方向，由于急转转向盘等将引起事故。例如，两辆车相对速度差为 10 km/h（设被超车车速为 90 km/h）时，以 100 km/h 的速度来超车需要 2 100 m 的距离。因此，距离出口 1 km 处进行超车是不可能实现的。

② 充分减速。由于连续高速行驶，感觉上缺乏准确的速度感，往往减速不充分，所以需要用速度表来确认。若没有充分减速，转向盘操作不好，容易发生撞到护栏等事故。

③ 迅速以一般道路的速度行驶。从高速公路进入到一般道路上时，必须迅速地以适合于一般道路的速度来行驶。

3. 行驶车道的选择

目前，我国建造的高速公路每个方向设 2 个或 3 个或多个车道。由机动车行驶方向左侧算起，第 1 条为超车道，第 2、第 3 条及其他车道为行车道。所有机动车应在行车道行驶。

在同方向有 3 条车道的高速公路上行驶时，车速高于 110 km/h 的汽车在最左侧车道行驶，车速高于 90 km/h 的汽车在中间车道行驶。车速不低于 60 km/h 的汽车在第 3 条车道行驶。在有 4 条以上车道的，车速高于 110 km/h 的汽车在最左侧车道行驶。车速高于 90 km/h 的汽车在第 2 条车道行驶，车速不低于 60 km/h 的汽车向右顺延。

当前方遇有障碍或者需要超越前车时，可变换到左车道上行驶，并要先拨亮左转向指示灯，以示意尾随车辆，超越后应当驶回原车道并及时将转向灯关闭。

注意事项：

① 在高速公路上行车不允许长时间压、跨变道标线行驶，即不允许长时间压、跨超车道与行车道或行车道与停车道之间的分界（白色）线。

② 稍偏右行驶。在行车道上正常行驶时，应在车道内稍微偏右点行驶。这样，当被后车超越时，可保持充分的间隔，有利于防止相撞事故。

③ 防止与进入行车道的车辆相撞。在看到从加速车道上要进入行车道的车辆时，应注意该车的动态，利用加减速度或移向超车车道等，以关照进入行车道上来的车辆，这也是高速公路上行车的公德之一。

4. 行驶速度控制

在高速公路上行驶时，最低车速不得低于 60 km/h，最高车速不得高于 120 km/h。除了按照上述规定的车速行驶外，还应根据限速交通标志、限速路面标志的规定以及视力能见度等情况适时调整车速。如遇雪、雨、雾天气时，视距短、能见度差，或在冬季路面结冰的情况下行驶等，均需将车速降低到安全车速以下，不能盲目开快车。

5. 行车间距的控制

行车中，与前车应保持适当的安全距离。在开始进入高速公路时，必须严格遵照标牌指示的车距与前车保持适当的距离。当进入高速公路正常行驶后，要根据行车速度与前车保持足够的安全距离。一般行车间距的米数约等于行车时速公里数，例如，车速为 60 km/h 时，应保持 60 m 以上的行车间距；车速为 100 km/h 时，应保持 100 m 以上的距离。遇有沙尘、冰雹、大风、雨、雾、雪天气或路面结冰时，还应遵守下列规定：

（1）能见度小于 200 m 时，开启雾灯、近光灯、示廓灯和前后位灯，车速不得超过 60 km/h，与同车道前车保持 100 m 以上的距离。

（2）能见度小于 100 m 时，开启雾灯、近光灯、示廓灯、前后位灯和危险报警闪光灯，车速不得超过 40 km/h，与同车道前车保持 50 m 以上的距离。

（3）能见度小于 50 m 时，开启雾灯、近光灯、示廓灯和前后位灯，车速不得超过 20 km/h，并从最近的出口尽快驶离高速公路。

6. 超　车

（1）超车操作顺序：确认交通状况（特别是不要完全依靠后视镜，要用眼睛确认安全），发出路线变更的信号 3 s 后，平顺地操作转向盘逐渐进入左侧超车车道。

超越后在与被超车辆之间的距离未达到 80 m 以上时，应保持路线不变在超车车道行进；当被超车辆全部进入后视镜、相距 80 m 以后，发出路线变更信号约 3 s 后，平顺地操作转向盘进入右侧行车道，收回路线变更信号。

（2）注意事项。

① 车辆将要进入减速车道和在匝道、减速车道及加速车道内禁止超车。

② 超车时应特别注意不能长时间地占用超车道行车，否则将会影响后方急待超车的车辆通行，而且还破坏了高速公路的行车秩序，给交通带来事故隐患。因此，只要超车成功后，就应及时回到行车道上正常行驶。

③ 确保超车安全。欲超车时，首先应注意前车状态，同时用后视镜注意后车的状态，确认安全后发出变更路线的信号。这时如果发现后车为了超车已经发出了变更路线的信号时，则要终止超车行动。

④ 要留有余地。要超车时发出信号后，至少过 3 s 以上（车速为 100 km/h 时，约走 90 m 以上）再改变路线，不要急打转向盘，要平顺地改变路线。

（四）高速公路通行规定及注意事项

（1）不准进入高速公路的人员和车辆：根据公安部《高速公路交通管理办法》的规定，下列车辆和人员不得进入高速公路。

① 拖拉机、农用运输车、电瓶车、轮式专用机械车、全挂牵引车及设计最高车速低于 70 km/h 的车辆。

② 载运危险品，载物超长、超宽未经公安交通管理部门批准的车辆。

③ 非机动车辆和行人。如果非机动车和行人进入高速公路而发生交通事故，造成自身伤亡和财产损失，正常行驶的机动车一方不负事故责任和法律责任。

（2）防止进入催眠状态：在高速公路上行驶，由于没有会车和行人等交通因素的干扰和刺激，行车速度高且变化频率不高，使驾驶员心理上感到单调乏味；这样久而久之，对速度的感觉就会处于麻痹状态，慢慢地进入意识蒙眬，即进入催眠状态，这时极易发生交通事故。为了防止这种现象的发生，驾驶员要采取一些刺激措施，如调整车速、食用口香糖、放音乐、将车门窗玻璃稍打开一些等，以防止瞌睡和麻痹思想的产生，确保行车安全。

（3）车辆发生事故或者因故障不能离开行车道时，驾驶员和乘车人应迅速转移到右侧路肩上，并立即想办法报告交通警察，但禁止驾驶员和乘车人在高速公路上拦截车辆。

（4）高速公路上的停车规定：在高速公路上行驶，不得随意停车。当行驶途中车辆有故障需要停车维修时，必须及时拨亮右转向指示灯，并将车停靠在右侧的停车道或路肩上，或停在指定的停车带上，然后关闭转向指示灯，并开亮停车指示灯，将红色三角警告车牌竖放在车后约 100 m 处，同时开启危险警报灯，夜间还要开示宽灯和尾灯，以警告后续车辆的驾驶员，以免发生意外。

七、汽车安全使用与管理

提到交通安全，人们很自然与交通事故联系在一起。随着机动车保有量逐年增加，交通事故已经成为当今世界一个严重的社会问题。美国著名学者乔治·威伦研究了美国和世界上其他一些国家中的交通、消防与犯罪问题，在他的著作《交通法院》中写道，"人们应该承认，交通事故已成为今天国家最大的问题之一。它比消防问题更严重，这是因为每年因交通事故死亡的人数日渐增多，遭受的财产损失更大；它比犯罪问题更严重，这是因为交通事故跟整个人类有关，不管是强者还是弱者，富人还是穷人，聪明人或是愚蠢人，每一个男人、女人、孩子或者婴儿，只要他们在街道或者公路上，每一分钟都可能死于交通事故。"在许多国家，由交通事故引起的人员伤亡比火灾、水灾、意外爆炸等造成伤亡的总和还要大得多。全世界每年因交通事故死亡的人数逾 100 万人，这相当于每年有一个中等城市被摧毁。人们把道路交通事故称为"无休止的交通战争""文明世界的第一大社会公害"等，把导致道路交通事故发生的汽车称为"行驶的棺材"。

为了避免道路交通事故的发生，驾驶员应以交通法规对照、规范自己的驾车行为，避免违法行驶。要求汽车驾驶员要了解并遵守交通规则。

（一）常见交通规则

1. 右侧通行的意义及含义

右侧通行的意义是我国机动车、非机动车在道路上行驶时应遵循的基本通行原则，也是一个国家必须统一规定的道路交通技术上的最基本的问题。

右侧通行的含义是指机动车、非机动车在道路上行驶时，如果道路上划设有中心线的，以中心线为界；未划设中心线的，以几何中心为界，以面对方向定左右，即左手一侧的道路为左侧道路，右手一侧的道路为右侧道路，除有特殊规定以外，一律靠右侧的道路行驶。所谓的特殊规定，主要是指车辆遇到下列情况，可以在道路中心左侧行驶：一是在规定整个车行道幅宽内所有车辆都朝一个方向（单行道）行驶时；二是执行任务的警车、消防车、救护车、工程救险车在确保安全的前提下，可以在道路中心线左侧行驶；三是正在作业的道路养护车辆、工程作业车，在不影响其他车辆通行的前提下，可以在道路中心线左侧行驶。

2. 机动车通行规则

当机动车通过有交通信号灯控制的交叉路口时，应当按照下列规定通行：

（1）在划有导向车道的路口，按所需行进方向驶入导向车道；准备进入环形路口的让已在路口内的机动车先行；向左转弯时，靠路口中心点左侧转弯。转弯时开启转向灯，夜间行驶开启近光灯；遇放行信号时，依次通过；遇停止信号时，依次停在停止线以外。没有停止线的，停在路口以外；向右转弯遇有同车道前车正在等候放行信号时，依次停车等候；在没有方向指示信号灯的交叉路口，转弯的机动车让直行的车辆、行人先行。相对方向行驶的右转弯机动车让左转弯车辆先行。

（2）机动车通过没有交通信号灯控制也没有交通警察指挥的交叉路口，除应当遵守第（1）项的规定外，还应当遵守下列规定：有交通标志、标线控制的，让优先通行的一方先行；没有交通标志、标线控制的，在进入路口前停车瞭望，让右方道路的来车先行；转弯的机动车让直行的车辆先行；相对方向行驶的右转弯的机动车让左转弯的车辆先行。

（3）当机动车需掉头、倒车或遇交通堵塞时，应当按照下列规定通行：

① 掉头。机动车在有禁止掉头或者禁止左转弯标志、标线的地点以及在铁路道口、人行横道、桥梁、急弯、陡坡、隧道或者容易发生危险的路段，不得掉头。机动车在没有禁止掉头或者没有禁止左转弯标志、标线的地点可以掉头，但不得妨碍正常行驶的其他车辆和行人通行。

② 倒车。机动车倒车时，应当察明车后情况，确认安全后倒车。不得在铁路道口、交叉路口、单行路、桥梁、急弯、陡坡或者隧道中倒车。

③ 交通阻塞。机动车遇有前方交叉路口交通阻塞时，应当依次停在路口以外等候，不得进入路口。机动车在遇有前方机动车停车排队等候或者缓慢行驶时，应当依次排队，不得从前方车辆两侧穿插或者超越行驶，不得在人行横道、网状线区域内停车等候。机动车在车道减少的路口、路段，遇有前方机动车停车排队等候或者缓慢行驶的，应当每车道一辆依次交替驶入车道减少后的路口、路段。

（4）当机动车使用灯光、喇叭时，应当按照下列规定操作：

① 灯光。向左转弯、向左变更车道、准备超车、驶离停车地点或者掉头时，应当提前开启左转向灯；向右转弯、向右变更车道、超车完毕驶回原车道、靠路边停车时，应当提前开启右转向灯。

② 机动车在夜间没有路灯、照明不良或者遇有雾、雨、雪、沙尘、冰雹等低能见度的情况下行驶时，应当开启前照灯、示廓灯和后位灯，但同方向行驶的后车与前车近距离行驶时，不得使用远光灯。机动车雾天行驶应当开启雾灯和危险报警闪光灯。

③ 机动车在道路上发生故障或者发生交通事故，妨碍交通又难以移动的，应当按照规定开启危险报警闪光灯并在车后 50～100 m 处设置警告标志，夜间还应当同时开启示廓灯和后位灯。

④ 喇叭。机动车在夜间通过急弯、坡路、拱桥、人行横道或者没有交通信号灯控制的路口时，应当交替使用远、近光灯示意。机动车驶进急弯、坡道顶端等影响安全视距的路段以及超车或者遇有紧急情况时，应当减速慢行，并鸣喇叭示意。

（5）当机动车发生故障、故障车牵引、拖带挂车时，应当按照下列规定操作：

① 发生故障。机动车在道路上发生故障，需要停车排除故障时，驾驶员应当立即开启危险报警闪光灯，并将机动车移至不妨碍交通的地方停放；难以移动的，应当持续开启危险报警闪光灯，并采取在来车方向设置警告标志等措施扩大示警距离，必要时迅速报警。

② 故障车牵引。牵引故障机动车应当遵守下列规定：被牵引的机动车除驾驶员外不得载人，不得拖带挂车；被牵引的机动车宽度不得大于牵引机动车的宽度；使用软连接牵引装置时，牵引车与被牵引车之间的距离应当大于 4 m 小于 10 m；对制动失效的被牵引车，应当使用硬连接牵引装置牵引；牵引车和被牵引车均应当开启危险报警闪光灯。汽车吊车和轮式专用机械车不得牵引车辆。摩托车不得牵引车辆或者被其他车辆牵引。转向、照明或信号装置失效的故障机动车，应当使用专用清障车拖拽。

③ 牵引挂车。机动车牵引挂车应当符合下列规定：载货汽车、半挂牵引车、拖拉机只允许牵引 1 辆挂车。挂车的灯光信号、制动、连接、安全防护等装置应当符合国家标准；小型载客汽车只允许牵引旅居挂车或者总质量为 700 kg 以下的挂车，挂车不得载人；载货汽车所牵引挂车的载质量不得超过载货汽车本身的载质量。大型、中型载客汽车，低速载货汽车，三轮汽车以及其他机动车不得牵引挂车。

3. 机动车载物、载人的禁止性规定

（1）机动车载物应当符合核定的载质量，严禁超载；载物的长、宽、高不得违反装载要求，不得遗撒、飘散载运物。

（2）机动车运载超限的不可解体的物品，影响交通安全的，应当按照公安机关交通管理部门指定的时间、路线、速度行驶，悬挂明显标志。机动车载运爆炸物品、易燃易爆化学物品以及剧毒、放射性等危险物品的，应当经公安机关批准后，按指定的时间、路线、速度行驶，悬挂警示标志并采取必要的安全措施。

（3）机动车载物不得超过机动车行驶证上核定的载质量，装载长度、宽度不得超出车厢，并应当遵守下列规定：

① 重型、中型载货汽车，半挂车载物，高度从地面起不得超过 4 m，载运集装箱的车辆不得超过 4.2 m。

② 其他载货的机动车载物，高度从地面起不得超过 2.5 m。

③ 摩托车载物，高度从地面起不得超过 1.5 m，长度不得超出车身 0.2 m。两轮摩托车载物宽度左、右各不得超出车把 0.15 m；三轮摩托车载物宽度不得超过车身。

④ 载客汽车除车身外部的行李架和内置的行李舱外，不得载货。载客汽车行李架载货，从车顶起高度不得超过 0.5 m，从地面起高度不得超过 4 m。

（4）机动车载人不得超过核定的人数，客运机动车不得违反规定载货。

禁止货运机动车载客。货运机动车需要附载作业人员的，应当设置保护作业人员的安全措施。机动车载人应当遵守下列规定：公路载客汽车不得超过核定的载客人数，但按照规定免票的儿童除外，在载客人数已满的情况下，按照规定免票的儿童不得超过核定载客人数的10%；载货汽车车厢不得载客。在城市道路上，货运机动车在留有安全位置的情况下，车厢内可以附载临时作业人员 1～5 人；载物高度超过车厢栏板时，货物上不得载人；摩托车后座不得乘坐未满 12 周岁的未成年人，轻便摩托车不得载人。

（5）机动车应当在规定地点停放，禁止在人行道上停放机动车。

在道路上临时停车的，不得妨碍其他车辆和行人通行。

新建、改建、扩建的公共建筑、商业街区、居住区、大（中）型建筑等，应当配建、增建停车场；停车泊位不足的，应当及时改建或者扩建；投入使用的停车场不得擅自停止使用

或者改作他用。

机动车在道路上临时停车时，应当遵守下列规定：在设有禁停标志、标线的路段，在机动车道与非机动车道、人行道之间设有隔离设施的路段以及人行横道、施工地段，不得停车；在交叉路口、铁路道口、急弯路、宽度不足 4 m 的窄路、桥梁、陡坡、隧道以及距离上述地点 50 m 以内的路段，不得停车；在公共汽车站、急救站、加油站、消防栓或者消防队（站）门前以及距离上述地点 30 m 以内的路段，除使用上述设施的机动车以外，不得停车；车辆停稳前不得开车门或上下人员，开关车门不得妨碍其他车辆和行人通行；路边停车应当紧靠道路右侧，机动车驾驶员不得离车，上下人员或者装卸物品后，立即驶离；城市公共汽车不得在站点以外的路段停车上下乘客。

（6）驾驶机动车不得有下列行为：在车门、车厢没有关好时行车；在机动车驾驶室的前、后窗范围内悬挂、放置妨碍驾驶员视线的物品；拨打接听手持电话、观看电视等妨碍安全驾驶的行为；下陡坡时熄火或者空挡滑行；向道路上抛撒物品；驾驶摩托车手离车把或者在车把上悬挂物品；连续驾驶机动车超过 4 h 未停车休息或者停车休息时间少于 20 min；在禁止鸣喇叭的区域或者路段鸣喇叭。

 **任务实施**

任务一　　自动变速器的正确使用

1. 任务说明

余女士为一外企公司白领，年收入 10 万元左右，到某丰田 4S 店购买了一辆丰田卡罗拉 1.6 L AT 轿车，该轿车配置有自动变速器。余女士向汽车销售人员咨询自动变速器的正确使用方法，请给予正确讲解。

2. 技术要求与标准

（1）每两个学生相互配合能在 30 min 内完成此项目。
（2）技术标准如表 3.7 所示。

表 3.7　技术标准

序　号	要　求
1	在发动机启动后、汽车起步前，不要踩加速踏板，起步后，应缓慢踩加速踏板
2	严禁在车辆行进过程中挂入 P 位
3	根据车辆下坡的长度和角度，适当将变速杆选择挂在 S 或 L 位
4	使用 R 位时，必须在车辆停稳后再将变速杆推入 R 位
5	在长时间等待信号或堵车时，应将变速杆挂入 N 位，并拉紧驻车制动器操纵杆

3. 设备器材

一汽丰田卡罗拉 1.6 L AT 轿车。

4. 作业准备

（1）车辆的防护装备（5件套）。

（2）准备作业单。

5. 操作步骤

（1）自动变速器挡位的使用。

自动变速器汽车的选挡杆相当于手动变速器的变速杆，大多装置在地板上，一般有以下几个挡位：P（Parking）、R（Reverse）、N（Neutral）、D（Drive）、S（或2，即为2速挡）、L（或1，即为1速挡）。

① "P"（Parking）位的使用。

在交通标志上，"P"就是停车的意思，自动变速器挡位的 "P"，也是用作停车，它是利用机械装置去锁紧汽车的输出传动部分，使汽车不能移动，但是发动机与变速器之间的动力并未切断分离。所以，每当汽车需要在一固定位置上停留一段较长时间，或在停靠之后离开车辆前，驾车者应该熄火并拉好驻车制动器操纵杆及将选挡杆推进 "P" 的位置上，如图 3.12 所示。

图 3.12　自动变速器 P 位

② "R"（Reverse）位的使用。

"R" 是倒车挡，倒车时可将选挡杆移至 "R" 位，如图 3.13 所示。需要注意的是当车辆尚未完全停稳时，绝对不能强行转至 "R" 位；否则，变速器内的离合器片会受到严重损坏。

图 3.13　自动变速器 R 位

③ "N"（Neutral）位的使用。

"N"位一般视为空挡，将选挡杆置于"N"位，如图 3.14 所示，发动机与变速器之间的动力已经切断分离。在等待信号或堵车时常常将选挡杆保持在 D 位，同时踩下制动。若时间很短，这样做是允许的，但若停止时间长时最好换入 N 位，并拉紧驻车制动器操纵杆。因为选挡杆在行驶位置上，自动变速器汽车一般都有微弱的行驶趋势，长时间踩住制动踏板，等于强行制止这种趋势，使得变速器油温升高，油液容易变质。尤其在空调工作、发动机怠速较高的情况下更为不利。有些驾驶员为了节油，在高速行驶或下坡时将选挡杆扳到 N 位滑行，这很容易烧坏变速器，因为这时变速器输出轴转速很高，而发动机却在怠速运转，油泵供油不足，润滑状况恶化，易烧坏变速器。

图 3.14　自动变速器 N 位

④ "D"（Drive）位的使用。

正常行驶时将选挡杆放在 D 位，如图 3.15 所示，汽车可在 1～4 挡（或 3 挡）之间自动换挡。D 位是最常用的行驶位置。需要掌握的是由于自动变速器是根据节气门大小与车速高低来确定挡位的，所以加速踏板操作方法不同，换挡时的车速也不相同。如果起步时迅速将加速踏板踩下，升挡晚，加速能力强，到一定车速后，再将加速踏板很快松开，汽车就能立即升挡，这样发动机噪声小，舒适性好。D 位的另一个特点是强制低挡，便于高速时超车，在 D 位行驶中迅速将加速踏板踩到底，接通强制低挡开关，就能自动减挡，汽车很快加速，超车之后松开加速踏板又可自动升挡。

图 3.15　自动变速器 D 位

⑤ "2" 或 "L" 位的使用。

自动变速器 2 或 L 位属于低挡范围, 如图 3.16、图 3.17 所示, 可以在坡道等情况下使用。下坡时换入 2 位或 L 位能充分利用发动机制动的功能, 避免车轮制动器过热, 导致制动效能下降。但是从 D 位换入 2 位或 L 位时, 车速不能高于相应的升挡车速, 否则发动机会强烈振动, 使变速器油温急剧上升, 甚至会损坏变速器。另外, 在雨雾天气时, 若路面附着条件差, 可以换入 2 位或 L 位, 固定在某一低挡行驶, 不要使用能自动换挡的位置, 以免汽车打滑。同时必须牢记, 打滑时可将选挡杆推入 N 位, 切断发动机的动力, 以保证行车安全。

图 3.16 自动变速器 2 位

图 3.17 自动变速器 L 位

（2）自动变速器的正确使用。

① 检查自动变速器油液液面。

a. 将车辆停放在水平地面上, 拉紧驻车制动器操纵杆。

b. 启动发动机, 使其达到正常工作温度后怠速运转。

c. 踏下制动踏板, 逐一挂入所有挡位（从 P 位→L 位）, 并在各挡位略作暂时停留, 然后返回 P 位。

d. 若自动变速器处于冷态: 冷车刚刚启动, 液压油的温度较低, 为室温或低于 25 ℃ 时, 液压油油面高度应在油尺刻度的下限附近。

e. 若自动变速器处于热态: 低速行驶 5 min 以上, 液压油温度达到 70~80 ℃ 时, 液压油油面高度应在油尺刻度的上限附近。

② 启动和起步。

装有电控自动变速器的汽车在启动发动机时, 必须将选挡杆置于 P 位或 N 位, 并拉紧驻车制动器操纵杆或踩下制动踏板。车辆起步时应先踩下制动踏板, 挂挡后, 松开驻车制动器操纵杆, 然后平稳地抬起制动踏板, 待汽车缓慢起步后再缓慢踩下加速踏板。车辆起步时还应做到: 在发动机启动后、汽车起步前, 不要踩加速踏板; 在挂挡时, 不要松开制动踏板; 起步后, 加速踏板不要踩得过猛, 应缓慢地踩下; 在冬季发动机启动后最好不要立即起步, 等发动机的转速降下来后再起步。

③ 正常行驶中。

在一般情况下应将超速开关（O/D）接通, 自动变速器在适当车速时可自动换入超速挡行驶，以节省燃油。当汽车下坡需要利用发动机制动，或是爬较长的缓坡，为了防止自动变速器可能在 3 挡与超速挡之间频繁换挡，应将 O/D 挡开关断开（OFF）。另外，在行驶中，严禁将选挡杆换至 P 位，以防变速器机械部分严重损坏或汽车失控。

④ 几种特殊行驶情况下自动变速器的使用。

坡道行驶：如果是一般的小坡道，可在 D 位下，用加速踏板和制动踏板来控制汽车的上、下坡速度；如遇较长的陡坡，应将选挡杆从 D 位移至 S 位或 L 位（视坡度而定），这样可以避免在 D 位上坡时，因高挡的动力不足而造成自动变速器"循环跳挡"（不断地减挡、加挡），加剧自动变速器换挡执行元件的磨损；下坡时，在 S 位和 L 位下则可以利用发动机的制动作用（下坡时，车速应不超过 30 km/h，这时发动机制动效果最好）。

超车：当需要超车时，迅速将加速踏板踩到底，这时，自动变速器会自动降低一个挡位，可获得强烈的加速效果，放松加速踏板，自动变速器又自动升入高挡。应注意的是待加速达到要求后，应立即松开加速踏板，以避免发动机的转速过高，并对高挡换挡执行元件造成过大的冲击。

雪地或泥泞路面行驶：在雪地或泥泞路面行驶时，应将选挡杆从 D 位移至 S 位或 L 位；对于有保持开关的自动变速器，还可以将保持开关接通，然后以手动换入适当的挡位行驶。

⑤ 倒车。

需倒车时，应在汽车完全停稳后再将选挡杆移至 R 位；如果是平坦的路面倒车，松开制动踏板和驻车制动器操纵杆后，以发动机的怠速缓慢倒车即可，不要踩加速踏板；如果倒车中要越过台阶或其他障碍物时，应缓慢踩下加速踏板，并在越过障碍物后及时制动。

⑥ 停车。

若停车时间很短，可在 D 位下踩住制动踏板停车，这样松开制动踏板可立即起步，但要注意在停车过程中制动踏板不能有松动，否则，汽车将出现蠕动，可能碰上前面的汽车；若停车时间稍长，可在 D 位下踩住制动踏板的同时，拉紧驻车制动器操纵杆；若停车时间较长，最好将选挡杆置于 N 位，并拉紧驻车制动器操纵杆后松开制动踏板以免造成自动变速器油的温度过高，也可避免制动时间过长而使制动灯消耗过多的蓄电池电能。不要让发动机在 N 位下长时间怠速运转，这样会使自动变速器油因循环不畅而导致油温升高。因为在发动机怠速驱动下的油泵泵油量小，使液力变矩器的自动变速器油得不到及时的循环流动而导致温度升高。因此，如果停车时间较长，而又不想让发动机熄火，最好是在这期间踩几次加速踏板，使液力变矩器内过热的油能循环流动，通过冷却器使油温下降。在停车时，选挡杆在 D、S、L 或 R 位的任一情况下，不可踩加速踏板使发动机的转速升高，因为此时液力变矩器的涡轮不转，而泵轮带动自动变速器油高速旋转，会使油温很快升高，导致自动变速器油过早变质。汽车在停放的位置停下后，应踩住制动踏板，将选挡杆置于 P 位，并拉紧驻车制动器操纵杆，然后关闭点火开关，使发动机熄火。

自动变速器的正确使用项目作业记录单如表 3.8 所示。

表 3.8　自动变速器的正确使用项目作业记录单

姓　名		班　级		学　号		组　别	
车辆类型				作业单号		作业日期	
操作项目				操作情况记录			
P 位的使用							
R 位的使用							
N 位的使用							
D 位的使用							
S、L 位的使用							
启动和起步时的使用							
坡道行驶时的使用							
超车时的使用							
长时间等待信号或堵车时的使用							
雪地或泥泞路面行驶时的使用							
自动变速器油液的检查							

任务二　防抱死制动系统（ABS）的正确使用

1. 任务说明

余女士为一外企公司白领，年收入 10 万元左右，到某丰田 4S 店购买了一辆丰田卡罗拉 1.6 L AT 轿车，该轿车配置有防抱死制动系统（ABS）。余女士向汽车销售人员咨询 ABS 的正确使用方法，请给予正确讲解。

2. 技术要求与标准

（1）每两个学生相互配合能在 30 min 内完成此项目。

（2）技术标准如表 3.9 所示。

表 3.9　技术标准

序　号	要　求
1	制动液液面位置应处于储液罐 MAX 与 MIN 之间
2	添加制动液时，应使用车辆使用说明书中规定型号的制动液
3	制动液应按要求定期更换
4	对装备 ABS 的汽车在紧急制动时，需要踩紧制动踏板
5	能够通过仪表盘上的 ABS 指示灯正确判断 ABS 的工作状况

3. 设备器材

一汽丰田卡罗拉 1.6 L AT 轿车。

4. 作业准备

（1）车辆的防护装备（5件套）。

（2）准备作业单。

5. 操作步骤

汽车防抱死制动系统（Anti-Lock Brake System，ABS），是汽车上的一种主动安全装置。其作用是在汽车制动时，自动调节制动力的大小，避免车轮完全抱死在路面上产生拖滑，使车轮处于边滚边滑的状态，以保证车轮与地面间有最好的附着状态，从而缩短制动距离，提高汽车制动过程中的方向稳定性及转向操纵能力，使汽车制动更为安全有效。

（1）使用注意事项。

① 汽车的 ABS 能够最大限度地提高制动时汽车的稳定性，防止汽车跑偏和侧滑，提高汽车的安全性，但并不能防止汽车在任何情况下都不发生侧滑。因此，在湿滑和积雪结冰的路面行驶时，由于汽车的稳定性较差，应降低车速，谨慎驾驶。

② 对装备 ABS 的汽车不能采用多踩几脚制动踏板的方法来增加制动，使用时只需踩紧制动踏板，汽车会自动进行防抱死工作，不需要人工干预；而多踩几脚制动踏板，反而会使 ABS 处理器得不到正确的制动信号，导致制动效果不良。

③ 制动时，汽车会轻微振动，脚在制动踏板上也会感觉到脉动，这表明 ABS 在正常工作中，同时也提醒驾驶员，车辆在不良路面上应低速行驶。

④ 使用 ABS 并不能减少驾驶员脚踩制动踏板的时间，所以在超速行驶以及在弯道积水湿滑路面和车距太近时，同样存在发生车祸的可能，应尽量避免。

⑤ ABS 所接收的车速信号是从车轮获得的，因此不能随意增大轮胎的直径，但可以增大轮胎的宽度，否则会导致车轮转速的数据不准，使 ABS 判断错误，甚至造成事故。

⑥ 要使用吸湿性强的制动液。含水分的制动液不仅使制动系统内部产生腐蚀，而且会使制动效果明显下降，影响 ABS 的正常工作。制动液至少要每隔 2 年更换 1 次，最好是每年更换 1 次。ABS 要采用专用制动液，推荐使用 DOT3（HZY3）、DOT4（HZY4），不能选用 DOT5，因为它对 ABS 有严重的损害。更换和储存的制动液和器皿要清洁，不要让污物、灰尘进入液压控制装置，制动液不要沾到 ABS 电控单元和导线上。

（2）正确使用与维护。

① 检查制动液储液罐中制动液液面的高度。用目测观察制动液储液罐中制动液液面应处于 MAX 与 MIN 之间为合适，若液面过低应添加至规定位置。

② 当点火开关打开时，仪表板上的 ABS 指示灯会亮，通常又会在起动机启动几秒后熄灭。当蓄电池电压低于 10 V 时，ABS 会自动切断，同时指示灯也会亮起来；当电压足够时，指示灯熄灭，表示 ABS 恢复正常工作。若 ABS 指示灯亮后一直亮不再熄灭，表示系统有故障，此时制动系统仍有一般的制动能力，但无防抱死能力，应控制车速小心驾驶或送厂检修。

③ 装有 ABS 车辆的制动系统空气的排除方法与常规制动系统空气的排除方法一般不同，且不同类型的 ABS，其放气的顺序和程序也可能不同，在进行空气排除时，应按照相应的维护手册所要求的方法和顺序进行。

防抱死制动系统（ABS）的正确使用项目作业记录单如表 3.10 所示。

表 3.10　防抱死制动系统（ABS）的正确使用项目作业记录单

姓　名		班　级		学　号		组　别	
车辆类型				作业单号		作业日期	
操作项目				操作情况记录			
仪表盘 ABS 指示灯亮的正确判断							
装有 ABS 车辆制动液的选用							
装有 ABS 车辆制动踏板的使用							
装有 ABS 车辆轮胎的选用							
雪地或泥泞路面行驶时 ABS 的使用							
装有 ABS 车辆制动系统空气的排除方法							

任务三　涡轮增压器的正确使用

1. 任务说明

苏先生为一政府官员，年收入 10 万元左右，刚到某一汽大众 4S 店购买了一辆一汽大众迈腾 2.0TSI 轿车，该轿车配置有涡轮增压器。苏先生向汽车销售人员咨询涡轮增压器的正确使用方法，请给予正确讲解。

2. 技术要求与标准

（1）每两个学生相互配合能在 30 min 内完成此项目。

（2）技术标准如表 3.11 所示。

表 3.11　技术标准

序　号	要　　求
1	汽车发动机启动之后，不要急于加速
2	要避免发动机长时间的怠速
3	发动机停车前不要立即熄火
4	严禁采用"加速—熄火—空挡滑行"的操作方法
5	定期维护空气滤清器
6	定期更换发动机油

3. 设备器材

一汽大众迈腾 2.0TSI 轿车。

4. 作业准备

（1）车辆的防护装备（5 件套）。

（2）准备作业单。

5. 操作步骤

涡轮增压器大大增加了发动机的动力，有效地改善了燃油的经济性。涡轮增压器的最大技术难度是涡轮机的冷却和润滑。发动机在工作时，废气不断冲到涡轮机的叶片上，使叶片的温度不断升高，特别是高速时温度上升很快，故对叶片的材料和润滑油的质量以及冷却方式的要求都十分严格。

（1）汽车发动机启动之后，不要急于加速。当涡轮增压器叶轮的转速为 100 000 r/min 以上时，它完全靠发动机的机油润滑。发动机启动后，机油润滑的最佳状态需要 1~2 min。为了减少涡轮增压的高速磨损，建议冷车启动后先怠速运转，低速行驶 400 m 左右，等机油的润滑性能好了再让发动机高转速运转，从而使涡轮增压器得到充分润滑，这一点在冬天显得尤为重要。

（2）要避免发动机长时间的怠速。当涡轮增压系统中气体压力过低和涡轮增压器轴的转速过低时，润滑油会通过密封件渗漏到涡轮和压气机中，污染叶轮，并且增大润滑油的消耗量。怠速时间最长不宜超过 20 min。

（3）发动机停车之前，不要立即熄火。涡轮增压器的转子轴是在高速、高温的环境下运转的，此时发动机突然停机，会由于失去机油润滑和冷却液循环，导致涡轮增压器内部的热量无法散出，将留在增压器内部的机油高温形成积炭。这样会加剧涡轮增压器的磨损，同时也会堵塞油道，造成慢性伤害。正确的操作是使涡轮增压器的温度和转速逐步地经过 3~5 min 从高速到怠速运转再熄火。

（4）严禁采用"加速—熄火—空挡滑行"的操作方法。如果高速运转的发动机行驶后很快熄火，猛然切断机油润滑和冷却液循环，涡轮增压器的涡轮轴和轴承会产生干摩擦，时间一长磨损过大会漏油，严重时还可能使涡轮增压器轴与轴承"咬死"，致使涡轮增压器损坏。

（5）使用符合要求的机油。由于增压器转速高达每分钟数万转，因此对机油的品质、清洁度要求都较高。同时，增压器的转轴与轴套的配合间隙只有 0.10~0.15 mm，若机油过脏或失效，杂质会侵入上述配合面中，轻则加速其磨损，导致转速下降；重则不能形成正常的润滑油膜，使转轴与轴套咬死。为此，发动机必须选用规定牌号的机油；当需要用国产机油替换国外牌号的机油时，替代油品必须经过权威部门化验，其主要技术指标必须同原用机油的技术指标一致或相近，且不同牌号的机油不能混用。为了保证机油有一定的清洁度，必须特别重视机油滤清器的定期维护，对于一次性机油滤芯，到期务必及时更换，不得清洗再用；必须按发动机对机油使用期限的要求及时更换机油。

（6）定期维护空气滤清器。带增压器的发动机，若空气滤清器堵塞，会使增压器压气机一侧由于压力差过大而形成负压引起机油泄漏，使压气机叶轮背面出现油迹；同时，由于进气量减少，将使发动机燃油燃烧不充分，导致功率下降。所以，定期维护空气滤清器，对确保空气清洁和畅通极为重要。若空气滤芯破损或密封胶圈老化失效，空气滤清器就失去了作用，空气中的灰尘、砂粒很容易进入高速旋转的压气机叶轮，导致增压器转速不稳，出现振动和噪声，产生轴套、油封和气封等精密件加速磨损等现象；同时，空气中的微小尘埃通过增压器时，还会沉积在压气机壳喉口上，增加进气阻力，减少进气量，降低发动机功率。因此，一旦发现空气滤芯或密封胶圈破损失效后，必须及时更换。

（7）长期停机的发动机，在重新启动之前，应拆下增压器润滑进油管，从进油口倒入 50～60 mL 干净的润滑油，预先润滑增压器，防止增压器因缺油而早期磨损。

（8）保证涡轮增压器可靠润滑和各连接处可靠密封，不能漏油。漏油太多主要是由于密封圈老化、损坏、安装不当，润滑油进口压力过高，回油不畅，润滑油变质等引起的。增压器润滑油进口的正常压力值为 235～395 kPa。当油压高于 588 kPa 时，润滑油便会从密封装置中泄漏，当油压低于 98 kPa 或油压表显示压力突然下降时，应立即停车检查。

增压器的正确使用项目作业记录单如表 3.12 所示。

表 3.12　增压器的正确使用项目作业记录单

姓　名		班　级		学　号		组　别	
车辆类型				作业单号		作业日期	
操作项目			操作情况记录				
定期维护空气滤清器							
使用符合要求的发动机油							
汽车发动机启动之后，不要急于加速							
要避免发动机长时间的怠速							
发动机停车前不要立即熄火							
严禁采用"加速—熄火—空挡滑行"的操作方法							
长期停机的发动机增压器的使用							
涡轮增压器润滑时的注意事项							

 学习评价

1. 理论考核

（1）对车用汽油主要要求哪些使用性能？如何选择车用汽油？

（2）对车用柴油主要要求哪些使用性能？如何选择车用柴油？

（3）汽车在使用中有哪些节油措施？

（4）如何选择发动机油？发动机油使用时的注意事项有哪些？

（5）如何选择和使用发动机冷却液？

（6）如何选择和使用车用制动液？

（7）如何合理使用和维护汽车轮胎？

（8）汽车子午线轮胎与普通斜交轮胎相比，有哪些优点？

（9）汽车在磨合期内使用时应注意哪些事项？

（10）在低温条件下使用汽车时应采用什么技术措施？

（11）在高温条件下使用汽车时应采用什么技术措施？

（12）在山区或高原使用汽车时应采用什么技术措施？

（13）在复杂道路上使用汽车时应采用什么技术措施？

（14）在高速公路上使用汽车时应采用什么技术措施？

（15）在行车时应遵守哪些常见的交通规则？

（16）机动车在高速公路上行驶，当遇有雾、雨、沙尘、雪、冰雹等低能见度气象条件时，应当遵守哪些规定？

（17）机动车载物、载人有哪些禁止性规定？

（18）如何正确使用自动变速器？

（19）如何正确使用防抱死制动系统（ABS）？

（20）如何正确使用涡轮增压器？

2. 技能考核

（1）自动变速器的正确使用项目评分表如表 3.13 所示。

表 3.13　自动变速器的正确使用项目评分表

基本信息	姓　名		学　号		班　级		组　别	
	规定时间		完成时间		考核日期		总评成绩	
任务工单	序　号	步　骤		完成情况		标准分	评　分	
				完　成	未完成			
	1	考核准备 材料： 工具设备：				10		
	2	P 位的使用				5		
	3	R 位的使用				5		
	4	N 位的使用				5		
	5	D 位的使用				5		
	6	S、L 位的使用				5		
	7	启动和起步时的使用				5		
	8	坡道行驶时的使用				10		
	9	超车时的使用				5		
	10	长时间等待信号或堵车时的使用				5		
	11	雪地或泥泞路面行驶时的使用				5		
	12	自动变速器油液的检查				5		
	13	清洁及整理				5		
安　全						5		
6S						5		
团队协作						5		
沟通表达						5		
工单填写						5		

（2）防抱死制动系统（ABS）的正确使用项目评分表如表3.14所示。

表 3.14　防抱死制动系统（ABS）的正确使用项目评分表

基本信息	姓　名		学　号		班　级		组　别	
	规定时间		完成时间		考核日期		总评成绩	
任务工单	序　号	步　骤	完成情况			标准分	评　分	
			完　成	未完成				
	1	考核准备 材料： 工具设备：				10		
	2	仪表盘 ABS 指示灯亮的正确判断				5		
	3	装有 ABS 车辆制动液的选用				5		
	4	装有 ABS 车辆制动踏板的使用				5		
	5	装有 ABS 车辆轮胎的选用				5		
	6	雪地或泥泞路面行驶时 ABS 的使用				10		
	7	装有 ABS 车辆制动系统空气的排除方法				10		
	8	维修车轮速度传感器时的注意事项				10		
	9	维修 ABS 液压控制装置时的注意事项				10		
	10	清洁及整理				5		
安　全						5		
6S						5		
团队协作						5		
沟通表达						5		
工单填写						5		

（3）涡轮增压器的正确使用项目评分表如表3.15所示。

表 3.15　涡轮增压器的正确使用项目评分表

基本信息	姓　名		学　号		班　级		组　别	
	规定时间		完成时间		考核日期		总评成绩	
任务工单	序　号	步　骤	完成情况			标准分	评　分	
			完　成	未完成				
	1	考核准备 材料： 工具设备：				10		
	2	定期维护空气滤清器				10		
	3	使用符合要求的发动机油				5		
	4	汽车发动机启动之后，不要急于加速				5		
	5	要避免发动机长时间的怠速				5		
	6	发动机停车前不要立即熄火				5		

续表

基本信息	姓　名		学　号			班　级		组　别	
	规定时间		完成时间			考核日期		总评成绩	
任务工单	序　号		步　骤			完成情况		标准分	评　分
						完　成	未完成		
	7		严禁采用"加速—熄火—空挡滑行"的操作方法					10	
	8		长期停机的发动机增压器的使用					10	
	9		涡轮增压器润滑时的注意事项					10	
	10		清洁及整理					5	
安　全								5	
6S								5	
团队协作								5	
沟通表达								5	
工单填写								5	

 知识拓展

一、汽车发动机的应急使用方法

发动机能正常启动必须具备 3 个要素：压缩、火花和可燃混合气。如果某一要素工作异常便会引起发动机不能启动或启动困难。启动故障一般表现为不能启动或启动困难，其中启动困难又分为冷启动困难和热启动困难。

（一）发动机不能启动

1. 发动机不能启动的原因

（1）冲洗过发动机，造成分电器、点火器、火花塞、高压线等进水受潮。

（2）火花塞损坏。

（3）蓄电池电压不足。

（4）惯性开关断开。

2. 发动机不能启动的预防和解决措施

（1）避免直接冲洗发动机。

（2）定期检查、调整或更换火花塞。

（3）到指定服务站检查、更换损坏件。

（4）给蓄电池充电。

（5）按下惯性开关，恢复电路。

（二）换挡时发动机熄火

1. 换挡时发动机熄火的原因

（1）怠速过低。

（2）怠速截止阀未拧紧。

（3）挡位过高。

（4）油气分离器出现漏气。

2. 换挡时发动机熄火的预防和解决措施

（1）调整怠速到正常转速。

（2）检查怠速截止阀是否拧紧，插头是否插紧。

（3）换入较低挡位。

（4）到指定的服务站清洗油气分离器。

（三）发动机不能启动且无着火征兆

发动机不能启动且无着火征兆，一般是由于燃油没有喷射引起的。

1. 转速信号系统故障

发动机转速和曲轴位置传感器在发动机工作时，检测其转速信号，提供曲轴位置信号，并作为控制系统进行各项控制的主要依据和基础。如果传感器或其线路出现故障，电控单元不能接收到转速信号和曲轴位置信号，就无法正确地控制燃油喷射和点火正时，就会出现喷油器不动作、火花塞不跳火的现象。用听诊器和正时灯进行检查，便可确认喷油器和火花塞是否工作。

出现上述故障时，一般自诊断系统可显示出故障码，应对转速传感器和凸轮轴位置传感器及其线路进行全面检查。首先断开各传感器的接线器，检查它们的电阻，如阻值不正常，则需更换；如正常，再检查 ECU 与各传感器的配线和接线器是否正常。

2. 燃油泵及控制电路故障

如果燃油泵或控制电路出现故障，也会造成供油系统没有燃油压力。即使喷油器工作正常，燃油也不能正常喷射。检查方法是用跨接线连接诊断端子+B 和 FP，然后接通点火开关（不启动），检查进油软管中有无压力。如果软管中有压力且可听到回油声，说明燃油泵本身没有问题；否则，应检查燃油泵，可用万用表测量端子之间的电阻，如与规定不符，则需更换燃油泵。如果燃油泵工作正常，则应检查其控制电路，主要包括熔丝、EFI 主继电器、燃油泵继电器、电阻器以及各配线和接线器。

3. 燃油压力调节器故障

供油系统的燃油压力对混合气浓度有直接的影响，因此首先应检查燃油压力。方法是先将燃油压力表接入燃油管路中，然后启动发动机，测量燃油压力。如果燃油压力过高，则应更换压力调节器；燃油压力过低时，可夹住回油软管；若燃油压力上升到正常值，说明燃油压力调节器损坏，否则可检查燃油泵和燃油滤清器。停机后检查燃油压力应保持在规定值，否则说明喷油器渗漏，导致混合气过浓。

4. 燃油泵及燃油滤清器故障

启动困难时，一般是燃油泵能正常工作，其问题多是燃油泵滤网堵塞致使燃油泵不能足量吸入燃油或燃油滤清器不畅通引起供油系统压力不足。

5. 冷启动系统故障

在有些车型中设有冷启动喷油器，在冷启动时将混合气加浓以改善冷启动性能。冷启动喷油器由启动开关和热敏时控开关控制，喷油持续的时间取决于热敏时控开关加热线圈电流和冷却液的温度。

对以上故障的诊断应遵循先电后机、先简后繁的原则。车辆之所以会出现冷启动故障，原因多为进气门背部、进气歧管内积炭过多，喷油器内部杂质过多。以上故障若发生在新车上，如行驶里程在 60 000 km 以内的车，建议用户在车辆每行驶 20 000 ~ 30 000 km 时进行发动机免拆清洗。另外，发动机在完成免拆清洗后，应以较高的车速（80 km/h 以上）行驶 20 km 以上，以使熔化的胶质和积炭在高温下燃烧从尾气排出。若做完免拆清洗后车辆放置到第二天早上再发动，气门被熔化的胶质黏连，启动更困难或发动机怠速更加抖动，也就是俗称的"黏气门"现象。一旦出现了这种现象，还需重新进行免拆清洗。

（四）火花塞使用维护和应急维修

凡是汽油发动机上都有火花塞，一缸一个，个别的高速汽油发动机每缸还装有 2 个火花塞。火花塞是将点火能量传输到燃烧室，通过电极之间的电火花引发混合气燃烧。火花塞的工作环境极为恶劣，火花塞必须适应温度、压力的高频率急剧变化，保持良好的绝缘性能和机械强度，且自身不漏气、不过热，因此对火花塞材料的要求十分苛刻。造成火花塞工作不良的原因有以下几个方面：

（1）火花塞间隙调整不当。间隙太小，不仅限制了火花与混合气的接触面积，而且由于电极的"消焰"作用，又抑制了火焰核的成长，尽管跳了火，但火花微弱，混合气着火困难；间隙过大，点火系统提供的点火电压可能不足，无法跳火。

（2）火花塞电极表面附着一层油膜。这是润滑油和汽油控制不当所造成的。火花塞积存的机油，一般是由气门导管或活塞与气缸壁之间的间隙中窜入的（磨损过限，配合间隙过大而窜入机油）。火花塞积存的汽油，是混合气过浓引起的。火花塞上无论是积存汽油、机油或水时，都有可能使电极断路而不跳火。

（3）绝缘体裙部裂损。高压电流从裂处击穿漏电，致使电极处不跳火。

（4）绝缘体裙部积炭。中心电极向周围漏电而不向侧电极跳火。

（5）电极损坏。火花塞电极受电火花的长时间电蚀或燃烧气体的化学腐蚀，会导致电极断损、脱落而无法跳火。

（6）绝缘体电阻太低。这种现象会削弱加到火花间隙上的电点火电压值，使火花变弱，甚至完全失去点火功能。

（7）高压电线短路。如点火线圈至分电器一段高压点火导线漏电（短路），则整个发动机无法启动；或分电器至火花塞一段漏电（短路），则一个缸的火花塞不跳火。

（8）白金触点或点火器烧蚀。这样将导致全部火花塞不跳火，发动机无法启动和正常运转。

（9）电容器绝缘击穿短路，工作失效。电容器失效会使分电器不能正常工作，白金触点产生火花，引起火花塞不跳火，发动机启动困难。

（10）点火线圈损坏。常采用就车检测法，将发动机怠速运转，逐缸断火，可发现不跳火的火花塞，或拆下火花塞放在缸盖上，用端头对火花塞接线螺杆接触进行试火，有无强烈跳火现象，即可判断点火线圈是否损坏；也可用手触摸绝缘体是否明显比其他火花塞温度低，即可确定其是否工作不良；拆下火花塞观察其表面颜色及电极积炭和技术状况，即可确定其有无故障。

为减少汽车途中故障，对火花塞的使用要注意以下几点：

（1）忌长期不清洁积炭。火花塞在使用中，其电极及绝缘体裙部会有正常的积炭产生。如果这些积炭长期不予清洁，会越积越多，导致漏电甚至不跳火。所以应定期（一般 3 000～5 000 km）消除积炭，不要等火花塞不工作时才进行清洁。

（2）忌长期使用。火花塞因自身结构及材料的不同，都有自己的经济寿命。如果超过经济寿命后仍然使用，将不利于发动机的动力性和经济性的发挥。有研究表明，随着火花塞使用期的延长，其中心电极端面会成弧形状变化，侧电极则向凹弧形状变化，这种形状将使电极间隙增大，放电困难，影响发动机正常工作。

（3）忌随意除垢。有些人在对发动机喷银粉或进行其他维护时，不注意火花塞外表的清洁，致使火花塞因外表脏污而漏电。清洁外表时，不可图方便快捷，使用砂纸、金属片除垢，而应把火花塞侵入汽油中，用毛刷予以消除，以确保火花塞绝缘体外表不受损伤。

（4）忌火烧。现实中，有些人常常用火烧的办法来消除火花塞电极及绝缘体裙部的积炭和油污，这种方法危害严重，因为火烧时温度难以控制，很容易将绝缘体裙部烧裂，造成火花塞漏电，而且火烧后产生的细小裂纹往往不宜发现，给排除故障带来很大麻烦。火花塞上的积炭和油污的正确处理方法是用溶液清洁，将火花塞放入乙醇或汽油中浸泡一定的时间，当积炭软化后再用毛刷刷净晾干。

（5）忌冷热不分。火花塞除了外形不同、尺寸各异外，还分为冷型、中型和热型 3 种。一般高压缩比、高转速的发动机宜用冷型火花塞，而低压缩比、低转速的发动机宜用热型火花塞，介于两者之间的宜用中型火花塞。此外，新发动机或大修过的发动机与旧发动机的火花塞选型有所不同。

（6）忌误诊错断。更换新的火花塞或怀疑其有故障需要检查时，应当在汽车正常运行一段以后，停车熄火拆下火花塞，观察其电极颜色特征，可有以下几种情况：中心电极呈红褐色，侧电极及四周呈青灰色，为火花塞选型合适；电极间有烧蚀或烧熔现象，绝缘体裙部呈灼白状态，说明火花塞选型过热；电极间及绝缘体裙部有黑色条纹，说明火花塞已经漏气。火花塞选型不当或漏气时，应重新选择合适的火花塞。

（7）忌安装过紧。火花塞安装时一定要用符合规定的力矩，用专用工具（火花塞套筒）安装。若用力过大、过猛或用梅花扳手安装时，则常常会损伤火花塞绝缘体或使螺钉滑扣、膨胀槽断裂而导致火花塞报废。但也不可安装过松，否则会造成漏气、发火端过热，发动机工作不正常。

（五）发动机散热器的软管在长时间使用后会老化、破裂

如果散热器进水软管在行车过程中破裂，喷溅出来的高温水会形成大团水蒸气从发动机盖下喷出。发现这种现象时应立即寻找安全场所停车，然后采取紧急措施解决。

一般情况下，散热器进水软管的接头处最容易产生裂口而漏水，这时可以用剪刀剪掉损坏的部位，然后将软管再重新插到散热器进水口接头上，并用卡子或铁丝卡紧。如果裂口是在软管的中段，则可以用胶布缠扎漏水裂口。缠扎前先将软管擦干净，等漏水部位干燥后，将胶布缠扎在软管漏水处。由于发动机工作时软管内的水压较高，因此应尽量将胶布缠紧。

如果手头没有胶布，还可以先将塑料纸缠在裂口上，然后用旧布剪成条状缠在软管上。有时软管裂口较大，缠扎后仍可能漏水，这时可将散热器盖打开，降低水道内的压力，以减少泄漏。

采取以上措施后，发动机转速不能太高，要尽量挂高挡行驶，行驶中还要经常注意冷却液温度表的指针位置，如果发现冷却液温度过高时要停车降温或补充冷却液。另外，就是要尽快去修理厂更换新的软管。

（六）冷却液温度过高

气温的升高使得许多轿车在其他季节不常发生的故障变得频繁起来，如散热器"开锅"、冷却液温度居高不下就是在夏季经常会遇到的麻烦。

（1）冷却液温度升高但没有蒸气或冷却液从散热器中溢出这种情况，一般是由于发动机超负荷行驶造成的，此时应关闭空调，减少发动机的负荷。如果在行驶中则应将挡位推到最高挡，以降低发动机的转速。此外，风扇故障、发动机混合气过稀、点火时间过迟、离合器打滑以及汽车长时间顺风行驶均会出现冷却液温度过高的现象。

（2）冷却液或蒸气自散热器盖口或副散热器中沸腾溢出这种情况通常是由于冷却系统故障引起的，最常见的原因是缺少冷却液。遇到这样的情况时，首先应该停车，但不关闭点火开关，让发动机继续运转，利用风扇冷却，待发动机冷却后再关闭点火开关，用布盖住散热器盖，缓缓将其打开，尽量将身体及头部远离发动机，以防热水喷出烫伤人。如缺少冷却液，则应加注冷却液，冷却液应尽量选用软水，最好不要使用井水、硬水，防止在散热系统内形成水垢影响散热。之后，再进行其他的检查。

检查发动机的传动带是否断裂或有明显的松动，检查散热器或冷却系统是否渗漏，如果膨胀冰箱中冷却液不足或管路有轻微渗漏，则应补充冷却液至标准液面，然后检查冷却系统的水垢状况。按随车手册中规定的量加入冷却液，如果有剩余则说明冷却液的容积被水垢所占据，水垢过多会大大降低发动机的冷却效率，此时应该加入水垢清洁剂，清除水垢后再加入冷却液。

检查节温器，打开散热器盖，观察液面，如在低温下液面有滚动现象则说明节温器卡在半打开状态；如果发动机过热，液面依然平静，则表明节温器完全卡在关闭状态，而只有小循环状态；若触摸散热器，明显感觉到温度低于机体温度，这种情况说明节温器完全失效，此时如无备件，可将节温器暂时拆除，并且堵死小循环管道后继续行驶，到达目的地后立即送厂修理。

检查散热器，如果进出水管破裂，可将肥皂涂在布上，绑扎在漏水处，起到止漏的作用。

如果进出水管发生老化、凹瘪，影响进出水流量，则可用铁丝绕成圈状伸入管内进行支撑。如果散热器连接软管破裂应当及时更换。如果散热器漏水轻微，可以用肥皂涂抹堵漏，如果漏孔较大，可用棉花、棉纱塞住漏孔，也可以使用化学堵漏剂进行堵漏。

（七）风扇传动带断裂

风扇传动带一般都是使用 A 型的 V 带，因为是比较细的橡胶制品，很容易磨损、断裂，所以，风扇传动带是行车必带的备用品。可实际上由于补充不及时或者其他原因，经常在车上留有备用风扇传动带的人并不多,故在公路上时常可以见到因风扇传动带断裂没有备用品，导致发动机过热而抛锚的汽车。

风扇传动带主要是连接曲轴传动带盘、水泵传动带盘及发电机传动带盘，目的是以曲轴的动力带动冷却系统的水泵、风叶及充电用的发电机。很明显，如果风扇传动带断裂，气缸体内的冷却液即刻会停止循环，气缸外表及散热器也因缺少风扇的冷却，引起发动机过热。同时，发电机停止运转，蓄电池无法补充电流，汽车行驶不了多久就会因蓄电池无电导致发动机无法点火而停止运转。要是夜间行驶，加上开灯所耗用的电，汽车行驶距离会更短。因此，没有风扇传动带，汽车是无法继续行驶的。

不过，通常风扇传动带不是一下子就突然断掉，大多数情况是因久未调整松弛而先磨破橡胶部分，开裂的传动带致使传动带从传动带盘上脱离下来，所以，如能及早检查不难发现。但很多人此时往往忽略了检查，以为风扇传动带是在转动中不小心脱落的，装上后可继续前进，结果使风扇传动带裂痕越来越深，最终彻底断开，无法继续前进。

在驾车外出远行时，如果发现风扇传动带已经磨破，可以用女式尼龙丝袜将破裂的部分扎紧，风扇传动带就不容易脱离传动带盘上的传动带沟，暂时不会断掉，维持一段距离，确保车可以到家。万一发现得比较晚，在路途上风扇传动带就已经断掉，就会马上停止充电，充电警告灯会亮。这时，应该立即停车，否则很快就会导致发动机过热，无法继续行驶。断掉的风扇传动带上面印有尺寸，附近一时找不到汽车修理门市时，可以拿着原来的风扇传动带，按照上面标明的尺寸，到五金商店去购买。如果买不到，也可以想办法买或借一双女式尼龙丝袜，将曲轴、水泵、发电机 3 个传动带盘绕起来，尽量拉紧打个死结，并将剩余部分剪掉。采取这个办法，只要行驶速度不是很快，可以保证你能安全将车开回去。

假如不是夜间行车，离目的地又不是很远，只需连接曲轴与水泵的传动带盘就可以了，以减轻负荷，同时，两个轮子较为容易绑紧。行驶中踩加速踏板要缓和一些，否则加油过猛，尼龙丝袜会滑溜，带不动传动带盘。

（八）汽车发动机中途熄火

发动机中途熄火主要有几方面原因：如发动机中途慢慢熄火，则重点检查油路；如突然熄火，则重点检查点火电路和驾驶操作方法。自动挡的车型不会轻易出现熄火的现象，而手动挡的车型若驾驶水平不高，则可能会经常出现熄火现象。

无论是哪种类型，熄火的主要原因基本是因为使用了劣质的燃油（很多加油站为了获取暴利卖不纯的油），导致发动机积炭严重而熄火。

自动挡故障排除：自动挡车熄火的现象，主要是使用了劣质燃油造成的。预防方法：一是到正规的较大型加油站加高标号油。例如，使用 97 号汽油，虽然价格贵了不少，但是可以保障爱车更长的寿命和行驶中有良好的动力。有些驾驶人贪图便宜加 90 号汽油，虽然价格低了一些，但是将来就可能出现问题。二是去大型的合格加油站加油。应急操作方法：出现熄火时，左手抓紧转向盘稳住方向，因为没有助力转向，所以一定要用力稳住，右脚用力踩制动踏板将车速尽可能降低，然后迅速将 AT 挡打到 N 位。注意：行进中重新打火一定要在 N 位，不能是 D、R、P 等位，不然，车子要么打不着火，要么变速器会损坏，然后将钥匙退一格重新打火，再将 AT 挡位恢复至 D 位正常行驶。

手动挡故障排除：行驶途中熄火，有可能是由于加的油品质量不过关，胶脂太多，把油路堵了，供油不畅造成的。除了要使用高标高质合格的燃油外，还应彻底把油路清洗一遍，包括喷油器、节气门、油箱等。而对于汽车怠速状态下熄火，解决方法很简单，只要清洗怠速控制阀即可。

电控喷射式发动机供油系统不来油或来油不畅的特征是使用中将加速踏板踩下，发动机转速上不去，越踩越糟糕，甚至熄火，停一会儿仍可发动，缓慢行驶仍可维持。通常遇到这种情况，应检查空气滤清器和汽油滤清器是否堵塞，并拆下清洁。

操作方法：拆下汽油滤清器出油管口放入容器，并用一干毛巾垫住，拔下汽油泵继电器，用导线跨接 B+ 端子与搭铁端子，接通点火开关 5 s。观察出油量，若汽油较少或无汽油，则说明汽油泵有故障。电控喷射式发动机的电动汽油泵是内藏在油箱内的，若油箱内汽油耗尽或经常在低油位工作（少于 10 L），则会大大缩短电动汽油泵的使用寿命，造成汽油压力不足，而导致发动机工作无力。

若行驶中途突然熄火，也不能重新启动，应检查汽油泵熔丝和电控系统熔丝。若检查出汽油泵继电器故障，则可采用跨线直接导通电动汽油泵工作来应急。

（九）气门弹簧折断

气门弹簧折断后，可将断弹簧取下，把断了的两段反过来装上，即可使用；也可找一片 1 mm 厚的铁皮，剪成比弹簧直径大的圆片，内部剪成圆孔，直径小于弹簧直径 4 mm，外部边缘每隔 6 mm 剪成 4 mm 长的裂口，剪好后每隔一片折叠一片，形成双面弹簧座槽，再将弹簧掉头装入铁皮槽内即可使用。如弹簧断成数节时，可将该缸的进、排气门调整螺钉拆下，使气门保持关闭状态，让该缸停止工作。

（十）发动机缸盖等部位出现砂眼而漏油、漏水

可根据砂眼大小，选用相应规格的电工用熔丝或焊锡丝，用锤子轻轻将其砸入砂眼内，即可消除漏油、漏水。

二、汽车底盘的应急使用方法

（一）轮胎突然爆胎的应急处理

如在行驶时遇上爆胎，切记要保持镇定，双手要紧握转向盘，尽量将车子慢慢驶到安全的路旁停下。与此同时，驾驶自动挡汽车者，应将挡位打到 P 位，手动挡车应进入 1 挡或倒挡；然后在下车前要观察四周的交通情况，确定安全后方可下车到车尾箱取出手套、后备轮

胎及其他有关工具，准备更换轮胎。

　　在更换轮胎时，要以对角形式把轮圈螺钉拧松；把千斤顶放在底盘支架上，把车身慢慢升起至车胎只有少许贴着地面；把后备车胎垫在车底，以防车子突然跌下；将螺钉逐一松脱，此时再一次转动千斤顶把车身升高约 10 cm，确保有足够空间把充气正常的后备轮胎放入，取出已爆破的轮胎，放在车底，把后备轮胎装上；装上轮胎后，确保螺钉位置正确，以对角形式拧紧螺钉。由于车轮仍是悬在半空，所以螺钉不能上至最紧状态。随后把车底下的轮胎拿走，然后把千斤顶慢慢放下，当轮胎着地后便可再一次用对角形式逐一把螺钉拧紧。换好后备轮胎后，同时应尽快驾驶到维修中心，更换爆破了的轮胎。

（二）制动油管破裂的应急处理

　　当汽车在使用中发生这种情况，即一脚将制动踏板踩到底，汽车不减速，连踩几脚，制动效果也不好，脚感有弹力或有下沉感时，说明制动系统内有空气或漏油。应检查各油管接头、油管和制动总缸、轮缸有无漏油之处。

　　如制动油管破裂，可采取封住这一路油管的方法应急，以保持其他几个车轮有制动作用。可将此破裂管用棉纱塞紧后用钳子夹瘪卷起，再添足制动液，放净空气，即能保持其他几个车轮有制动作用。应当注意，由于一个车轮不会发生制动作用，汽车就会制动跑偏，因此在开赴维修站驻地时，应格外小心，减速缓行，并提前制动。

　　如果一侧轮缸漏油，可拆掉这一分泵的三通接头接口，用一个相同螺纹的螺栓堵住油孔。如没有相同丝扣的螺栓，可将油管割断，再用棉纱堵塞并用夹卷管口的方法来堵漏。

（三）制动液短缺的应急处理

　　当汽车在使用中，因油管破裂制动液泄漏过量而又受当地条件限制时，可暂用乙醇、高粱酒代替。在不得已的情况下，还可用适当浓度的肥皂水代替，也可用 50% 的精馏乙醇和 50% 精制蓖麻油混合代替，但回厂后应立即清洗制动系统的各装置，更换皮碗等，并换入符合标准的制动液。

（四）离合器不分离的应急处理

　　如果离合器分离不开，暂时不能修好，但又希望尽快开车，可采取以下应急处理办法：

　　（1）先挂入高速挡，用人推车或用另一车牵引的办法启动汽车。

　　（2）将变速杆置于空挡，启动发动机做怠速运转，用人力推动汽车前进。然后按不同离合器换挡法，挂入中速挡。

　　（3）当不具备上述条件时，可先启动发动机，在加大供油量的同时，迅速挂入低速挡强行起步。操作时，加速踏板要配合适当，动作要迅速果断。当到维修点时，应将离合器及时修好。

　　（4）若离合器分离不开是分离杠杆高度过低所致，可在离合器盖与飞轮之间增加适当厚度的垫片予以调整，但各垫片厚度应一致。

（五）离合器异响的应急处理

当踩下离合器踏板时，能清楚地听到离合器部位有异响；当放松离合器踏板的一瞬间更为明显，导致这种情况的原因主要有离合器压盘弹簧折断或分离轴承松旷；离合器钢片碎裂；离合器分离杠杆折断、磨损过度或分离杠杆调整螺栓折断。

途中应急的办法是将汽车停在适当位置，拉紧驻车制动器，垫好三角木，将变速器挂入空挡位置。操作人员斜卧在车下，拨动飞轮，将离合器压盘的固定螺栓全部松开，并旋出要拆换的分离杠杆螺母，然后用铁棒撬开离合器压盘，拆下分离杠杆和螺栓。若分离杠杆损坏1个或2个时，可拆除2个，其余按对角位置装复；若损坏3个，则拆除3个，其余3个换位装成互为120°的位置。若螺栓折断，可用粗铁丝扎紧应急使用。

（六）高速时转向盘发抖

1. 高速时转向盘发抖的原因

（1）轮胎在拆装后未进行动平衡检测。
（2）轮毂上的平衡块脱落。
（3）车轮上沾有泥块。
（4）轮毂撞击变形。

2. 高速时转向盘发抖的预防解决措施

（1）进行轮胎动平衡检测。
（2）注意清洗车轮。
（3）更换轮毂。

（七）转向沉重

1. 转向沉重的原因

（1）轮胎气压不够。
（2）助力转向液不够。

2. 转向沉重的预防解决措施

（1）给轮胎充气。
（2）添加助力转向液。

（八）行驶时跑偏

1. 行驶时跑偏的原因

（1）左、右轮胎气压不一致。
（2）前轮定位不准。
（3）某一制动器抱死。

2. 行驶时跑偏的预防解决措施

（1）检查并调整轮胎气压。

（2）到指定服务站检修。

三、汽车其他零部件的应急使用方法

（一）车灯发红而暗淡的原因

打开灯后，灯光发红而暗淡，可能是以下原因造成：蓄电池充电不足，或连接线接触不良；散光玻璃或反光镜上积有尘垢；灯泡玻璃表面发黑，灯泡光度低于规定要求，灯泡灯丝没有位于反射焦点上而引起散光；导线过细，电阻增大，导线过热，影响导电。

（二）免维护蓄电池使用保养及启动的应急办法

先检查蓄电池储电是否充足，如储电不足，应充电。如果连接线和搭铁线接头松动应清除锈蚀，用砂纸磨光后固定牢靠。如果前照灯导线过细，应更换标准导线。如果灯光玻璃和反射镜有尘垢，应用绒布或用镜头纸擦拭干净。如果灯丝不在反射镜焦点上，应更换灯泡。

免维护蓄电池的特点就是在通常情况下不用添加电解液。"在连续使用、蓄电池电量充足的情况下长期不用充电"，很多车友从字面上认为似乎就不用去维护。其实不然，免维护蓄电池在使用一段时间后，电解液由于温度的变化，水分逐渐减少，就会出现启动电流不足或充电困难的现象。

在平时使用中，有些小技巧可以省电，如晚上上车时先启动发动机再开前照灯；在停车关闭发动机前先关上前照灯，并把电动窗关闭再关发动机；发动机停机后尽量少使用车上电器设备，此时最好不要常开车门，因为前车内侧警告灯也会消耗蓄电池电量；在长时间堵车时可适当关闭前照灯。还有一个常见的误区：很多车友认为汽车在使用空调时不消耗蓄电池的电量，这个说法是错误的。虽然空调运转是靠发动机提供动力，但相关的散热和排风系统会消耗大量的电能，如果发电机转速不足，就会消耗蓄电池电量。发动机怠速不一定能为蓄电池提供充电的电量，所以在夏天如果需要长时间停车时，最好离开车，把车停在没强光直射的地方。因长时间的阳光直射，车内温度会很高，空调启动后温度降至合适温度需要更长时间，会消耗更多的动力，此时油耗会相当高。

免维护蓄电池上一般都有个"电眼"，在正常情况下可以看到里面的小球，绿色表示正常，黑色表示需要充电，白色代表缺少电解液或蓄电池已经无效需要更换。为了更好地使用蓄电池，最好每个星期能让发动机运转一段时间以给蓄电池补充电能，还要注意平时的保养。

（1）保持蓄电池外部清洁，经常清除蓄电池盖上的灰尘污物和溢出的电解液，以防止自行放电。

（2）除经常检查安装是否牢固外，还要注意蓄电池卡子周围所产生的氧化物——硫酸盐。可在清理刮净后用凡士林涂抹锈蚀处，以防再受锈蚀。

（3）蓄电池连接线的活接头要经常检查是否牢固，接触是否良好；否则将有可能导致产生电火花，严重时会引起蓄电池爆炸。

（4）建议每次启动时间不要超过 5 s，需要连续启动时，中间最好间隔 10～15 s。

（三）警告灯点亮的判别与应急处理

1. 机油压力警告灯点亮

当汽车在使用中发生机油压力警告灯闪亮或常亮时，应停车检查。如果机油压力警告灯只在热车正常怠速时会发生间歇性点亮，而停车检查机油尺标线不在最低油量标记以上时，应补充机油。

若机油量正常，机油压力警告灯仍会时常点亮，则表明机油压力偏低，通常是因为使用年限过长，机油输送系统泄漏增大（如曲轴轴瓦磨损过大）。此时可暂时继续使用，但要尽快进厂检修。

若警告灯常亮，应检查机油量是否正常，此时应打开发动机气门室上的加机油口盖，边运行发动机边观察是否有机油飞溅出来。如无或较少，应立即停止运转，并立即向维修站或就近汽修厂求助。因为这种现象表明机油压力系统已不工作，继续运转会发生咬轴、拉缸等恶性事故。如打开加机油口盖发动时，有较多机油飞溅出来，则表明机油压力系统正常，只是监视系统（警告灯、压力感应塞）有故障，可以继续维持发动机运转，将车开到维修厂家检修，或返回时再排除。

2. 制动警告灯点亮

当汽车在使用中发生制动警告灯点亮或闪亮时，应停车检查。首先检查驻车制动拉杆是否完全释放，再打开发动机室盖，检查制动总缸上油罐中的制动液是否在 MAX 与 MIN 标记范围内，如不足，应立即补足。如果检查驻车制动拉杆到位，制动液正常，而制动警告灯仍常亮，则可以继续行驶到维修站，检查制动警告灯线路。

3. 冷却液温度警告灯点亮

当汽车在使用中冷却液温度警告灯点亮时，应停车检查。

冷却液温度警告灯是当发动机冷却液温度升高到一定限度、冷却液温度表指示高温的同时，以红色警告灯点亮来提醒驾驶人。首先应检查冷却液量，查看副散热器中是否有冷却液，不足时应补充；再查找水管、散热器是否有漏泄，并堵漏。有时会发现膨胀水箱充足，但还在溢出，此时应让发动机停机在原地冷却一会儿，待温度下降后，再补充冷却液，千万不要在高冷却液温度的情况下打开散热器盖，以免发生意外烫伤。

（四）汽车漏油的应急处理

1. 常见车辆漏油的主要原因

（1）产品（配件）质量、材质或工艺不佳；结构设计存在问题。

（2）装配不当，配合表面不清洁，衬垫破损、位移或未按操作规范进行安装。

（3）紧固螺母拧紧力矩不均匀、滑丝、断扣或松旷脱落等导致工作失效。

（4）密封材料长期使用后磨损过限，老化变质、变形失效。

（5）润滑油添加过多、油面过高或加错油品。

（6）零部件（边盖类、薄壁件）接合表面挠曲变形，壳体破损，使润滑油渗出。

（7）通气塞、单向阀堵塞后，由于箱壳内外气压差的作用，往往会引起密封薄弱处漏油。

2. 预防车辆漏油的措施

（1）重视衬垫作用。汽车静置部位（如各接合端面、各端盖、壳体、罩垫、平面法兰盖板等）零部件之间的衬垫起着防漏密封的作用。若在材料、制作质量及安装上不符合技术规范，就起不到防漏密封的作用，甚至会发生事故。例如，油底壳或气门罩盖，由于接触面积大而不易压实，由此造成漏油。

（2）车上各类紧固螺母都需按规定的力矩拧紧。过松则压不紧，衬垫会渗漏；过紧又会使螺孔周围金属凸起或将丝扣拧滑而引起漏油。另外，油底壳放油螺塞若未拧紧或回松脱落，容易造成机油流失，继而发生"烧瓦抱轴"的机损事故。

（3）及时更换失效油封。车上很多油封、O形圈会因安装不妥、轴颈与油封刃口不同心、偏摆而甩油，有些油封使用过久会因橡胶老化而失去弹性，一旦发现渗漏应及时更新。

（4）避免单向阀、通气阀堵死。由此引起箱壳内温度升高，油气充满整个空间，排放不出去，使壳内压力升高，润滑油消耗增加和更换周期缩短。发动机通气系统堵塞后，增加了活塞的运动阻力，使润滑油消耗增加。由于壳内、外气压差的作用，往往会引起密封薄弱处漏油，因此需对车辆进行定期检查、疏通、清洗。

（5）妥善解决各类油管接头密封。车用联管螺母经常拆装，容易滑丝、断扣而松脱，会引起渗油。更换联管螺母，用研磨法解决其锥面密封，使螺母压紧而解决密封。

（6）避免轮毂甩油。轮毂轴承及腔内润滑油脂过多，或其油封装配不妥、质量不良、老化失效，或制动频繁引起的轮毂温度过高，车轴螺母松动等都会引起轮毂甩油，因此要用"空腔润滑法（适量润滑）"，疏通通气孔。在车辆的使用中，往往会出现漏油故障，它将直接影响到汽车的技术性能，导致润滑油、燃油的浪费，消耗动力，影响车容整洁，造成环境污染。由于漏油，机器内部润滑油减少，导致机件润滑不良，冷却不足，会引起机件早期损坏，甚至留下事故隐患。

驾车在野外长途跋涉中，如果汽车燃油箱漏油了怎么办？这里有一个好办法：嚼完口香糖之后，将残渣糊在燃油箱漏油的部位，燃油箱立即一滴不漏，口香糖干化之后会紧紧堵住滴油部位，不仅可以救急，甚至可以不用更换燃油箱。

遇到空调管路中出现渗漏制冷剂的地方，也可以采用口香糖试着补漏，只要不是渗漏太严重，一般都可以堵住泄漏。如此一堵，不仅省去了拆装空调管路的工序，而且不用更换空调管路。

在具体的维修工作中，口香糖的用途还很多：为防止蓄电池桩头腐蚀长霉，可以糊上口香糖；转向助力系统橡胶油管泄漏，也可用口香糖弥补。

（五）调节器的急救措施

大部分汽车的充电系统采用电子式调节器。它的功用是自动限制发电机最大输出电压值。调节器一旦损坏会造成不充电故障，这样行驶中的汽车将直接由蓄电池供电，非常不利于驾驶人的安全行车。

　　无条件更换时，可拆下调节器的"F"和"＋"接线柱上的导线，在两导线之间连接一个 813 Ω的电阻或一个 12 V 的灯泡进行救急，但不能长时间使用，以防因充电量过大而损坏蓄电池。

（六）行驶中充电指示灯不正常

　　在点火开关置于 ON 位置时，充电指示灯点亮，发动机启动后，此灯应熄灭。

　　（1）当点火开关置于 ON 位置时，充电指示灯不亮。在排除充电指示灯本身损坏的原因后，大多是发电机线束上一蓝色导线与发电机 D+接线柱接触不良，可以用手摇动或重新拆接此接线柱以确认接触性能。除此以外，还应检查中央线路板背面蓝色插件是否有松动（可用手伸进去按压）。

　　（2）启动后，充电指示灯常亮或时亮时不亮。在排除了发电机传动带过松的情况下，应检查发电机线束上的蓝色导线（与发电机 D+接线柱相接）是否有短路，如断开和不断开导线都无反应，则说明蓝色导线旁通或发电机整流器损坏，应及时送修，以免蓄电池得不到充电而耗尽。

项目四 汽车一级维护

工作情景

汽车作为现代人类的主要运输工具为我们提供了方便快捷的交通。随着现代机械加工工业和电子技术的发展，汽车零部件的精度和品质越来越好，汽车产品质量不断稳定和提高。为了提高其使用效率，降低运行成本，汽车维护就显得尤为重要。对现代汽车的维护，不同车型虽有差异，但大体作业内容和程序相似。

刘先生的一汽大众高尔夫 1.6 L AT 轿车行驶一段时间后，他按照一汽大众汽车公司的维护计划规定（间隔里程 7 500 km 或 6 个月）到汽车 4S 店进行维护。请参照国家标准《汽车维护、检测、诊断技术规范》（GB/T 18344—2001），并结合一汽大众高尔夫 1.6 L AT 轿车维护作业标准，制订合理的一级维护方法和作业流程。

学习目标

通过本项目学习，应能达到以下目标：

（1）根据车辆型号查阅有关技术资料。

（2）较准确选用常用工具及量具。

（3）正确描述一级维护的项目、内容及意义。

（4）描述常见车用润滑油的特性，并能正确选用。

（5）描述传动系统、悬架系统的工作原理及基本结构。

（6）按照企业要求准确完成整车的一级维护及检查。

（7）与顾客进行良好的沟通和交流，并符合公关礼仪的要求。

（8）描述 6S 理念的内涵，并能够自觉运用于工作中。

（9）能进行成本核算和控制。

（10）自觉遵守劳动与环境保护的规定。

（11）具备良好的职业道德、劳动观念和团队合作精神。

相关知识

一、现代汽车维护概述

（一）汽车维护的意义及目的

随着现代汽车制造业的不断进步，新技术、新工艺、新材料得到广泛的应用，使得汽车的技术性能和使用寿命都有了很大的提高。但是汽车作为机电产品，即使是性能极其卓越的汽车，随着行驶里程的增加，其零部件也会逐渐发生磨损，技术状况会不断变差，这是不可避免的。图 4.1 所示为汽车零件磨损的 3 个阶段。由此看出，汽车零件磨损的程度在其他条件（如材料、路况等）相同的情况下，会因使用、维护的情况不同而有很大的差异。图 4.2 所示为汽车零件的磨损曲线，由图 4.2 可知，在相同的里程内，使用方法得当、维护适时的汽车零件的磨损量会比使用方法不当、维护不及时的汽车零件的磨损量小，其使用寿命就长。由此可见，只有根据零部件的磨损规律制订切实可行的维护措施，才能使其保持完好的技术状态，这便是汽车维护的意义所在。

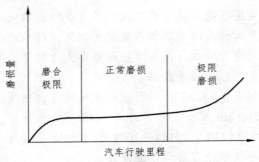

图 4.1　汽车零件磨损的 3 个阶段

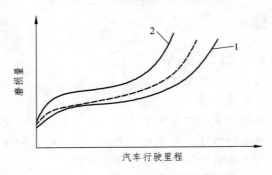

图 4.2　汽车零件的磨损曲线

1—使用方法得当、维护适时的汽车零件磨损曲线；
2—使用方法不当、维护不及时的汽车零件磨损曲线

　　汽车经使用一定的里程和时间间隔后，根据汽车维护技术标准，按规定的工艺流程、作业范围、作业项目和技术要求所进行的预防性作业即为汽车维护。其目的就是保持车辆技术状况良好，确保行车安全，充分发挥汽车的使用效能和降低运行消耗，以取得良好的经济效益和社会效益。

（二）汽车维护的原则

　　根据交通运输部《汽车运输业车辆技术管理规定》，汽车维护应贯彻"预防为主、定期检测、强制维护"的原则，即汽车维护必须遵照交通运输管理部门规定的行驶里程或时间间隔，按期强制执行，不得拖延，并在维护作业中遵循汽车维护分级和作业范围的有关规定，以保证维护质量。

汽车维护是预防性的，保持车容整洁、车况良好，及时消除发现的故障和隐患，防止汽车早期损坏是汽车维护的基本要求。汽车维护的各项作业是有计划定期执行的，其内容是依照汽车技术状况变化的规律来安排，并在汽车技术状况变坏之前进行，符合预防为主的原则。定期检测是指汽车在二级维护前必须用检测仪器或设备对汽车的主要性能和技术状况进行检测诊断，以了解和掌握汽车的技术状况和磨损程度，并做出技术评定，根据检测结果确定该车的附加作业或小修项目，从而结合二级维护一并进行附加作业或小修。

强制维护是在计划预防维护的前提下所执行的维护制度，是指汽车维护工作必须遵照交通运输管理部门或汽车使用说明书规定的行驶里程或时间间隔，按期进行，不得任意拖延，以体现强制性的维护原则。

（三）汽车维护的分类及作业内容

在汽车的使用过程中，由于汽车的新旧程度、使用地区条件的不同，在各个时期对汽车维护保养的作业项目也不同。根据国家标准《汽车维护、检测、诊断技术规范》（GB/T 18344—2001）有关规定，汽车维护可分为定期维护和非定期维护两大类，并将定期维护分为日常维护、一级维护和二级维护3类，将非定期维护分为季节性维护和磨合维护两类。维护作业以清洁、检查、紧固、润滑、调整和补给六大作业为主，维护范围随着行驶里程的增加逐步扩大，内容逐步加深。

清洁作业是提高汽车维护质量、防止机件腐蚀、减轻零部件磨损和降低燃油消耗的基础，并为检查、补给、润滑、紧固和调整作业做好准备。其工作内容主要包括对燃油、机油、空气滤清器滤芯的清洁，汽车外表的养护以及对有关总成、零部件内外部的清洁作业。

检查作业是汽车维护的重要工作之一，通过对汽车各部位的检查，以确定零部件的变异和损坏情况。其工作内容主要是检查汽车各总成和机件是否齐全；连接是否紧固；是否存在漏水、漏油、漏气和漏电等现象；利用汽车上的指示仪表、报警装置等随车诊断装置，检查各总成、机构和仪表的技术状况；对影响汽车安全行驶的转向、制动、灯光等工作情况应加强检查；汽车拆检或装配、调整时应检查各主要部件的配合间隙。

补给作业是指在汽车维护中，对汽车的燃、润滑料及特殊工作液进行加注补充，对蓄电池进行补充充电，对轮胎进行补气等作业。注意：必须选用合适的运行材料，并及时正确地添加或更换燃、润滑料和冷却液等。

润滑作业是为了减少各摩擦副的摩擦力，减轻机件的磨损所进行的作业。其工作内容包括按照汽车的润滑图表和规定的周期，用规定牌号的润滑油或润滑脂进行润滑；各油嘴、油杯和通气塞必须配齐，并保持畅通；发动机、变速器、转向器、驱动桥等应按规定补充、更换润滑油。

紧固作业是为了使各部分机件连接可靠，防止机件松动。汽车在运行中，由于振动、颠簸、热胀冷缩等原因，会改变零部件的紧固程度，以致零部件失去连接的可靠性。紧固工作的重点应放在负荷重且经常变化的各部机件的连接部位上，应及时对各连接螺栓进行必要的紧固和配换。

调整作业是保证各总成和机件长期正常工作的重要环节。调整工作的好坏，对减少机件磨损、保持汽车使用的经济性和可靠性有直接的关系。其作业内容主要是按技术要求，恢复总成、机件的正常配合间隙及工作性能等。

（四）汽车维护的作业规范及作业范围

1. 作业规范

维护作业包括上述所讲的清洁、检查、紧固、润滑、调整和补给等内容。一般除主要总成发生故障必须解体外，不得对车辆总成进行解体，这就明确了维护和修理的界限。车辆进行维护时，不能对其主要总成大拆大卸，只有在发生故障需要解体时方可进行解体。与过去的维护制度相比，现行的维护制度进行了以下规范：

（1）取消了整车解体式的三级维护。生产实践证明，对主要总成大拆大卸的工艺方法是不科学的，也是不符合技术经济原则的；同时，三级维护作业内容既有维护作业又有修理作业，不便于维护和修理的区分。

（2）没有对各级维护周期做统一规定，由省、市、自治区按车型，结合本地区具体情况提出统一的维护周期，并制定了车辆维护技术规范以保证车辆的维护质量。

（3）对季节性维护做了规范。当车辆进入冬、夏两季运行时，一般结合二级维护对车辆进行季节性维护。

2. 作业范围

现代汽车各类维护的作业范围如表 4.1 所示。

表 4.1　各类维护的作业范围

维护种类	作业范围
日常维护	日常维护作业以清洁、补给和安全检视为中心内容。其主要内容包括以下 3 个方面： （1）坚持"三检"，即在出车前、行车中、收车后检视车辆的安全机构及各部机件连接的紧固情况。 （2）保持"四清"，即保持润滑油、空气、燃油滤清器和蓄电池的清洁。 （3）防止"四漏"，即防止漏水、漏油、漏气和漏电
一级维护	一级维护作业中心内容除日常维护作业外，以清洁、润滑和紧固为主，并检查有关制动、操纵等安全
二级维护	二级维护作业中心内容除一级维护作业外，以检查及调整转向节、转向摇臂、制动蹄片、悬架等经过一定时间的使用后容易损坏或变形的安全部件为主，并拆检轮胎，进行轮胎换位
季节性维护	由于冬、夏两季的温差大，为使车辆在冬、夏两季的合理使用，在换季之前应结合定期维护，并附加一些相应的项目，使汽车适应气候变化的运行条件，此种附加性的维护称为季节性维护
磨合维护	汽车运行初期进行磨合维护，以改善零件摩擦表面几何形状和表面层的物理性能

（五）汽车维护的周期

汽车日常维护的周期通常分为每日出车前、行车中和收车后 3 个阶段。汽车一级维护和二级维护周期的确定，一般根据车辆使用说明书的有关规定，或依据汽车使用条件的不同，由省交通行政主管部门规定汽车行驶里程。对不便于用行驶里程统计、考核的汽车，可用行驶时间间隔确定汽车一、二级维护周期。其间隔时间（天）应根据本地区汽车使用强度和条件的不同，参照汽车一、二级维护周期，由各地自行规定。

　　由于引进车型的维护规定与我国汽车强制维护规定的内容有所不同，为保证汽车的合理使用，在汽车实际维护工作中应以厂家规定的内容为准。

　　汽车强制维护周期的长短虽然各车型产品要求不一，但从作业的深度来看，基本上分为两级，相当于《汽车维护、检测、诊断技术规范》中提出的一级维护和二级维护。表 4.2 所示为一汽大众特许经销（服务）商所执行的一汽大众高尔夫、宝来轿车常规维护作业单，可供相关车型维护时参考。

表 4.2　一汽大众高尔夫、宝来轿车常规维护作业单

序号	维护项目	维护间隔	
		7 500 km 或 6 个月	15 000 km 或 1 年
1	查询自诊断系统故障存储器	●	●
2	目测检查发动机及机舱内的其他部件是否有泄漏或损坏（从上面）	●	●
3	检查蓄电池固定情况、电眼颜色（无电眼，检查蓄电池电压）	●	●
4	检查制动液液位，必要时添加制动液	●	●
5	检查风窗清洗液液面高度，必要时添加清洗液	●	●
6	检查转向助力机构液压油油位，如必要，添加液压油	●	●
7	检查冷却液液面高度及浓度，如必要，添加冷却液或调整浓度	●	●
8	更换发动机机油及机油滤清器	●	●
9	检查前、后制动摩擦衬块厚度	●	●
10	检查所有轮胎（包括备胎）的花纹深度及磨损状态，消除轮胎上的异物	●	●
11	目测检查车身底部防护层和底饰板是否破损	●	●
12	目测检查制动系统是否有泄漏和损坏	●	●
13	目测检查变速箱、主减速器及等速万向节防护套有无泄漏或损坏（从下面）	●	●
14	检查转向横拉杆球头的间隙、紧固程度及防尘套状况	●	●
15	检查手动变速箱内的齿轮油油位，如必要，添加齿轮油	●	●
16	进行轮胎换位，按要求检查轮胎气压，必要时校正，检查车轮螺栓拧紧力矩	●	●
17	润滑车门止动器	●	●
18	保养周期指示器复位	●	●
19	试车：检查脚、手制动器，变速箱，离合器，转向及空调等功能，查询故障存储器，终检	●	●
20	检查安全气囊和安全带状态及安全气囊罩壳是否损坏		●
21	检查车内所有开关、用电器、显示器和仪表各警报指示灯的工作状况		●
22	检查滑动天窗功能，清洗导轨并用专用润滑脂润滑		●
23	检查车外前部、后部、行李箱照明灯等所有灯光状态和闪烁报警装置		●
24	检查风窗刮水器、清洗器功能，检查刮水器的停止位置及大灯清洗装置功能，如必要，调整喷嘴		●

续表

序号	维护项目	维护间隔	
		7 500 km 或 6 个月	15 000 km 或 1 年
25	检查火花塞状态，如必要，更换火花塞		•
26	检查正时齿带状态及张紧度		•
27	清洗空气滤清器壳体，必要时，更换滤芯		•
28	检查粉尘及花粉过滤器，清洗外壳，检查滤芯状态，必要时采取相应维修保养措施		•
29	检查自动变速器油（ATF）油位，如必要，添加 ATF		•
30	排掉燃油滤清器内的水（柴油发动机）		•
31	检查排气系统是否有泄漏或损坏及紧固程度		•
32	检查大灯光束，如必要，调整大灯光束		•
33	更换火花塞（首次为 30 000 km，之后为每 30 000 km）		30 000 km
34	更换空气滤清器滤芯，清洗壳体（首次为 30 000 km 或 2 年，之后为每 30 000 km 或每 2 年）		30 000 km 或 2 年
35	更换粉尘及花粉过滤器：清洗外壳，更换滤芯（首次为 30 000 km 或 2 年，之后为每 30 000 km 或每 2 年）		30 000 km 或 2 年
36	检查多楔带的状态，必要时更换皮带（首次为 30 000 km 或 2 年，之后为每 30 000 km 或每 2 年）		30 000 km 或 2 年
37	更换燃油滤清器（首次为 30 000 km 或 2 年，之后为每 30 000 km 或每 2 年）		30 000 km 或 2 年
38	检查手动变速箱内的齿轮油油位及油质，如必要，添加或更换齿轮油（首次为 60 000 km 或 4 年，之后为每 60 000 km 或每 4 年）		60 000 km 或 4 年
39	检查自动变速器油（ATF）油位及油质，如必要，添加或更换自动变速器油（ATF）（首次为 60 000 km 或 4 年，之后为每 60 000 km 或每 4 年）		60 000 km 或 4 年
40	对带气体放电灯泡的大灯（氙灯）进行基本设置（首次为 60 000 km 或 4 年，之后为每 60 000 km 或每 4 年）		60 000 km 或 4 年
41	更换汽油发动机正时齿带及齿带张紧器（首次为 80 000 km，之后为每 80 000 km）		80 000 km
42	更换柴油发动机正时齿带及齿带张紧器（首次为 90 000 km，之后为每 90 000 km）		90 000 km
43	更换制动液（每 2 年）		2 年

二、汽车维护常用工具的使用

（一）开口扳手

开口扳手是汽车维护作业中最常用的工具之一，俗称呆扳手，按形状分为双头扳手和单头扳手。其作用是紧固、拆卸一般标准规格的螺母和螺栓。其开口的中心平面和本体中心平面成 15°、45°和 90°，这样既能适应人手的操作方向，又可降低对操作空间的要求，以便在受限制的部位中扳动方便，如图 4.3 所示。开口扳手一般在工作区域较小或不能用梅花扳手或套管的部位使用，在使用开口扳手时应选择合适的尺寸型号，常见的开口扳手尺寸型号有7-9、8-10、9-11、12-14、13-15、14-17、17-19、19-22、24-27 等，扳手上的尺寸数字为开口的毫米数。通常开口扳手成套装备，有 8 件 1 套、10 件 1 套。开口扳手通常用 45 号钢、50号钢锻造，并经热处理制成。

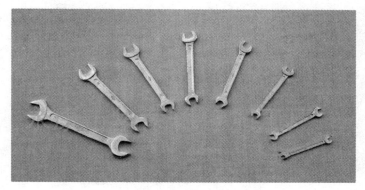

图 4.3　开口扳手

　　开口扳手的使用方法如下：

　　（1）所选扳手的开口尺寸必须与螺栓或螺母的尺寸相符合，扳手开口过大，易滑脱并损伤螺母的六角。在进口汽车维修中，应注意扳手公制、英制的选择。各类扳手的选用原则是一般优先选用套筒扳手，其次为梅花扳手，再次为开口扳手，最后选择活动扳手。

　　（2）为防止扳手损坏和滑脱，应使拉力作用在开口较厚的一边，如图 4.4 所示。这一点对受力较大的活动扳手应尤其注意，以防开口出现"八"字形，损坏螺母和扳手。

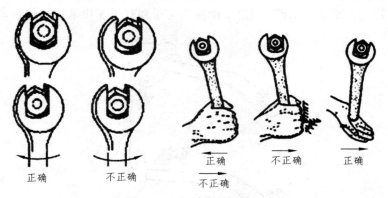

图 4.4　开口扳手的使用

　　（3）普通扳手是按人手的力量来设计的，遇到较紧的螺纹连接件时，不能用锤击打扳手。除套筒扳手外，其他扳手都不能套装加力杆，以防损坏扳手或螺纹连接件。

（二）梅花扳手

　　梅花扳手也是汽车维护作业中最常用的工具之一。梅花扳手与开口扳手的用途相似，但其两端是环状的，环的内孔由两个正六边形互相同心错转 30°而成，可将螺栓和螺母头部套住，使用时，扳动 30°后，即可换位再套，因而适用于狭窄场合下的操作，如图 4.5 所示。拆卸或拧紧螺栓与螺母，一般选用梅花扳手，因为使用梅花扳手不容易损坏螺栓与螺母的凸角，如工作区域小而不能使用梅花扳手，才选用开口扳手。在使用梅花扳手时应选择合适的尺寸型号。常用的梅花扳手尺寸型号有 7-9、8-10、9-11、12 -14、13-15、14-17、17-19、19-24、24-27 等，扳手上的尺寸数字为开口的毫米数。

图 4.5　梅花扳手

　　梅花扳手的使用方法：梅花扳手钳口是双六角形的，可以很容易装配螺栓、螺母，可以在有限空间内重复装配。同时，由于螺栓、螺母的六角形表面被包住，因此没有损坏螺栓角的危险，并可施加大扭矩。由于手柄具有一定的角度，因此可用于在凹进空间里或在平面上旋转螺栓、螺母。

　　使用时首先应选择尺寸合适的扳手，否则极易损伤扳手和螺母。应尽量使用拉力，如果由于空间限制无法拉动工具，则可用手掌推它。已经拧得很紧的螺栓、螺母，可以通过施加冲击力轻松松开，如图 4.6 所示，但是不能使用锤子和管子（用来加长轴）来增加扭矩。

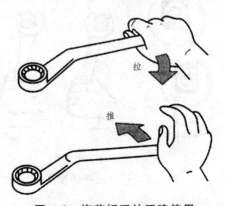

图 4.6　梅花扳手的正确使用

（三）套筒扳手

　　套筒扳手是使用最方便、最灵活和最安全的工具之一，如图 4.7 所示。套筒扳手除了具有一般扳手的用途外，特别适用于旋转部位很狭小或隐蔽较深处的六角螺母和螺栓，它可以很快地拆下并更换螺栓、螺母。套筒扳手有大、小两种型号。套筒的深度有标准和深式两种类型，后者比标准的深 2 ~ 3 倍，较深的套筒适用于螺栓突出的螺帽。套筒钳口有两种类型，即双六角形和六角形。六角部分与螺栓、螺母的表面有很大的接触面，可以保护螺栓、螺母的表面。套头扳手主要由套筒头、手柄、棘轮手柄、快速摇柄、接头和接杆等组成，各种手柄适用于各种不同的场合。由于套筒扳手的各种规格是组装成套的，因此使用方便，效率更高。常用的套筒扳手的规格是 8 ~ 32 mm。

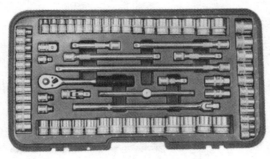

图 4.7　套筒扳手

套筒扳手的使用方法：旋动套筒扳手上的手柄可以改变扳手的用力方向，往左转可以拧紧螺母，往右转可以松开螺母。因此，螺栓、螺帽可以不需要取下套筒头而往复操作，提高了工作效率，同时，套筒扳手可以以不同回转角锁住，可以在有限的空间内工作。但注意内部的棘轮不能承受较大的力，因此不要施加过大的扭矩，否则可能损坏棘爪的结构，如图 4.8 所示。

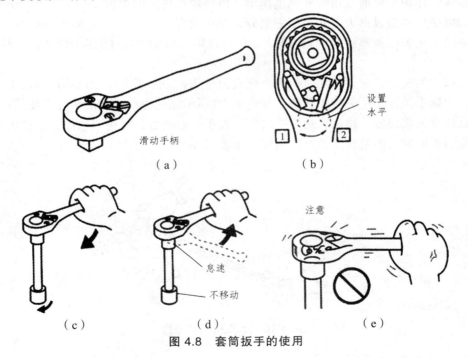

图 4.8　套筒扳手的使用

在使用套筒扳手时，应注意以下 3 个方面：

（1）棘轮手柄适合在狭窄空间使用，然而，由于棘轮的结构，它不可能获得很高的扭矩。

（2）滑动手柄虽然要求极大的工作空间，但它能提供最快的工作速度。

（3）旋转手柄在调整好手柄后可以迅速工作。但此手柄很长，很难在狭窄空间使用。

（四）扭力扳手

扭力扳手是一种可读出所施力矩大小的扳手，由扭力杆和套筒头组成，如图 4.9 所示。凡是对螺母、螺栓有明确规定的（如气缸盖、变速器壳体的螺栓、螺母等），都要使用扭力扳手。扭力扳手可分为预置型和板簧式两种。

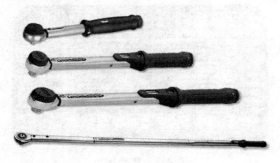

图 4.9　扭力扳手

（1）预置型扭力扳手通过旋转套筒预设扭矩。拧紧时，听到咔嗒声，表明已拧紧到规定的扭矩。

（2）板簧式扭力扳手通过弯曲梁板，借助作用到旋转手柄上的力进行操作，此梁板由钢板弹簧制成。作用力可通过指针和刻度读出，以便取得规定的扭矩。

扭力扳手的规格以最大可测力矩来划分，常用的有 $0 \sim 300 \text{ N} \cdot \text{m}$ 和 $0 \sim 500 \text{ N} \cdot \text{m}$ 两种。扭力扳手除了用来控制螺纹件旋紧力矩外，还可以用来测量旋转件的启动转矩，以检查配合、装配情况。

扭力扳手的使用方法：使用时一手按住套筒一端，另一手平稳地拉动扭力扳手的手柄，并观察扭力扳手指针指示的转矩数值，如图 4.10 所示。切忌在过载的情况下使用扭力扳手，以免造成读数失准或扳手损坏。用后应将扭力扳手平稳放置，避免重物撞压，造成扳杆或扳手指针变形而影响其测量精度，甚至损坏扳手。

图 4.10　扭力扳手的使用

（五）内六角扳手

内六角扳手用来拆装内六角螺栓（螺塞），其规格以六角形的对边尺寸来表示，如图 4.11 所示。内六角扳手有 $3 \sim 27 \text{ mm}$ 等 13 种尺寸，汽车维护作业中使用内六角扳手来拆装 M4 ~ M30 的内六角螺栓。

图 4.11　内六角扳手

（六）活塞环拆装钳

活塞环拆装钳（见图 4.12）是一种专门用于拆装活塞环的工具。维修发动机时，必须使用活塞拆装钳拆装活塞环，防止不正当的操作而导致活塞环折断。

图 4.12　活塞环拆装钳

活塞环拆装钳的使用方法如下：

（1）使用时，将活塞环拆装钳上的环卡卡住活塞环开口，握住手把稍稍均匀地用力，使活塞环拆装钳手把慢慢地收缩，环卡将活塞环慢慢张开，使活塞环能从活塞环槽中取出或装入，如图 4.13 所示。

图 4.13　活塞环拆装钳的使用

（2）使用活塞环拆装钳拆装活塞环时，用力必须均匀，避免用力过猛而导致活塞环折断，同时能避免伤手事故。

（七）气门弹簧拆装架

气门弹簧拆装架是一种专门用于拆装顶置气门弹簧的工具，如图4.14所示。

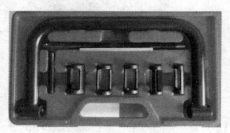

图4.14　气门弹簧拆装架

气门弹簧拆装架的使用方法：使用时，根据需要将拆装钳放于合适位置，如图4.15所示，用气门弹簧拆装架托架抵住气门，压紧对正气门弹簧座，然后用力压下手柄，使得气门弹簧被压缩。可取下气门弹簧锁销或锁片，慢慢地松抬手柄，即可取出气门弹簧座、气门弹簧和气门等。使用时应根据气门的位置和形式选取合适的拆装钳（顶置式、侧置式或液力挺柱式）。

图4.15　气门弹簧拆装架的使用

（八）火花塞套筒扳手

火花塞套筒扳手是一种薄壁长套筒，是用于拆除火花塞的专用工具，如图4.16所示。

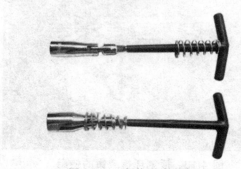

图4.16　火花塞套筒扳手

火花塞套筒扳手的使用方法：使用前，应根据火花塞六角对边的尺寸，选用内六角对边尺寸与其相同的火花塞套筒。拆卸时，套筒应对正火花塞六角头，套接要妥当，不可歪斜，应逐渐加大扭力，以防滑脱。

（九）油封取出装置

油封取出装置用于油封取出，如图 4.17 所示。使用时将油封取出器置于油封中，旋转使之张开，将油封拉出即可。使用时注意用力和张开的程度不宜太大，以免损伤油封。

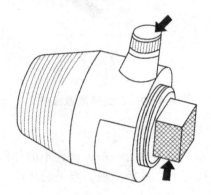

图 4.17　油封取出装置

（十）机油滤清器扳手

常见的一次性机油滤清器直径都在 8 cm 以上，顶部被冲压成多棱面（就像一个大螺母），如要拆装，需使用专用机油滤清器扳手。

常见的机油滤清器扳手类型很多，结构各异，但作用相同，使用操作方法也相似。

1. 杯式滤清器扳手

这种滤清器扳手类似一个大型套筒，拆卸不同车型的滤清器需要不同尺寸的扳手，在购买时多为组套形式配装，如图 4.18 所示。

图 4.18　杯式滤清器扳手

2. 钳式滤清器扳手

这是另外一种滤清器专用扳手，这种滤清器扳手是钳子的改型产品。使用方法同鲤鱼钳相似，如图 4.19 所示。

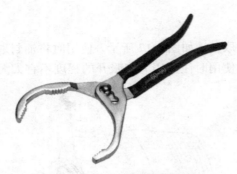

图 4.19　钳式滤清器扳手

3. 环形滤清器扳手

环形滤清器扳手（见图 4.20）的结构为一个可调大小的环形，环形内侧设计为锯齿状。使用时将其套在滤清器顶部的棱面上，扳动手柄，扳手的环形会根据滤清器大小合适地卡在棱面上，顺利地完成拆装工作。

图 4.20　环形滤清器扳手

4. 三爪式滤清器扳手

还有一种机油滤清器扳手叫三爪式滤清器扳手（见图 4.21），需配套筒手柄或扳手使用，其内部设计有行星排传递机构，可根据机油滤清器大小自动调节三爪的大小。

图 4.21　三爪式滤清器扳手

5. 链条扳手

在没有专用滤清器扳手的情况下，还可使用链条扳手（见图4.22）替代专用扳手，达到拆装的目的。

图 4.22　链条扳手

三、汽车维护常用测量仪器的使用

在汽车维护工作中，会使用到一些精密的测量仪器和量具，但不论何种测量仪器和量具，在测量过程中总是会存在测量误差。而误差包括测量仪器和量具的误差（制造和磨损产生的误差）以及测量者本身的误差（因测量者习惯以及视觉因素产生的误差）。因此，在汽车维护工作中必须学会使用合适的测量仪器和量具，掌握各种测量仪器、量具的使用方法和操作规范，还要掌握测量仪器和量具的保养方法。

（一）游标卡尺

游标卡尺是一种较精密的量具，能较精确地测量工件的长度、宽度、深度及内外圆直径等尺寸。常用的规格有 0～125 mm、0～150 mm、0～200 mm、0～300 mm 和 0～500 mm 等。

游标卡尺按其精度可分为 0.10 mm、0.05 mm 及 0.02 mm 三种。

1. 游标卡尺的构造

游标卡尺的结构如图4.23所示。

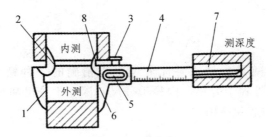

图 4.23　游标卡尺

1，2—尺框；3—固定螺钉；4—尺身；5—游标；
6—外量爪；7—测深尺；8—内量爪

内、外固定测量爪与尺身制成一体，而内、外径活动测量爪和深度尺与游标制成一体，并可在尺身上滑动。尺身上的刻度每格为 1 mm，游标上的刻度每格不足 1 mm。当内、外测量爪合拢时，尺身与游标上的零线应相重合；在内、外测量爪分开时，尺身与游标上的刻线相对错动。测量时，根据尺身与游标的错动情况，即可在尺身上读出整数毫米，在游标上读出小数毫米。为了使测好的尺寸不至于变动，可拧紧紧固螺钉，使游标不再滑动。

2. 游标卡尺的正确使用

（1）使用方法。

① 测量前应将被测工件表面擦净，游标卡尺测量爪应保持清洁。

② 测量工件外尺寸时，应先使游标卡尺外测量爪间距略大于被测工件的尺寸，再使工件与尺身外测量爪贴合，然后使游标外测量爪与被测工件表面接触，并找出最小尺寸。测量时要注意，外测量爪的两测量面和被测工件表面接触点的连线应与被测工件表面相垂直。

③ 测量工件孔内尺寸时，应使游标卡尺内测量爪的间距略小于工件的被测孔径尺寸。将测量爪沿孔中心线放入。先使尺身内测量爪与孔壁一边贴合，再使游标内测量爪与孔壁另一边接触，找出最大尺寸。同时注意，使内测量爪两测量面和被测工件内孔表面接触点的连线与被测工件内表面垂直。

④ 用游标卡尺的深度尺测量工件深度尺寸时，要使卡尺端面与被测工件的顶端平面贴合，同时保持深度尺与该平面垂直。

（2）注意事项。

使用游标卡尺时，应注意以下事项：

① 检查零线。使用前应先擦净卡尺，合拢测量爪，检查尺身与游标的零线是否对齐。如未对齐，应记下主差值，以便测量后修正读数。

② 放正卡尺。测量内外圆时，卡尺应垂直于轴线；测量内圆时，应使两量爪处于直径处。

③ 用力适当。量爪与测量面接触时，用力不宜过大，以免量爪变形和磨损，读数误差变大。

④ 视线垂直。读数时视线要对准所读刻线并垂直尺面，否则读数不准。

⑤ 防止松动。卡尺取出时，应使固定量爪紧贴工件，轻轻取出，防止活动量爪移动。

⑥ 勿测毛坯表面。卡尺属精密量具，不得用来测量毛坯表面。

游标卡尺不能测量旋转中的工件。禁止把游标卡尺的两个量爪当作扳手或刻线工具使用。

游标卡尺受到损伤后，绝对不允许用锤子、锉刀等工具自行修理，应交专门修理部门修理，经检定合格后方能使用。

（二）千分尺

千分尺俗称螺旋测微器，是比游标卡尺更为精确的一种精密量具，测量精度可达 0.01 mm，按其用途可为外径千分尺、内径千分尺、深度千分尺和螺纹千分尺等。这里只介绍常用的外径千分尺的构造和使用。

1. 外径千分尺的构造

外径千分尺用来测量工件外部尺寸，如图 4.24 所示，其测量的范围分为 0 ~ 25 mm、25 ~ 50 mm、50 ~ 75 mm、75 ~ 100 mm、100 ~ 125 mm 等。

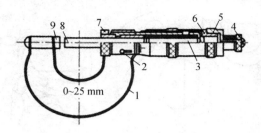

图 4.24 外径千分尺的构造

1—尺架；2—锁紧装置；3—测微螺杆；4—棘轮；5—螺帽；
6—微分筒（活动套筒）；7—固定套筒；8—量杆；9—量柱

2. 外径千分尺的刻线原理

千分尺是利用螺旋副传动原理，借助螺杆与螺纹轴套的精密配合，将回转运动变为直线运动，以固定套管和微分筒（相当于游标卡尺的尺身和游标）所组成的读数机构读得被测工件的尺寸。

固定套管外面有尺寸刻线，上、下刻线每 1 格为 1 mm，相邻刻线间距离为 0.5 mm。测微螺杆后端有精密螺纹，螺距为 0.5 mm。当微分筒旋转一周时，测微螺杆和微分筒一同前进（或后退）0.5 mm，同时，微分筒就遮住（或露出）固定套管上的一条刻线。在微分筒圆锥面上，一周等分成 50 条刻线，当微分筒旋转一格时，即一周的 1/50，测微螺杆就移动 0.01 mm，故千分尺的测量精度为 0.01 mm。

3. 外径千分尺的读数方法

（1）先读固定套管上的毫米和半毫米数。

（2）再看微分筒上的第几条刻线与固定套管的基线对正，即有几个 0.01 mm。

（3）将两个读数相加就是被测量工件的尺寸读数。

外径千分尺的读数举例如图 4.25 所示。

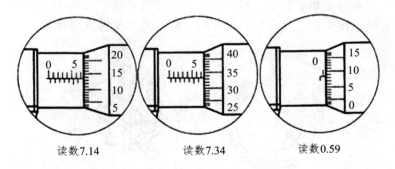

读数7.14   读数7.34   读数0.59

图 4.25 外径千分尺读数示例

4. 外径千分尺的正确使用

（1）测量前，先将测量面擦净，并检查零位。具体检查方法是用测力装置使测量面与标准棒两端面接触，观察微分筒前端面与固定套管零线、微分筒零线与固定套管基线是否重合。如不重合，应通过附带的专用小扳手转动固定套管进行调整，调整方法如图 4.26 所示。

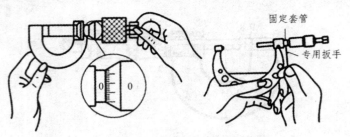

图 4.26　千分尺零位的调整方法

（2）测量时，左手拿尺架隔热装置，右手旋转微分筒，使千分尺微测螺杆的轴线与工件的中心线垂直或平行，不得歪斜。先用手转动活动套管，当测量面接近工件时，改用测力装置的螺母转动，直到听到"咔咔"响声，表示测微螺杆与工件接触力适当，应停止转动，并严禁拧动微分筒，以免用力过度，造成测量不准确。这时千分尺上的读数就是工件的尺寸。为防止一次测量不准，可旋松棘轮，进行多次复查，以求得测量读数的准确性。

（3）读数要细心，必要时用紧定手柄将测微螺杆固定，取下千分尺读出测量的数值。要特别注意不要读错 0.5 mm。

（4）千分尺不准测量毛坯或表面粗糙的工件，不准测量正在旋转发热的工件，以免损伤测量面或得不到正确的读数。

（5）千分尺应经常保持清洁，用后要擦净、涂油，并妥善保管。

（三）百分表

1. 百分表的结构特点

百分表是一种精度较高的齿轮传动式测微量具，如图 4.27 所示。它利用齿轮与齿条传动机构将测杆的直线移动转变为指针的转动，由指针指出测杆的移动距离。因百分表只有一个测量头，所以它只能测出工件的相对数值。百分表主要用来测量机器零件的各种几何形状偏差和表面相互位置偏差（如平面度、垂直度、圆度和跳动量等），也可测量工件的长度尺寸，还常用于工件的精密找正。它具有外形尺寸小、质量轻、使用方便等特点。

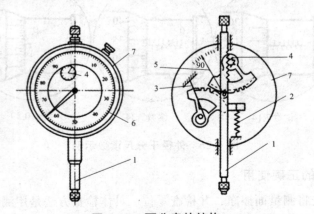

图 4.27　百分表的结构

1—测杆；2，3—回位弹簧；4—小指针；
5—大指针；6—活动表盘；7—表壳

2. 百分表的工作原理与读数方法

百分表的工作原理是 0.01 mm 的直线位移，经过齿条与齿轮传动转变为指针的角位移。百分表的刻度盘圆周刻成 100 等份，其分度值为 0.01 mm，当大指针转动一周时，则测杆的位移量为 1 mm，当大指针转动一格时，则测杆的位移量为 0.01 mm，此时读数为 0.01 mm。表圈和表盘是一体的，可任意转动，以便使指针对准零位。小指针用以指示大指针的回转圈数。常见百分表的测量范围为 0~3 mm、0~5 mm 和 0~10 mm 等。

3. 百分表的正确使用

（1）使用百分表测量工件时，必须将其固定在可靠的支架上，如图 4.28 所示。

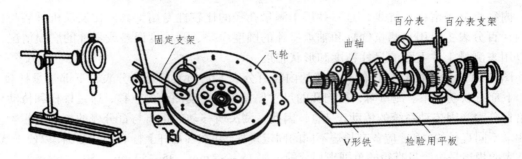

图 4.28　百分表及百分表的使用

（2）百分表的夹装要牢固，夹紧力适当，不宜过大，以免装夹套筒变形，卡住测杆。

（3）夹装后检查测杆是否灵活，夹紧后不可再转动百分表。

（4）测量时，测杆与被测工件表面必须垂直，否则会产生测量误差。其正确的测量位置如图 4.29 所示。

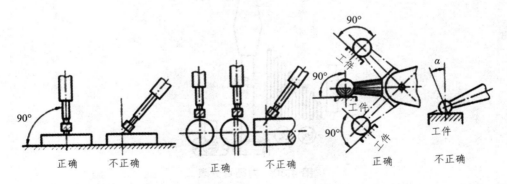

图 4.29　百分表测量时的正确位置

（5）根据被测工件表面的不同形状选用相应形状的测头。如用平测头测量球面工件，用球面测头测量圆柱形或平面工件，用尖测头或曲率半径很小的球面测头测量凹面或形状复杂的表面。

（6）测量时，应轻提测杆，缓慢放下，使量杆端部的触头抵在被测零件的测量面上，并要有一定的压缩量，以保持触头有一定的压力，再转动刻度盘，使指针对准零位。测量时，应注意不使测头移动距离过大，不准将工件强行推至触头下，也不准急速放下测杆，使触头突然落到零件表面上，否则将造成测量误差，甚至损坏百分表。

（7）测量时，使被测零件按一定要求移动或转动，从刻度盘指针的变化，直接观察被测零件的偏差尺寸，即可测量出零件的平整程度或平行度、垂直度或轴的弯曲度及轴颈磨损程度等。

（8）使用中应注意百分表与支架在表座上安装的稳固性，以免造成倾斜或摆动现象。

（9）对于磁性表座，一定要注意检查按钮的位置，测杆与触头不应黏有油污，否则会降低其灵敏性；使用后，应将百分表从支架上拆下，擦拭干净，然后涂油装入盒中，并妥善保管。

（四）内径百分表

内径百分表俗称量缸表，是一种用于测量孔径的比较性专用工具。在发动机拆装与检修中内径百分表主要用来测量气缸和轴承座孔的圆度误差、圆柱度误差或零件的磨损情况，也可以用来测量工件上孔的尺寸精度和形状精度。

图 4.30 所示为配备杠杆传动系统的内径百分表，它的上部是百分表，下部是量杆装置，上、下部有联动关系。测量时，被测孔的尺寸偏差借助活动测头的位移，通过杠杆和传动杆传递给百分表。因传动系统的传动比为 1，因此，测头所移动的距离与百分表的指示值相等。为了测量不同直径的气缸，应备有长短不同的固定量杆，并在各量杆上标有测量范围，以便于选用。量缸表的规格是按测量直径的范围来划分的，如 18 ~ 35 mm、35 ~ 50 mm、50 ~ 160 mm 等。

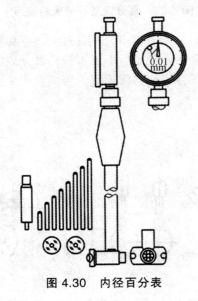

图 4.30　内径百分表

内径百分表的正确使用如下：

（1）用量缸表测量缸径时，先根据缸径选用合适的固定量杆，将量缸表放入气缸上部。如果表针能转动一圈左右，则为调整适宜，然后将量杆上的固定螺母锁紧。

（2）测量缸径时，量杆必须与气缸轴线垂直，读数才能准确。为此，测量时可稍稍摆动量缸表，当指针指示到最小数值（图 4.30 中的中间位置）时，即表明量杆已垂直于气缸轴线，记下该处数值（注意：大指针和小指针都要记），然后用外径千分尺测量此位置的读数值即为缸径值。

（五）塞　尺

塞尺俗称厚薄规或测隙片，一般是成套供应，外形如图 4.31 所示。塞尺由不同厚度的金属薄片组成，每个薄片有两个相互平行的平面并有较准确的厚度。塞尺的规格以长度和每组片数来表示。其长度制成 50 mm、100 mm、200 mm 及 300 mm，每组片数为 11～17 片。

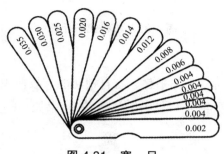

图 4.31　塞　尺

塞尺主要用于检查两平面或接合面之间的间隙大小，塞尺与刀口尺等结合使用，可检验平台台面的平面度。在汽车检修中，塞尺常用来测量零件之间的配合间隙，如气门间隙、曲轴轴向间隙等。塞尺的使用注意事项如下：

（1）测量时要注意工件和塞尺片的清洁。

（2）塞尺测量间隙时，应先用较薄的一片塞尺插入被测间隙内，若仍有间隙，则选较厚的依次插入。也可取若干片相叠插入，直到塞尺插入工件之后，以手感到有摩擦力为合适，此时厚度即为间隙大小。

（3）塞尺的间隙片很薄，容易弯曲和折断，测量时不能用力太大。

（4）不能用塞尺测量温度较高的工件。

（5）用完塞尺后要擦拭干净，及时合到夹板（保护片）中去。

四、车辆举升设备的使用

在对汽车进行维护时常常要将汽车举升起来，以便人到汽车下面作业，通常用各种千斤顶等举升设备进行。

（一）千斤顶

千斤顶是一种最常用、最简单的起重工具，按照其工作原理分为液压式和机械式两类。这两种千斤顶都有体积小、质量轻、省力的优点。液压式千斤顶又分为立式和卧式两种。按照所能顶起的质量，千斤顶可分为 3 t、5 t、8 t、10 t、15 t、20 t 等多种不同规格。

1. 机械式千斤顶

机械式千斤顶由于起重量小、操作费力，只用于一般机械维修工作。机械式千斤顶常用的有立式和桥式两种，如图 4.32 所示。立式千斤顶采用棘轮来提升汽车，由于较为笨重，适合于车间内使用，常用规格为 3 t 和 5 t。桥式千斤顶采用螺杆转动带动杆系形变的原理来举升车辆，其举升质量较小，但轻巧方便，较适合轿车的维修。

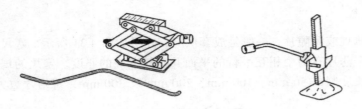

图 4.32　机械式千斤顶

2. 立式液压千斤顶

立式液压千斤顶结构紧凑，工作平稳，有自锁功能，故使用广泛。其缺点是起重高度有限，起升速度慢。按照所能顶起的质量可分为 3 t、5 t、10 t 等多种不同规格，如图 4.33 所示。

图 4.33　立式液压千斤顶

3. 卧式液压千斤顶

卧式液压千斤顶行程较长，使用方便，是汽车维修企业常用的设备，但其尺寸较大，不宜随车携带，如图 4.34 所示。

图 4.34　卧式液压千斤顶

4. 千斤顶的使用方法

顶起汽车前，应把千斤顶顶面擦拭干净，拧紧压力开关，把千斤顶放置在被顶部位的下部，且使千斤顶与被顶部位间相互垂直，以防千斤顶滑出而造成事故。

用千斤顶顶车时，应注意千斤顶顶车的部位，严格按各种车型各自的要求进行，如图 4.35 所示。

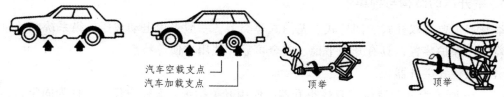

汽车空载支点 ┐
汽车加载支点 ┘　　　　顶举　　　　顶举

图 4.35　机械式千斤顶顶车的方法

（1）旋转顶面螺杆，改变千斤顶顶面与被顶部位的原始距离，使起顶高度符合汽车需顶高度。

（2）用三角形垫木，将汽车着地车轮前后塞住，防止汽车在起顶过程中发生滑溜事故。

（3）用手上下压动千斤顶手柄，使被顶汽车逐渐升到一定高度，在车架下放入安全支架。

（4）慢慢拧松液压开关，使汽车缓慢、平稳地下降，架稳在安全支架上。

5. 千斤顶安全使用与保养的注意事项

（1）使用千斤顶，要弄清其额定的承载能力，千斤顶的顶举能力一定要大于或等于重物的质量，否则易发生危险。

（2）汽车在起顶或下降过程中，禁止在汽车下面进行作业。

（3）下降时应缓缓拧松液压开关，使汽车缓慢下降，汽车下降速度不能过快，否则易发生事故。

（4）千斤顶要放在坚实的地面上，如果必须在松软路面上使用千斤顶顶起汽车作业时，应在千斤顶底座下加垫一块有较大面积且能承受压力的材料（如木板等），防止由于汽车重压工作时，场地基础下沉或千斤顶歪斜而发生危险。千斤顶与汽车接触位置应正确、牢固。

（5）千斤顶把汽车顶起后，当液压开关处于拧紧状态时，若发生自动下降故障，则应立即查找原因，及时排除故障后方可继续使用。

（6）千斤顶遇到操作力过大时，应检查原因，不要强行施力，更不允许接长操作手柄来操作，这样容易使千斤顶超载。

（7）如果顶举坚硬物体时，在物体与千斤顶之间应垫防滑的垫料。

（8）要求用几台千斤顶同时顶举一件较大而且重的物体时，必须核准各个千斤顶可能承受的最大载荷，同时应保证千斤顶同步起升或下降。

（9）液压千斤顶不能长时间支承重物，因为时间一长，千斤顶泄漏会使重物坠落；需要较长时间支承重物时，应在重物下面垫以安全支架，这样，万一千斤顶有泄漏，也可以保证安全。

（10）如发现千斤顶缺油时，应及时补充规定油液，不能用其他油液或水代替。

（11）千斤顶必须垂直放置，以免因油液渗漏而失效。

（12）千斤顶不能用火烘热，以防皮碗、皮圈损坏。

（13）螺旋千斤顶应经常在螺纹加工面上涂防锈油脂。液压千斤顶应根据制造厂的要求灌注合适的、足量的工作介质，根据使用情况每隔半年至一年清洗一次，滤清杂质。

（14）千斤顶存放时，应将活塞杆或螺柱、齿条降到最低位置，加工面涂上防锈油，并放在干燥处，以防生锈。发现千斤顶零件有裂纹时，应停止使用。

（二）举升器

1. 举升器的结构与种类

举升器主要有双柱式、四柱式、龙门式等类型，一般采用电动液压操纵系统驱动，设有双保险自锁保护装置，具有升降平稳、安全可靠、使用方便等特点。

（1）双柱式举升器。

图 4.36 所示为电动液压式双柱举升器，使用开关操纵，升降方便。立柱为固定式，适合对 3 t 以下的轿车、轻型车专业维修用。

图 4.36　电动液压式双柱举升器

注意：顶举车体时，应尽可能将支臂伸出长度相近，并使车体前后保持平衡。安装支臂时，小心不要碰到制动管和燃油管。

（2）四柱式举升器。

电动液压式四柱举升器，使用开关操纵，升降方便，如图 4.37 所示。提升质量可达 8 t，稳定性好，能满足载货汽车等较大车辆的维护之用。其缺点是占用场地大，适合综合性汽车修理厂的使用。

图 4.37　电动液压式四柱举升器

2. 注意事项

（1）车辆的总质量不能大于举升器的起升能力。

（2）根据车型和停车位置的不同，尽量使汽车的重心与举升器的重心相接近，严防偏重。为打开车门，汽车与立柱间应留有一定的距离。

（3）转动、伸缩、调整举升臂至汽车底盘的指定位置，并接触牢靠。

（4）汽车举高前，操作人员应检查汽车周围人员的动向，防止发生意外。

（5）汽车举升时，要在汽车离开地面较低位置进行反复升降，无异常现象时方可举升至所需高度。

（6）汽车举升后，应落槽于棘牙之上，并立即进行锁紧。

3. 举升机整车举升作业

（1）整车举升作业的准备工作。

① 清洗并去除汽车外部的泥沙与油污。

② 整车举升机作业区内应无障碍物、油污、废料和垃圾等杂物。

③ 检查举升机的工作状态，如发现提升后缓慢地自行下降、不用时缓慢地自行上升、使用中缓慢地自行上升、下降非常缓慢、排泄管中喷润滑油、密封垫处有渗漏等异常现象时，应立即检修。

④ 汽车进入举升机前，应放好定位支架和杆臂，并使之处于最低位置，从而方便汽车自由进出。

⑤ 检查待举升汽车的质量，应在举升机铭牌上限定载荷的范围内，切勿超载举升。

⑥ 汽车进入举升机前应关好车门、发动机盖和行李箱盖，车内不得有人。

（2）将汽车驶入举升机，至合适位置定位。

（3）按汽车使用说明书上介绍的支撑点，设置举升器上的定位支架和杆臂，以保证定位点在汽车上正确就位。在定位点未确定稳妥前绝对不能举升汽车。

（4）在举升机与汽车定位检查稳妥后，将汽车顶离地面，在车辆离地面约 5 cm 时，摇晃汽车，查看有无窜动迹象，如汽车在举升器上定位不牢或听到不正常声音，应把汽车降落，重新设置定位。

（5）操纵举升机举升汽车至所需高度。汽车举升时，要在汽车离开地面较低位置进行反复升降，无异常现象时，方可操纵举升机举升汽车。在汽车举升到预期高度后，锁止举升器。只有确认举升机处于锁止状态后，才可进入车下工作。

（6）在规定部位加设安全支架。汽车在进行部件的拆装作业时可能会引起汽车重心漂移，导致汽车的定位不稳定，甚至坠落，所以在进行汽车拆卸作业时应参照汽车制造厂的维修说明书规定的程序进行，必要时加设安全支架。

（7）完成拆装与检修作业后，从车下移开工具箱（架）、安全支架等。

（8）依照举升机使用说明书，松开锁止装置，操纵举升机缓缓下降，并使举升机定位支架和杆臂降至最低点。

（9）将定位支架和杆臂移出汽车定位点，保证汽车能自由进出，然后将汽车驶出举升作业区。

六、汽车维护操作规范

汽车维护操作规范是汽车维修行业多年来总结出的经验，是避免出现差错及提高客户满意度的保障，从事汽车维护作业人员必须严格遵守。

（一）维护前操作规范

（1）工作前应检查所用工具是否完好。施工时工具必须摆放整齐，不得随地乱放，工作后应将工具清点、检查并擦干净，按要求放入工具车或工具箱内。

（2）接到维护工单时，必须仔细阅读维护项目、交车时间，确定配件数量。如在给定的时间内不能完成维护项目，应及时和服务顾问沟通，以防客户抱怨。

（3）在作业前对车辆进行有效保护。例如，使用翼子板护垫（见图4.38）及"五件套"进行车身与车内保护。

图 4.38　翼子板护垫的使用

（二）维护中操作规范

（1）拆装零部件时，必须使用合适的工具或专用工具，不得大力蛮干，不得用硬物或手锤直接敲击零件。所有零件拆卸后要按顺序摆放整齐，不得随地堆放。

（2）废油应倒入指定废油桶收集，如图4.39所示，不得随地倒流或倒入排水沟内，防止废油污染。

图 4.39　废机油的收集

（3）修配过程中应认真检查原件或更换件是否符合技术要求，并严格按修理技术规范精心作业和检查调试。

（4）在车上修理作业及用汽油清洁零件时，不得吸烟，不准在车间内烧烘火花塞或点燃喷灯等。

（5）在修理过程中如果增加维护项目或延长维护时间，应及时和服务顾问沟通，经客户签字确认后再进行维护作业。

（三）维护后操作规范

（1）维护后要仔细核对维护工单上的维护项目是否全部完成。

（2）确认完成后，对维护项目进行逐项检查，完成自检。

（3）自检完成后交予其他维护班组进行互检。

（4）互检后交予技术经理进行终检。

（5）车辆移出工位后对维护工位进行清理。

七、汽车维护中的作业要求

（1）工作场所、车辆旁、工作台、通道应经常保持整洁，做到文明生产。

（2）工作时要集中精神，不准说笑、打闹。

（3）用千斤顶进行底盘作业时，必须选择平坦、坚实的场地，并用三角木将前、后轮塞稳，然后用安全凳将汽车支撑稳固，严禁操作人员单纯用千斤顶顶起车辆在车底作业。

（4）进行发动机启动检验前，应先检查各部件装配是否正确，是否按规定加足润滑油、冷却水，置变速器于空挡，轻点启动马达试运转。

（5）发动机过热时，不得打开水箱盖，谨防沸水烫伤。

（6）操作旋转的工具或者在有旋转工具的地方工作时，不能戴手套。

（7）紧固螺丝时要按照厂家规定的力矩进行操作，防止螺丝松动或损坏零件。

（8）拆装零件时要使用合适的工具，需使用专用工具的地方必须使用专用工具。

（9）一些零件在装配时有特殊技术要求的，安装后必须对其进行严格检测。

（10）维修保养后需对发动机进行启动试车或者上路试车，在确定达到要求后方可交车。

（11）汽车技术档案的记录资料一般包括车辆运行记录、维修记录、检测记录、总成维修记录等。

（12）对车辆进行检查时要遵循 PDS 三道工序，即验证车辆的状态、将车辆恢复到工作状态和汽车性能的检查。

八、汽车维护作业安全

汽车维护与保养作业时，必须严格遵守安全操作规程，否则会造成设备的损坏和人员伤亡事故，我们应经常对维护与保养作业人员进行安全教育，使其养成良好的安全作业习惯。

1. 维护作业自身的安全要求

（1）工作时必须按规定着装，不准裸露身体进行作业。

（2）不准赤脚或穿拖鞋、高跟鞋和裙子上班。留长发者要戴工作帽。

（3）工作时要集中精神，不准说笑、打闹。

2．维护作业操作的安全要求

（1）工作场所禁止吸烟。

（2）使用一切机械工具及电气设备时，必须遵守其安全操作规程。

（3）在修理作业及用汽油清洁零件时，不准在车间内烧烘火花塞或点燃喷灯等。

（4）地面指挥车辆行驶、移位时，不得站在车辆正前方与后方，并注意周围障碍物。

（5）未经领导批准，非操作者不得随便使用机床等设备。

（6）经维护后可能造成汽车不安全的因素要及时消除。例如，更换刹车片后要踩几脚刹车，以免造成汽车开出去后前几脚没有刹车效果等。

九、汽车定期维护的主要检查项目

（1）工作检查：车灯、发动机、刮水器、转向机构等。

（2）目视检查：轮胎、外观等。

（3）定期更换零件：机油、机油滤清器等。

（4）紧固检查：悬架、排气管等。

（5）机油和液位检查：机油、动力转向液、防冻冷却液、制动液等。

十、汽车维护操作工艺安排原则

（1）将尽可能多的工作集中于同一地点并一次做完。

（2）车辆周围的运动路线应该始于驾驶员的座位，终于操作人员围绕车辆工作一次结束的地点。

（3）工具、仪器和更换部件应该提前准备好，并置于方便拿取的地方。

（4）站立的姿势是操作的基础，所以要努力尽可能减少蹲式或弯腰。

（5）限制空闲时间，把事情组合起来做，如油的排放和发动机加热。

十一、汽车一级维护

1．一级维护的定义

汽车一级维护是指车辆行驶到一定里程（间隔里程因车和使用条件的不同而不同）后，除完成日常维护作业外，进行以清洁、润滑和紧固为中心作业内容，并检查有关制动、操纵等安全部件，由专业维修人员负责执行的车辆维护作业，以前称为一级保养。其中心作业内容为润滑和紧固。根据我国现行的维护制度，一级维护应由专业维修企业负责执行，即应进厂维护。

由于一级维护作业中零部件的紧固、润滑油的添加与更换以及安全部件技术状况的检查属于专业性维护作业，需要利用相关专业设备和工具，按技术标准进行，因此，汽车一级维护应由维修企业负责执行。

2. 一级维护的基本要求

汽车一级维护是一项运行性维护作业，即在汽车日常使用过程中的以确保车辆正常运行状况为目的的作业。其中心内容是清洁、润滑和紧固，并检查制动、操纵等安全部件。

随着现代汽车技术的发展，使得汽车维护作业的技术含量和作业难度也在逐步提高。因此，一级维护必须由汽车维修企业的专业人员来完成，这对确保维护质量具有十分重要的意义。

3. 一级维护的工艺流程及作业内容

汽车一级维护作业的工艺流程如图 4.40 所示。

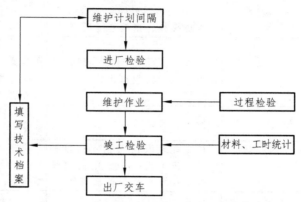

图 4.40　汽车一级维护作业的工艺流程图

现代汽车一级维护保养除了完成润滑和紧固两大中心作业外，还要进行大量的检查作业，同时进行清洁、补给和调整等作业。不同的汽车作业内容稍有不同，GB/T 18344—2001 规定的汽车一级维护作业内容如表 4.3 所示。

表 4.3　汽车一级维护作业内容（GB/T 18344—2001）

序号	项　目	作业内容	技术要求
1	点火系统	检查、调整	工作正常
2	发动机空气滤清器、空气压缩机空气滤清器、曲轴箱通风系统空气滤清器、机油滤清器和燃油滤清器	清洁或更换	各滤芯应清洁无破损，上下衬垫无残缺，密封良好；滤清器应清洁，安装牢固
3	曲轴箱油面、冷却液液面、制动液液面高度	检查	符合规定
4	曲轴箱通风装置、三元催化转换器	外观检查	齐全、无损坏
5	散热器、油底壳、发动机前后支垫、水泵、空气压缩机、进排气歧管、输油泵和喷油泵连接螺栓	检查校紧	各连接部位螺栓、螺母应紧固，锁销、垫圈及胶垫应完好有效
6	空气压缩机、发电机、空调机皮带	检查皮带磨损、老化程度，调整皮带松紧度	符合规定

续表

序号	项 目	作业内容	技术要求
7	转向器	检查转向器液面及密封状况，润滑万向节十字轴、横直拉杆、球头销、转向节等部位	符合规定
8	离合器	检查调整离合器	操纵机构应灵敏可靠；踏板自由行程应符合规定
9	变速器、差速器	检查变速器、差速器液面及密封状况，润滑传动轴万向节十字轴、中间轴承，校紧各部件连接螺栓，清洁各通气塞	符合规定
10	制动系统	检查、紧固各制动管路，检查调整制动踏板自由行程	制动管路接头应不漏气，支架螺栓紧固可靠。制动联动机构应灵敏可靠，储气筒无积水，制动踏板自由行程符合规定
11	车架、车身及各附件	检查、紧固	各部螺栓及拖钩、挂钩应紧固可靠、无裂损、无窜动、齐全有效
12	轮胎	检查轮辋及压条挡圈；检查轮胎气压（包括备胎），并视情况补气；检查轮毂轴承间隙	轮辋及压条挡圈应无裂损、变形；轮胎气压应符合规定，气门嘴帽齐全；轮毂轴承间隙无明显松旷
13	悬架机构	检查	无损坏、连接可靠
14	蓄电池	检查	电解液液面高度应符合规定，通气孔畅通，极桩夹头清洁、牢固
15	灯光、仪表、信号装置	检查	齐全有效、安装牢固
16	全车润滑点	润滑	各润滑安装正确、齐全有效
17	全车	检查	全车不漏油、不漏水、不漏气、不漏电、不漏尘，各种防尘罩齐全有效

4. 一级维护的竣工检验技术要求

现代汽车一级维护结束后，应进行竣工检验，其技术要求如表 4.4 所示。

表 4.4　汽车一级维护竣工检验及技术要求（GB/T 18344—2001）

序号	检验项目	技术要求	操作要领
1	紧固情况	发动机前后支垫、进气歧管、排气歧管、散热器、钢板弹簧、U 形螺栓、制动底板、轮胎、传动轴、半轴、车身、车厢、附件支架等外露螺栓、螺母齐全紧固，各种衬垫圈完好	视检
2	润滑情况	当车辆处于水平状态时，转向器、变速器、主减速器润滑油油面应不低于检视口下沿 15 mm，通风孔应畅通；各润滑脂嘴齐全有效、安装正确，润滑点全部润滑，轴销端应有被挤出的油迹	视检
3	蓄电池	蓄电池电解液液面应高出极板上线 15～20 mm，通气孔畅通，电桩夹头清洁牢固	视检

续表

序号	检验项目	技术要求	操作要领
4	密封及电路	全车不漏油、不漏水、不漏气、不漏电	视检
5	灯光、信号、仪表等	灯光、信号、仪表、喇叭、刮水器、后视镜等装置齐全有效	检查
6	滤清器	发动机、空压机、曲轴箱通风装置的空气滤清器滤芯清洁，机油转子滤清器运转正常	
7	离合器	变速器、主减速器凸缘螺母齐全紧固、锁止可靠	
8	踏板自由行程	离合器踏板和制动踏板自由行程应符合规定	检查
9	转向系统	转向臂、转向横直拉杆、制动操纵机构可靠，锁销齐全有效，转向拉杆球头、转向传动十字轴承、传动轴十字轴承不松旷	
10	轮胎	轮胎气压应符合充气规定，胎面无嵌入的石子、铁钉等杂物	检查
11	前后轴承	轮毂轴承不松旷	检查
12	质量保证	汽车一级维护质量保证里程为 300 km，或者从出厂之日起时间间隔为两天	

十二、查询自诊断系统故障存储器

1. 目　的

及时发现车辆电控单元故障隐患，对故障进行预警。

2. 操作过程

（1）关闭点火开关，连接诊断仪插头。

（2）打开点火开关，读取故障码。

（3）分析并处理故障码。

（4）按照保养数据表要求，读取并记录相关数据块（节气门开度、空气流量、进气压力等）。

（5）关闭点火开关，取下诊断仪插头，完成自诊断。

3. 注意事项

编辑服务功能可以快速清除整个系统的故障代码，但在没有对故障码分析处理前，不能直接清除故障码。

十三、更换发动机机油及机油滤清器

1. 目　的

（1）定期更换机油、机油滤清器，使机油始终发挥良好的性能，保护发动机，延长其使用寿命。

（2）定期更换机油，避免由于机油老化、堵塞油道等造成发动机其他部件进一步损坏。

2. 更换机油

（1）打开机油加注口盖。

（2）举升车辆，松开放油螺栓。

（3）待油底壳内机油全部放干净后，安装新的油底壳螺栓，用扭矩扳手按标准力矩拧紧油底壳螺栓。

（4）降下车辆，按照加注标准加注新的机油。

（5）拧紧加油口盖，启动发动机运转 2 min，关闭发动机等待 3 min。

（6）检查机油油面。

3. 更换机油滤清器

（1）用专用工具将旧的机油滤清器拆下。

（2）清洁机油滤清器支架密封面（取下旧滤清器密封垫）。

（3）将新滤清器上的橡胶密封环稍微用机油润滑一下，以便拧紧时密封环吸附到滤清器上，使密封性更好。

（4）先用手将滤清器安装在机油滤清器支架上并用手预拧紧，然后用专用工具按标准力矩拧紧。

（5）拧紧力矩：发动机机油滤清器的拧紧力矩为 20 N·m。

4. 注意事项

（1）加注机油时，不能超过机油尺上限，否则有损坏三元催化器的风险。

（2）不同品牌、不同型号的机油不可以混合使用。

（3）出现机油灯报警时，应马上关闭发动机，否则有造成发动机严重损坏的风险。

（4）废机油必须密封存放，并由环保部门指定有资质的单位回收处理。

十四、检查空调系统

1. 目　的

确保空调能够正常工作，发挥最佳性能。

2. 空调功用

（1）调节温度：将车内的温度调节到人体感觉适宜的温度。

（2）调节湿度：将车内的湿度调节到人体感觉适宜的湿度。

（3）调节气流：调节车内出风口的位置、出风的方向及风量的大小。

（4）净化空气：滤去空气中的尘土和杂质，或对空气进行杀菌消毒。

3. 空调结构

（1）暖风装置：用以提高车内的温度。

（2）制冷装置：用以降低车内的温度，并降低车内的湿度。

（3）通风装置：用以调节车内的气流和换气。

（4）空气净化装置：用以过滤空气及对空气进行消毒处理。

空调系统控制有手动控制和自动控制之分。手动空调需要驾驶员通过旋钮或拨杆对控制对象进行调节，如改变温度等。自动空调只需驾驶员输入目标温度，空调系统便可按照驾驶员的设定自动进行调节。空调系统在车上的布置如图 4.41 所示。

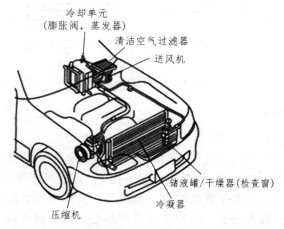

图 4.41　空调系统在车上的布置

4. 空调制冷剂

空调制冷剂（冷媒）是制冷循环当中传热的载体，通过状态变化吸收和放出热量，因此要求制冷剂在常温下很容易汽化，加压后很容易液化，同时在状态变化时要尽可能多地吸收或放出热量（较大的汽化或液化潜热）。同时，制冷剂还应具备以下性质：

（1）不易燃易爆。

（2）无毒。

（3）无腐蚀性。

（4）对环境无害。

制冷剂的英文名称为 Refrigerant，所以常用其头一个字母 R 来代表制冷剂，后面表示制冷剂名称，如 R12、R22、R134a 等。

过去常用的制冷剂是 R12（又称氟利昂），这种制冷剂各方面的性能都很好，但是有一个致命的缺点，就是破坏大气环境。它能够破坏大气中的臭氧层，使太阳的紫外线直接照射到地球，对植物和动物造成伤害。我国目前已停止生产使用 R12 作为制冷剂的汽车空调系统。

目前，汽车上广泛采用 R134a，它是 R12 的替代品。R134a 在大气压力下的沸腾点是 −26.9 ℃，在 98 kPa 压力下的沸腾点为 −10.6 ℃。在常温常压的情况下，如果将其释放，R134a 便会立即吸收热量开始沸腾并转化为气体，对 R134a 加压后，它也很容易转化为液体。

R134a 的特性如图 4.42 所示。该曲线上方为气态，下方为液态，如果要使 R134a 从气态转变为液态，可以降低温度，也可以提高压力，反之亦然。

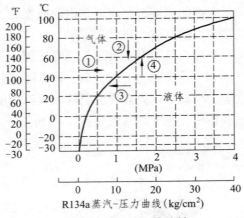

图 4.42　R134a 的特性

5. 检查空调制冷剂量

（1）检查空调系统的外观。

① 检查压缩机驱动皮带是否过松，如果皮带过松应按标准调整。

② 检查空调出风口的出风量。如果出风量不足，检查进风滤清器，如有杂物应将其清除。

③ 听压缩机附近是否有非正常的响声，如果有，检查压缩机的安装情况。

④ 听压缩机内部是否有杂音，这种杂音通常都是由压缩机内部零件损坏所引起的。

⑤ 检查冷凝器散热片上是否有脏物覆盖，如果有脏物，应将其清除。

⑥ 检查制冷循环系统的各连接处是否有油渍，如果有油渍，说明该处有泄漏，应紧固该连接处或更换该处的零件。

⑦ 将鼓风机开至低、中、高挡，听鼓风机处是否有杂音，检查鼓风机是否运转正常，如果有杂音或运转不正常，应更换鼓风机（鼓风机进入异物或安装有问题也会引起杂音或运转不正常，所以在更换之前要仔细检查）。

（2）检查制冷剂的数量。检查制冷剂的数量有两种方法：一种是通过系统中安装的视液镜检查；另一种是通过检测系统压力检查。

①通过视液镜检查制冷剂的数量。

检查条件：发动机转速为 1 500 r/min；鼓风机速度控制开关处于高位；空调开关为开位；温度选择器为最凉；完全打开所有车门，如图 4.43 所示。

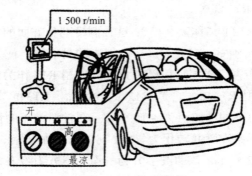

图 4.43　检查条件

检查过程：打开引擎盖，通过空调管路上的观察窗观察制冷剂的流量，并检查制冷剂的量。如图 4.44 所示，A 图中观察窗有少量气泡一闪而过时，表示制冷剂量正常；B 图中有大量气泡流过，说明制冷剂不足；C 图中没有气泡，说明无制冷剂或制冷剂过多。

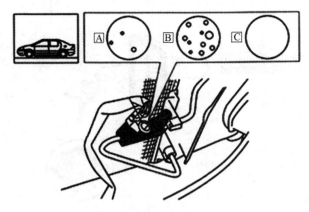

图 4.44　空调制冷剂量检查

② 通过检查系统的压力检查制冷剂的数量。

连接歧管压力表：将歧管压力表的高低压开关全部关闭；把加注软管的一端和歧管气压计相连，另一端和车辆侧的维修阀门相连；蓝色软管→低压侧，红色软管→高压侧。

检查制冷系统的压力：启动发动机，在空调运行时检查歧管气压计所显示的压力读数。低压侧：$0.15 \sim 0.25$ MPa ($1.5 \sim 2.5$ kgf/cm²)；高压侧：$1.37 \sim 1.57$ MPa ($14 \sim 16$ kgf/cm²)。

6. 检查空调制冷效果

（1）打开仪表盘操作面板上的空调开关 A/C 开关，调整冷热后应该能够在一定时间内吹出冷/热风。

（2）空调出风口可以顺利关闭、开启或转向指定角度，带风口开度调节的应该同时测试开度。

（3）调整风的循环模式，如内外循环、除霜模式、出风模式等，应该立刻给予响应，各风口的风量应相应作出变更。

（4）出风口不应该吹出过多污物和异味，且在风量不是很大时，不应该有明显的风声。

（5）对于自动空调，可以感觉一下温控功能是否准确，空调显示屏是否正确显示。

十五、检查与清洁空气滤清器

1. 目　的

通过定期清洁、检查空气滤清器，使发动机始终保持进气顺畅，空气滤芯可过滤灰尘等杂质，减少发动机磨损，提高发动机使用寿命。

2. 操作过程

（1）拆下滤清器壳体。

（2）取出滤芯，检查滤芯状态（清洁程度）。

（3）用潮湿的抹布清除壳体内的灰尘及杂质。

（4）用气枪从空气滤清器滤芯的出气侧吹入压缩空气，以便清除滤芯上的灰尘，如图 4.45 所示。

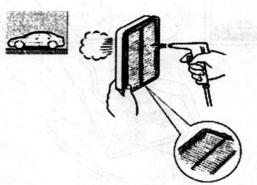

图 4.45　清洁空气滤清器

（5）将清洁过的滤芯，安装到空气滤清器壳体内。

（6）紧固相应螺栓或卡子。

（7）检查滤清器壳体的安装位置是否到位、牢固。

3. 注意事项

（1）空气滤清器上、下壳体清洁时，注意不要使异物进入进气道。

（2）风沙较大地区，清洁和更换里程应适当提前。

（3）如滤芯可以继续使用，先轻轻敲打去除灰尘，再用高压气吹。

十六、检查风窗刮水器、风窗清洗器、大灯清洗装置

1. 目　的

通过定期检查，保证风窗刮水器、风窗清洗器及大灯清洗装置功能正常，保持挡风玻璃和大灯洁净，保证行车安全。风窗洗涤装置由储液罐、清洗泵、输液管、三通、喷嘴、清洗开关等组成。

2. 操作过程

（1）检查风窗刮水器的雨刮片状态是否正常（是否损坏或老化）。

（2）操作雨刮器开关，检查风窗刮水器是否刮得干净且运行平稳，观察清洗喷嘴喷出的清洗剂是否是扇状，且喷射位置、高度是否合适。

（3）操作后部风窗清洗器开关，检查后部风窗刮水器是否正常（主要对于两厢车型）。

（4）打开引擎盖，检查玻璃水液位，确认液位合格。

（5）操作大灯清洗装置开关，检查大灯清洗功能是否正常。

3. 注意事项

更换风窗刮水器时，在雨刮臂竖起时，要特别注意防其跌落击碎挡风玻璃，要用棉布垫在挡风玻璃上。

十七、检查皮带

1. 目　的

定期检查皮带运行情况及老化状态，提前排除故障隐患，避免发生因皮带突然断裂导致发电机、空调等部件不能正常工作。

2. 操作过程

（1）关闭发动机，用套筒扳手转动曲轴的皮带轮，观察皮带表面是否有层离。

（2）检查皮带表面是否有基层裂纹（裂纹、中心断裂、截面断裂）。

（3）用手逆时针翻转皮带，检查齿面是否磨损（材料磨蚀、齿面散开、齿面硬化、玻璃状齿面、表面裂纹）。

（4）用手指压传动皮带以检查皮带变形情况。如图 4.46 所示，将精密直规倚放在发电机和曲轴皮带轮之间的皮带上；用 98 N 的力推压皮带的中心靠后部；用直尺测量变形量，与维修手册标准值进行比较。

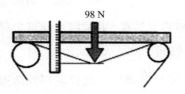

图 4.46　检查传动皮带张紧力

十八、检查制动踏板

1. 检查制动踏板工作状况

反复踩踏制动踏板，检查制动踏板反应是否灵敏，能否完全落下，是否有异常噪声，是否过度松动。

2. 检查制动踏板自由行程

发动机熄火后，踩下制动踏板几次，以便解除制动助力器。然后，用手指轻轻按压制动踏板，并用一把直尺测量制动踏板自由行程，如图 4.47 所示。

图 4.47　检查制动踏板自由行程

十九、检查驻车制动器

驻车制动器是汽车安装的手动刹车，简称手刹。在车辆停稳后用于稳定车辆，避免车辆在斜坡路面停车时由于溜车造成事故。对驻车制动器的检查项目主要有以下两个方面。

1. 检查驻车制动杆行程

检查并确保驻车制动杆拉动时，驻车制动杆行程在预定的槽数内（拉动时可以听到咔嚓声）。如果不符合标准，调整驻车杆的行程。当驻车制动杆行程超出规定值时，则调整后制动蹄片与驻车制动蹄片的间隙，然后重复检查。必要时重复这个过程，然后调整驻车制动杆行程。

2. 检查驻车指示灯的工作情况

点火开关位于 ON 时，操作驻车制动杆，在拉动杆到达第一个槽口前，指示灯就已经发光，如图 4.48 所示。

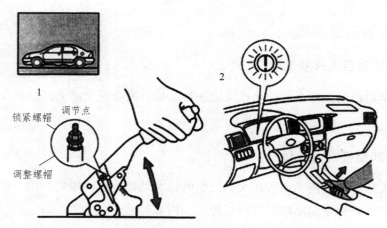

图 4.48　检查驻车制动器

二十、检查离合器踏板

离合器作为汽车传动系统的部件，其主要功用有保证汽车平稳起步，保证换挡平顺，防止传动系统过载等。离合器踏板是离合器操纵部分的部件，其检查的主要内容有以下两个方面。

1. 检查离合器踏板工作状况

踩下离合器踏板时，检查踏板是否有回弹无力、异常噪声、过度松动或感觉踏板重等现象。

2. 检查离合器踏板自由行程

踏板自由行程的检查如图 4.49 所示。用一把直尺抵在驾驶室地板上，先测量踏板完全放松时的高度，再用手轻按踏板，当感到阻力增大时再测量踏板高度。两次测量的高度差即为踏板的自由行程，将测量的结果与规定值作比较，看是否满足要求，若超出规定值则需进行维修调整。

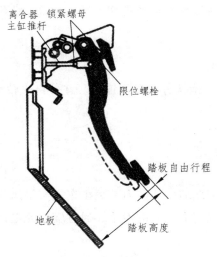

图 4.49　检查离合器踏板自由行程

二十一、检查方向盘

方向盘是根据驾驶员意向，改变前轮方向的零件，其检查的主要内容有以下 3 个方面。

1. 检查方向盘自由行程

若车辆无动力转向系统，可直接检查；若配备动力转向系统，则需启动发动机后进行检查。

（1）将车辆轻放在平坦地面上，使前轮处于直线行驶位置。

（2）根据车辆转向系统类型，确认是否需要启动车辆进行检查。

（3）轻轻转动方向盘，在车辆就要开始移动时，使用一把直尺测量方向盘的移动量（自由行程），如图 4.50 所示。

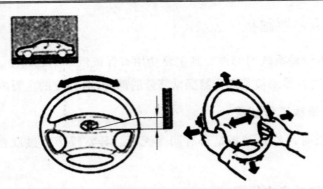

图 4.50　方向盘自由行程和松弛摆动检查

（4）将测量的数据与维修手册数据进行对比。若超出规定值，则需进行维修调整。

2. 检查方向盘松弛和摆动

用两手握住方向盘，轴向地、垂直地或向两侧移动方向盘，确保其没有松动或摆动，如图 4.50 所示。若待检车辆配备倾斜转向或者伸缩转向系统，则在方向盘整个移动范围内检查松动情况。

3. 检查方向盘是否锁定

将点火开关转动到 ACC，确认方向盘不锁定，并可自由转动。

二十二、检查蓄电池

1. 目　的

（1）定期检查、分析蓄电池的启动能力，减少车辆抛锚风险。

（2）通过检查，及时发现蓄电池充电不足，通过辅助充电，延长蓄电池的使用寿命。

2. 蓄电池类型

目前，汽车上常用的蓄电池有普通蓄电池、免维护蓄电池、封闭式免维护蓄电池等，此外还有混合型蓄电池和重组式蓄电池。

3. 操作过程

（1）使用力矩扳手及套筒扳手检查蓄电池固定螺栓的力矩是否符合标准。

（2）检查端子接线柱固定螺栓是否松动，如松动以标准力矩拧紧。

（3）检查蓄电池外部四周是否有泄漏。若有电解液泄漏，应更换蓄电池。

（4）检测蓄电池的静态电压。

标准测试条件如下：

① 关闭点火开关并断开所有用电器，拔出点火钥匙。

② 断开蓄电池负极接线端。

③ 至少等待 2 h。在这个时间段内对蓄电池既不能充电也不能放电。

测量结果分析及采取的措施如下：

① 当静态电压≥12.5 V 时，静态电压正常。

② 当静态电压<12.5 V 时，需给蓄电池充电。

③ 如果充电后蓄电池的静态电压<12.5 V，则需更换蓄电池。

4．注意事项

（1）在对蓄电池充电操作时，必须在通风良好的环境中进行。

（2）在拆卸蓄电池时，必须先断开蓄电池负极接线柱，否则有短路烧伤的风险（例如，某维修技师用金属工具未按照操作规范先断开蓄电池负极，而是先断开正极，结果金属工具与车身出现短路，产生巨大电流，导致维修技师手部被严重电击烧伤）。

（3）在对蓄电池进行充放电操作时，必须由经过专业培训的技术人员执行。

（4）在对蓄电池进行充电时，必须先连接正极接线柱，后连接负极接线柱。

（5）如果电解液从蓄电池中流出，会造成皮肤损伤。电解液具有腐蚀性，有损伤车辆油漆和部件的风险。

（6）不要对已发生冻结的蓄电池采取启动辅助措施，否则有爆炸的危险，务必要更换蓄电池。

二十三、检查全车灯光

1．目　　的

（1）定期检查信号灯，确保各信号灯始终处于良好状态，为司机和行人提供信号指示，确保行车安全。

（2）定期对照明灯光进行检查，使照明灯始终处于良好状态，保证行车安全。

2．操作过程

（1）检查前部灯光是否正常。

（2）检查后部灯光是否正常。

（3）检查车内灯光是否正常。

3．检查外部灯光的手势

检查车辆灯光需两名技术人员配合，一人在车外做手势并检查，一人在车内根据手势操作灯光开关，如表 4.5 所示。

表 4.5　检查汽车外部灯光的手势表

检查项目	手势说明	手势图片
检查小灯（前部）	拇指伸出，相对，其余手指握紧	
检查近光灯（前部）	握紧拳头向外，五指有力向外弹两次	

续表

检查项目	手势说明	手势图片
检查远光灯（前部）	握紧拳头向内，五指有力向外弹两次	
检查近光—远光变换（前部）	手心向前—后—前—后	
检查右转向灯（前部）	右臂平伸，向正前方；右手伸直，手掌向外，五指向上；左臂平伸，向左伸出，与肩平；左手握拳—弹开—握拳—弹开	
检查左转向灯（前部）	左臂平伸，向正前方；左手伸直，手掌向外，五指向上；右臂平伸，向右伸出，与肩平；右手握拳—弹开—握拳—弹开	
检查危险警报灯（前部）	两臂向身体两侧平伸，与肩平；两手呈拳状；两手五指有力弹开—握紧—弹开—握紧	
检查小灯、牌照灯（后部）	拇指伸出，相对，其余手指握紧	
检查制动灯（后部）	双手抬至胸前；双手伸出，手掌向外，五指并拢斜向上；用力向下方推	
检查倒车灯（后部）	双手抬至胸前；双手伸出，手掌向内，五指并拢斜向上；用力内拉	
检查左转向灯后部（后部）	右臂平伸，向正前方；右手伸直，手掌向外；五指向上；左臂平伸，向左伸出，与肩平；左手握拳—弹开—握拳—弹开	
检查右转向灯后部（后部）	左臂平伸，向正前方；左手伸直，手掌向外；五指向上；右臂平伸，向右伸出，与肩平；右手握拳—弹开—握拳—弹开	
检查危险警报灯（后部）	两臂向身体两侧平伸，与肩平；两手呈拳状；两手五指有力弹开—握紧—弹开—握紧	
检查雾灯（后部）	双臂向前平伸；双手呈拳状；拇指伸出，向下	

二十四、检查天窗

1. 目　的

（1）通过定期清洁、润滑天窗轨道，减小天窗运动阻力和运行噪声，减少天窗卡滞的风险。

（2）通过检查和疏通天窗排水管，避免排水管堵塞，造成管路积水浸泡内饰板。

2. 操作过程

（1）检查天窗前、后开启功能是否正常（运动是否顺畅、是否有异响）。

（2）检查天窗翘起功能是否正常（运动是否顺畅、是否有异响）。

（3）检查开关强制关闭功能是否正常。

（4）检查用遥控器关闭天窗功能是否正常。

（5）检查天窗排水管是否堵塞。

（6）清洁天窗轨道（清除轨道异物，然后用带酒精的无纺布清洁轨道）。

（7）用天窗专用润滑脂润滑天窗轨道，反复开关运行天窗几次，使润滑更充分。

3. 注意事项

（1）如果汽车常在风沙大的地方使用天窗，最好每个月用湿海绵轻擦天窗滑轨上的灰尘或泥沙。

（2）使用高压水枪洗车时，不要直接将水柱对准天窗周围的密封圈喷，避免密封圈在高压水柱的喷压下变形，否则时间久了车内会容易进水。

（3）天窗的玻璃面板有隔绝热能和防紫外线的功能，需用软布和清洁剂清洗，勿用黏性清洗剂清洗。

 **任务实施**

任务　汽车一级维护作业

1. 任务说明

客户刘先生的一汽大众高尔夫 1.6 L AT 轿车行驶一段时间后，他按照一汽大众汽车公司的维护计划规定（间隔里程 7 500 km 或 6 个月）到汽车 4S 店进行一级维护。作为车间维修技术人员，请参照国家标准《汽车维护、检测、诊断技术规范》（GB/T 18344—2001），并结合一汽大众高尔夫 1.6 L AT 轿车维护作业标准，为客户的车辆实施一级维护。

2. 技术要求与标准

（1）两个学生相互配合能在 60 min 内完成该任务。

（2）技术标准：参照国家标准《汽车维护、检测、诊断技术规范》（GB/T 18344—2001），并结合一汽大众高尔夫 1.6 L AT 轿车维护作业标准进行操作。

3. 设备器材

（1）一汽大众高尔夫 1.6 L AT 轿车。

（2）两柱举升机。

（3）常用工具。

（4）常用量具。

4. 作业准备

（1）准备车辆维修手册及其他相关资料。

（2）清洁场地。

（3）准备常用工具、车辆、机油及机油滤清器等物品。

（4）准备作业单。

5. 操作步骤

（1）预检工作。

① 安装座椅套、脚垫、方向盘套。

② 打开引擎盖，放上翼子板布、前格栅布，安装尾排。

（2）汽车一级维护。按照表 4.6 所示的一级维护标准流程为客户的车辆实施维护。实施过程中注意人员和设备安全。由于车辆型号不同，所以部分作业项目可根据实际车型加以调整。

表 4.6　汽车一级维护检查表

施工单号_____行驶里程_____入厂时间_____VIN_____车牌号码_____

车辆举升位置	步骤	序号	作业项目	检查结果	调整	更换	标准值/极限值	测量值
完全落下	发动机舱	1	检查机油油位、品质					
		2	检查冷却液液位					
		3	检查冷却液冰点					
		4	检查玻璃水液位					
		5	检查制动液液位、品质					
		6	检查转向助力油液位、品质					
		7	检查 ATF 油液位、品质					
		8	检查蓄电池电解液液位					
		9	检查蓄电池安装状况					
		10	检查空调制冷剂量					
		11	检查空气滤清器					
		12	检查皮带预紧力及有无损伤					
		13	检查风窗清洗液液面高度					
	驾驶室	1	查询自诊断系统故障存储器					
		2	大、小灯操作及点亮					
		3	转向灯操作及点亮					
		4	危险警报灯操作及点亮					
		5	雾灯操作及点亮					
		6	仪表警告灯点亮及熄灭					
		7	尾灯制动灯操作及点亮					
		8	室内灯外观及点亮					
		9	玻璃喷洗器状态					

车辆举升位置	步骤	序号	作业项目	检查结果	调整	更换	标准值/极限值	测量值
完全落下	驾驶室	10	刮水器状态					
		11	喇叭状态					
		12	方向盘自由行程					
		13	方向盘操作					
		14	方向盘锁止					
		15	制动踏板状态					
		16	制动踏板自由行程					
		17	离合器踏板状态					
		18	离合器踏板自由行程					
		19	油门踏板状态					
		20	手刹工作状态					
		21	手刹指示灯					
		22	怠速状况					
		23	排气声音					
		24	空调制冷、制暖效果					
		25	保养周期指示器复位					
	车辆外部	1	引擎盖					
		2	挡风玻璃					
		3	雨刮片					
		4	车灯外观					
		5	后视镜					
		6	车窗玻璃					
		7	安全带					
		8	儿童锁					
		9	车门					
		10	油箱盖					
		11	行李箱盖					
		12	备胎检查					
		13	确认轮胎螺母紧固					
举升至中位	车辆周围区域	1	调整胎压					
		2	轮毂轴承					

续表

车辆举升位置	步骤	序号	作业项目	检查结果	调整	更换	标准值/极限值	测量值
举升至中位	车辆周围区域	3	左前轮胎轮毂损伤					
		4	左后轮胎轮毂损伤					
		5	右前轮胎轮毂损伤					
		6	右后轮胎轮毂损伤					
举升至高位	车辆底部	1	排放机油					
		2	更换机油滤清器					
		3	车辆底部油液泄漏检查					
		4	车辆底部零件安装紧固情况					
		5	车辆底部损伤和生锈情况					
完全落下	发动机舱等	1	加注机油					
		2	拧紧机油加注口盖					
		3	再次确认仪表板警告灯状态					
		4	对车辆、工具等实施6S					
		5	试车，查询故障存储器，终检					
备注：				操作人员_____　　　　检查员_____ 建议下次维护里程_____ 建议下次维护日期_____				

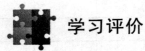

学习评价

1. 理论考核

（1）简述汽车维护的意义及目的。

（2）简述汽车维护的原则。

（3）简述汽车维护的分类及作业内容。

（4）简述汽车维护的作业规范及作业范围。

（5）简述汽车维护的周期。

（6）简述扭力扳手的使用方法。

（7）简述活塞环拆装钳的使用方法。

（8）简述气门弹簧拆装架的使用方法。

（9）简述内径百分表的使用方法。

（10）简述使用举升器的注意事项。

（11）简述汽车维护操作规范。

（12）简述汽车维护操作工艺安排原则。

（13）简述汽车维护中的作业要求。

（14）简述汽车维护作业操作的安全要求。

（15）简述汽车一级维护的定义及基本要求。

2. 技能考核

汽车一级维护作业项目评分表如表 4.7 所示。

表 4.7　汽车一级维护作业项目评分表

基本信息	姓 名		学 号			班 级		组 别	
	规定时间		完成时间			考核日期		总评成绩	
	序号	步 骤			完成情况			标准分	评 分
					完 成	未完成			
任务工单	1	考核准备： 车辆： 工具、量具及维修资料：						4	
	2	预检						6	
	3	灯光、喇叭的检查						4	
	4	刮水器及风窗玻璃洗涤器的检查						4	
	5	驻车制动器的检查						2	
	6	行车制动器的检查						4	
	7	转向盘的检查						4	
	8	车门及门控灯的检查						4	
	9	机油的排放						4	
	10	转向器的检查						4	
	11	制动管路的检查						4	
	12	机油滤清器的更换						4	
	13	车轮的拆卸						4	
	14	轮胎的检查						4	
	15	制动摩擦块的检查						4	
	16	机油的加注						2	
	17	传动带的检查						2	
	18	蓄电池的检查						4	
	19	制动管路的再检查						2	
	20	空气滤清器的检查						2	
	21	空调的检查						4	
	22	变速器油液位的检查						4	
	23	复检						4	
安 全								4	
6S								4	
沟通表达								4	
工单填写								4	

知识拓展

一、汽车日常维护

汽车在使用过程中，各部件将产生不同程度的松动、磨损或损坏，使汽车技术状况变坏。日常维护是保持汽车正常状况的基础工作，由驾驶员负责完成。日常维护的好坏，直接影响到行车的安全。为了预防事故和保证行车安全，应随时了解和掌握汽车的技术状况。汽车在使用中，必须坚持进行日常维护。

汽车日常维护的目的是保证车辆各部分的清洁和润滑，及各总成、部件工作正常。尤其要掌握车辆安全部件的技术状况，保证其工作可靠性。具体做到：车容整洁；工作介质（燃油、润滑油、动力传动液、冷却液、制动液及蓄电池电解液等）充足；密封良好，水、电、油、气无泄漏；附件齐全，无松动；制动可靠，转向灵敏，灯光、喇叭等工作正常。

（一）车辆日常维护要求

1. 清洁要求

对汽车外观、发动机外表进行清洁，保持车容整洁。保持汽车外观和发动机外表的整洁，不仅是文明生产的需要，也是汽车各部分正常工作的需要。

2. 检视补给要求

对汽车各部分润滑油（脂）、燃油、冷却液、制动液及液压油等各种介质和轮胎气压等应进行检视补给。汽车油液是各部分正常工作必不可少的工作介质，必须保证其充足、清洁和性能良好。轮胎气压必须符合要求，这是保证汽车正常行驶的基本条件。所以对油液和轮胎气压等进行检视补给是汽车日常维护的基本作业内容。

3. 安全装置和发动机状况检查要求

对汽车制动、转向、传动、悬架、灯光、信号等安全部件和装置以及发动机运转状态进行检视、校紧，确保行车安全。随着道路条件的改善，汽车运行速度不断提高，对汽车安全行驶的要求也越来越高。保证安全部件始终处于完好状态非常重要，是日常维护、检查的重点。发动机的技术状况直接影响汽车的动力性能、排放净化性能和燃油消耗率，随着环保和节能要求的日益提高，发动机的技术性能要求也在不断提高，要重点进行检查。

（二）车辆日常维护作业

日常维护由驾驶员执行，主要包括出车前、行车中和收车后的车辆维护作业，其作业中心内容是清洁、补给和安全检视。

1. 出车前的日常维护

（1）打开发动机舱盖（前机舱盖）检查，如图 4.51 所示，其主要内容包括以下几方面。
① 检查机油液位。

② 检查制动液液位。

③ 检查转向助力液液位。

④ 检查冷却液液位。

⑤ 检查玻璃喷洗液液位。

⑥ 检查蓄电池电解液液位。

图 4.51 发动机舱内检查

（2）环绕车辆周围检查，如图 4.52 所示，其主要内容包括以下几方面。

图 4.52 绕车检查

① 检查轮胎气压。

② 检查轮胎龟裂、损坏情况。

③ 检查轮胎花纹的深度、异常磨损情况。

④ 检查灯光装置的脏污、损坏情况。

⑤ 检查整车外观、油漆和腐蚀情况。

⑥ 检查整车各种液体的泄漏情况。

⑦ 检查风窗玻璃和倒车镜。

⑧ 检查车门和发动机盖等的技术状况。

（3）坐在驾驶室检查，如图 4.53 所示，其主要内容包括以下几方面。

图 4.53 坐在驾驶室检查

① 检查驻车制动器的操作状况。

② 检查发动机运转情况、有无异响。

③ 检查制动踏板、加速踏板和离合器踏板的踩下状态。

④ 检查清洗液的喷射状态。

⑤ 检查刮水器的擦拭状态。

⑥ 检查灯光系统与转向灯的工作情况。

⑦ 检查仪表板报警信号灯和警告蜂鸣器的工作状态。

⑧ 检查后视镜和遮阳板的工作状态。

⑨ 检查座椅和安全带的工作状态。

2. 行车中的日常维护

车辆行驶过程中应随时留意车辆工作状况，如图 4.54 所示，其主要内容包括以下几方面。

图 4.54　行驶中的日常维护

（1）行驶中检查与观察。在行驶中，应密切注意各仪表的显示，注意发动机和底盘的工作状况。

① 注意仪表的显示情况。

② 注意汽车的行驶状况。

（2）途中停车时的检查。停车时，应注意检查轮毂轴承、轮胎、制动鼓、变速器和驱动桥等部位，查看其温度是否正常。

（3）检查底盘各部的固定情况。检查轮胎是否缺气、漏气，轮胎固定螺栓应齐全、紧固、可靠。底盘各总成应固定可靠，无异常响声；如果出现异响，应及时查明原因并予以排除。

（4）检查全车有无漏油、漏水、漏气和漏电现象。应时常注意全车有无漏油、漏水、漏气和漏电现象。

3. 收车后的日常维护

在收车后，还需进行如下工作。

（1）清洁全车内部。

① 冲洗车辆时必须停止发动机的转动。

② 清洗风窗玻璃要在湿的状态下进行，不要使用硬器物刮玻璃上的污物，以防损伤玻璃，影响视线。

③ 驾驶室内顶棚里衬应定期用软毛刷以中性的清洗液洗涤，再用干净柔软布块拭干。

（2）检查补充油液、紧固螺栓并排除故障。

① 检查补充燃油、机油、冷却液和润滑脂。按要求补充燃油、机油、冷却液、制动液和动力转向油等油液。

② 检查各部有无损伤、漏气、漏油、漏水和漏电现象，及时调整和解决存在的问题。

③ 处理好发动机的防冻问题。

④ 检查轮胎情况。检查轮胎气压，不足时及时补充轮胎气压，清除轮胎上的杂物。

二、车辆维护业务接待

（一）车辆维护业务接待员礼仪规范

车辆维护业务接待是企业与客户之间的桥梁，业务接待的水平是衡量汽车维修企业好坏的直接标准，影响客户对企业的信任度。车辆维护接待员代表企业的形象、影响企业的收益、反映企业技术管理的整体素质，是汽车维修企业经营管理中一个重要的岗位。

1. 车辆维护业务接待员应具备的条件

从各汽车 4S 店现状的调查和汽车工业的发展水平来看，一个合格的车辆维护业务接待员必须具备下列条件。

① 具有汽车维修专业大专以上文化程度，或者取得中级维修工技术证书，以及具有在维修岗位 5 年以上的工作经验。

② 品貌端正，口齿伶俐，会说普通话，有时还要求会讲当地方言，具有较强的语言表达能力和随机应变能力。

③ 熟悉汽车维修、汽车材料、汽车配件知识及汽车保险知识，并有一定的实践经验。

④ 接受过业务接待技巧的专业培训。

⑤ 熟悉汽车维修价格结算的工艺流程、工时单价和工时定额，具有初步的维修企业财务知识。

⑥ 有驾驶证，掌握企业内部维修软件的一般操作方法。

⑦ 接受过专业培训，熟悉国家和汽车维修行业的有关价格、法律、法规和政策，经主管部门考核合格。

⑧ 具有高度的责任心、良好的职业道德和心理素质。

2. 车辆维护业务接待员礼仪规范

（1）汽车维护业务接待人员仪表应端庄、整洁，主要有以下几点。

① 按季节统一着装，整洁、得体、大方。

② 衬衫平整干净，领子与袖口不脏。

③ 穿西服应佩戴领带，并注意西服与领带颜色相配。领带不得肮脏、破损或歪斜松弛。

④ 胸卡佩戴在左胸位置，卡面整洁、清晰。

⑤ 穿西服可以不扣纽扣，如果扣，正确的扣法是只扣上边一粒，下边则不扣。

⑥ 胸部口袋只是装饰，不能装东西，如遇隆重场合，仅可装作为胸饰的小花等。其他口袋也不可装许多东西，如果外观鼓鼓囊囊很不雅观。

⑦ 穿深色皮鞋，每日擦亮，不穿破损、带钉和异形的鞋。

⑧ 工作期间不宜穿大衣或过分臃肿的服装。

⑨ 女性服务顾问服装淡雅得体，不可过分华丽。

（2）汽车维护业务接待人员仪容应洁净、自然，主要包括以下几点。

①　头发干净整齐，让所有的客户都有一个好印象。作为服务中心的一员应当有合适的发型。要经常清洗，保持清洁，发型普通，不染发。男性服务顾问不留长发，女性服务顾问不留披肩发。

②　面部清洁，男性服务顾问应经常剃胡须。女性服务顾问要化淡妆，不能浓妆艳抹，不用香味浓烈的香水。

③　指甲不能太长，要注意经常修剪。女性服务顾问不留长指甲，不做美甲，不涂有色指甲油。

④　口腔保持清洁，上班前不喝酒、不吃有异味的食品。

（3）汽车维护业务接待人员的举止规范包括以下几个方面。

①　握手。主动热情地伸向客户，表达诚意，但对女客户不可主动先伸手，更不可双手握。

②　微笑。对客户在任何情况下都要保持微笑。

③　打招呼。主动与客户打招呼，目光注视客户。

④　安全距离。与客户保持 1 m 左右的距离。

⑤　作介绍。先介绍主人，后介绍客人。

⑥　指点方向。紧闭五指，指示方向，不可只伸一个或两个手指。

⑦　引路。在客人的左侧为其示意前进方向。

⑧　送客。在客人的右侧为其示意前进方向。

⑨　交换名片。双手接客户名片，仔细收藏好，不可随意放在桌上；递送名片要双手送出，同时自报姓名。

（4）汽车维护业务接待员的礼仪要求有以下几个方面。

①　客户来到，应面带微笑，主动热情地问候招呼："小姐（先生），您好，我能为您做些什么？"务必使客户感到业务接待员是乐于助人的。

②　对待客户应一视同仁，依次接待，认真询问，做到办理前一个，接待第二个，招呼后一个。在办理前一个时要对第二个说"谢谢您的光临，请稍等"，招呼后一个时要说"对不起，让您久等了"，使所有客户感到不受冷落。

③　接待客户时，应双目平视对方脸部三角区，专心倾听，以示尊重和诚意。对有急事而来意表达不清的客户，应劝其先安定情绪后再说。此时可说："请您慢慢讲，我在仔细听。"对长话慢讲、语无伦次的客户，应耐心、仔细听清其要求后再回答。对口音重、说话难懂的客户，一定要弄清其所讲的内容与要求，不能凭主观推测和理解，更不能敷衍了事将客户拒之门外。

④　答复客户的询问时，要做到百问不厌，有问必答，用词用语得当，简明扼要，不能说"也许""可能""好像是""大概是"之类模棱两可或是含混不清的话。对一些难以回答的问题，不要不懂装懂，随意回答，也不能草率地说"我不知道"，更不能不耐烦地说"你问我，我问谁"等。应该实事求是地说，"抱歉得很，这个问题现在无法解答，让我了解清楚后再告诉您，请您留下联系电话。"

⑤　客户较多时，应先问先答，急问快答，不先接待熟悉的客户，应依次接待，注意客户表情，避免怠慢。使不同的客户都能得到应有的接待和满意的答复。

⑥　在验看客户的证件资料时，要注意使用礼貌用语，验看完后要及时交还，并表示谢意，说："××小姐（先生），让您久等了，请您收好，谢谢。"

⑦ 对有意见的客户要面带微笑，以真诚的态度认真倾听，不得与客户争辩或反驳，而要真诚地表示歉意，妥善处理。对个别有意为难、过分挑剔的客户，仍应坚持以诚相待，注意服务态度，要热情、耐心、周到，动之以情，晓之以理。

⑧ 及时做好客户资料的存档工作，以便查阅、检索和对客户进行有针对性的服务。

⑨ 坚持服务电话跟踪，及时与客户电话跟踪询问，以体现对客户的尊重。

（5）接听电话时的礼仪要求有以下几点。

① 接打电话时，要坐端正，不要嚼口香糖、吃东西或喝水等，否则客户会感觉到你是在敷衍了事，不尊重他（她）。

② 接打电话前，要准备好笔和记录本，方便通话时记下要点。

③ 电话来时，听到铃声响三声之内要接听。开始通话需说"您好"，并自报××维修服务中心、部门及职务。要认真细心听对方的讲话，同时在记录本上记下要点。未听清时，及时告诉对方。结束通话需礼貌道别，待对方挂断电话，自己再放下话筒。

④ 接打电话时，语音要亲切、自然，吐字清晰，语速适当。

⑤ 客户来电话咨询时，应热情帮助解决问题。如不能马上回答，应与来电话的客户讲明等候时间，以免让客户久等，引起误会。

3. 车辆维护业务接待

客户到达维修站后，业务接待人员通过与客户沟通弄清楚客户的维护要求，针对车辆进行内、外部检查并确认维护项目。利用维修管理系统软件，掌握客户车辆档案，根据车辆状况及车间负荷对本次维护进行估价及交车时间预估，并且制作估价单、派工单，取得客户同意后进行车间派工。

车辆维护过程中业务接待人员需监控工作进程以确保在承诺交车时间内交车。维护过程中若发现追加维修项目应及时通知客户，取得客户同意后，再次派工。维修项目完成以后，业务接待员再次检查车辆问题是否得到全面解决，并检查车辆清洁情况，做好交车前准备，然后通知客户提车。

（1）车辆维护业务接待基本流程。汽车维修是汽车维修企业围绕客户及汽车所展开的各项技术服务工作，其中汽车是企业间接的服务对象，客户才是企业直接的服务对象。因而汽车维修企业的业务管理必须充分体现以人为本的特点，围绕客户这一中心展开各项服务活动。汽车维修企业的生产与运作过程就是不断使汽车维修企业的服务流程更具合理性、科学性和经济性，体现服务流程的高效性的过程，以充分适应企业本身的特点，挖掘企业发展的潜力，最大限度地满足客户需求。因而服务流程是一个涉及运作流程设计、客户关系、信息资源、计划管理和市场开发的系统工程。

现代汽车维修企业一般采用以客户为中心的服务运作流程，其步骤如下。

① 预约。倾听客户描述，详细记录。

② 预约准备。全面准备，通知有关人员（配件、车间等）。

③ 维修接待。检查车辆，详细记录，制作任务委托书、估价单。

④ 维修。正确地进行所承诺的维修工作。

⑤ 质量检验。检查维修工作质量。

⑥ 交车。解释维修工作并开具发票，陪同客户结账，送走客户。

⑦ 跟踪服务。听取客户意见，进行满意度调查。

（2）预约环节，主要包括以下几个方面。

① 预约登记。在一个繁忙的维修服务中心里，接电话的人通常是服务顾问的助手或信息员。之所以不采用服务顾问接听电话的方式，是因为在繁忙的维修中心，服务顾问通常都很忙，要接待很多的客户，无空余的时间接电话。但是，如果维修中心的人员配置没有问题，或者说不是太繁忙的话，也可以由服务顾问来接电话。

接电话的人员首先要在预约登记表上记录有关客户和车辆的详细信息及所要进行的工作。若有专用计算机记录客户详细的信息，可直接将信息输入保存；若是老客户，则可直接调出客户档案及车辆的相关资料进行预约。

② 安排预约时间。为客户安排预约时间，通常以间隔 15 min 来进行预约。例如，第 1个客户如果预约在 9 点钟的话，那就得给服务顾问 15 min 的接待时间，持续到 9 点 15 分，第 2 个客户就应该安排在 9 点 15 分，以此类推。第 3 个安排在 9 点半，但第 4 个不应该安排在 9 点 45 分，而应安排在 10 点钟。原因是必须要留有 15 min 的应急时间。因为假如在接待第 1 个客户时，由于某种原因拖长了 5 min，第 2 个客户就会被延迟 5 min，第 3 个也会依次被延迟，如果有了 15 min 的机动时间，第 4 个客户就不会受影响。

经过调查研究得知，人们在排队时，最多能忍受 8 min 的等候时间。因此，如果有 15 min的机动应急时间，将不会影响到第 4 个客户。也许有人认为这一刻钟无关紧要，但是往往就是这不起眼的 15 min 能够避免客户的拥挤现象。

③ 完成客户委托书的前一部分。接下来，要完成客户委托书的前一部分。通常，委托书最初的部分要记下客户与车辆的信息。客户的信息包括客户的姓名、地址、电话等，车辆的信息包括车辆的牌照、车架号、行驶的里程数等。

④ 向客户提供相关信息。在预约时，要提供给客户相关的信息。例如，客户要做保养，这时应该提供的信息是收费多少。因为这些保养的项目是属于比较标准的维修保养操作，都有标准的报价。如果更换制动片的话，这种普通的维修也可以做出初步报价，因为你知道一个标准的工时费，还知道需要的零件是什么，价钱是多少。所以，这些都可以在电话里面报价。

但是，有一些比较复杂的维修，就不能够在电话里报价了。因为它需要诊断，需要知道用些什么零件，这跟正常的、普通的维修不一样。

此外，在电话里也可以判断客户的车辆是不是需要保险。根据客户的资料，再参考原制造厂提供的资料，就能知道客户的车辆是否包含在专项服务的范围内。

⑤ 确认相关人员及时到位。接下来就要考虑维修技师能否及时到位的问题。如果客户第2 天早上 9 点来，需要提前确认那时有没有维修技师上班。因为专门搞此类维修或者比较熟练的维修技师可能被耽搁在其他事情上，或者请假了，这些都是要了解的。

⑥ 确认相关零、部件及时到位。即使客户要做一个首保，或一个正常的保养，也要和零件部门确认所需要的机油滤清器、机油等配件是否到位。如果没有，就要及时通知客户更改预约的时间。

⑦ 接待前的准备工作。接受了客户的要求后，如果第 2 天上午 9 点客户要来进行车辆的维修或保养，那么在当天下班以前，就应该做下面相关的准备工作。

a. 写出欢迎牌。可以调出客户的档案、车辆的维修记录及客户的信息单，根据维修预约的记录，准备好对客户的欢迎牌。

现在很多维修服务中心都有欢迎牌,上面写有客户的姓名、车牌号和预约时间。在第二天上班前,把写好的欢迎牌摆在显眼的等候位置。这样,到来的客户看到欢迎牌上写着自己的名字,他(她)会觉得自己受到了尊重。但有些地方,可能会有客户不喜欢自己的名字写在上面,这就要另想他法,或只写车牌号,或只写车的品牌等。

b. 通知备件部门。要通知备件部门准备好第二天所需要的备件,提前把这些备件摆在待领区。这样,车来到以后维修技师、维修工人不需要等待就可以直接到待领区,把零件拿出来,开始工作。

c. 及时与客户取得联系。应该在下班前打电话给预约的客户,提醒他不要忘了第二天上午的预约。对没有如期赴约的客户,必须打电话给他,询问他能不能赶到。如果不能,是不是需要重新安排预约。

(3)业务接待。在整个服务流程中,客户接待这个环节是与客户直接接触的一个环节,也是至关重要的环节。在这个环节里,客户将直接感受到服务的质量,并且会影响客户对企业服务质量和维修质量的评价,进而影响客户的满意度和忠诚度。因此,高效、快捷、周到地接待客户,专业、快速、准确地诊断故障,合理的维修价格和准确的时间估算,会使客户感觉到服务顾问专业、优质的服务,从而增强客户的信任感。

接待的客户可分为预约客户和未预约客户。接待预约客户时,取出已准备好的任务委托书和客户档案,陪同客户进入维修区。这样,客户感到对他的预约十分重视,客户对接待这一环节会很满意。接待未预约客户时,仔细询问并按接待规范进行登记。

① 对客户表示欢迎。客户车辆进入维修服务中心入口处时,门卫要主动为客户打开维修服务中心大门,向客户敬礼或行注目礼表示欢迎,并引导客户到指定的停车区。当维修服务中心入口处有交通堵塞或交通不便时,门卫应主动进行交通疏导,让客户车辆方便进入。

在预约时间到来以前,要准备好相关资料等待客户到来。对预约的客户或者非预约的客户,甚至突然进来的客户,都要表示欢迎,不要让非预约的客户觉得不被重视。

服务顾问应主动向客户递交名片和维修服务中心的有关服务信息资料。

② 了解客户需求。客户到来之后,要认真了解客户的需求,了解客户到这里来是什么目的,他(她)想做什么样的保养,想做什么样的维修,这些都要首先弄明白。

③ 对车辆进行预检。在做预检时,要当着客户的面,罩上座位套、转向盘套并放好脚垫,然后把车开到预检台跟客户一起做预检,初步进行故障诊断。

a. 细心聆听客户对故障的描述。

b. 深入地向客户探问以求了解更多的情况。

c. 与客户研讨,要明白客户要做某一维修项目的原因。

d. 环车检查,初步找出故障来源,科学检测诊断,准确找出故障所在。

e. 与客户商妥后,确定维修项目。

f. 尽量满足客户报修以外的其他合理要求。

g. 根据试车检测情况及时向客户提出建议。

h. 遇到难以解决的问题,应与技术主管商讨,找出解决问题的方法。

对将要进行的工作,要注意以下几点。

a. 让客户选择解决方案。例如,客户说车漏油,当你把车举升起来后,看见车的确漏油,这时就要告诉客户有几种解决方案,让客户选择采用哪种方案。

b. 检查配件库有无库存。检查配件库里有没有库存，提出预估的价格，告诉客户大概需要多少钱、多少时间，然后和客户商定交车的时间。当然，交车的时间应该考虑车间的工作量。

c. 出现新问题时的做法。如果在预检时，把车顶起来后，发现它的排气管坏了，或者发现减振器坏了，从而导致车漏油。如果之前客户没有发现，就要向客户建议，告诉他应该做这些维修。

注意：如果客户不接受维修建议，就要把它记录在委托书上，并做说明。特别是涉及安全的维修项目，服务顾问对客户提了建议，但他没有接受，要登记下来，以免以后产生不必要的法律纠纷。

④ 开具任务委托书，主要有以下几方面的工作。

a. 取得车辆的基本资料（型号、年份、VIN 码等）。

b. 车况、证件的交接。

c. 随车工具及物品的保管。

d. 与客户商定材料、配件提供方式。

e. 开具任务委托书时，要注意与维修技师沟通有关维修工作。

f. 任务委托书开具后要交给客户过目、签字。

任务委托书是客户委托维修企业进行车辆维修的合同文本，也称为维修合同。任务委托书的主要内容有客户信息、车辆信息、维修企业信息、维修作业任务信息、附加信息和客户签字。客户信息包括客户名称、联系方式等；车辆信息包括牌照号、车型、颜色、底盘号、发动机号、上牌日期、行驶里程数等；维修企业信息包括企业名称、电话，以方便客户联系；维修作业任务信息包括进厂时间、预计完工时间、维修项目、工时费、预计配件材料费；附加信息是指客户是否自带配件、是否带走旧件等，这些都需要同客户作准确的约定。客户签字意味着对维修项目、有关费用、时间的认可。

任务委托书一般至少两联，其中一联交付客户，可作为客户提车时的凭证，以证明客户曾经将该车交付维修企业维修，客户结算、提车时收回。另一联维修企业内部使用，也可兼作维修车间内部派工以及维修技师领取配件材料的依据。如果维修企业使用三联任务委托书，那么除其中一联交给客户之外，企业自用的两联可分别用于维修车间派工以及维修技师领料。具体采用两联还是三联，则由维修企业根据自身实际情况而定。

进厂车辆如果只是进行一般的维护，可以直接同客户签订任务委托书。进厂车辆如果要进行故障维修，业务接待员应对客户车辆进行技术性检查和初步故障诊断，验证故障现象是否同预约中描述的相同，必要时和客户一起试车亲自验证。根据故障现象判定故障原因，必要时还要请技术人员进行仪器检测和会诊，拟订维修方案，估算维修工时费和材料费，预计完工时间，打印好任务委托书，请客户签字。

业务接待员同客户签订任务委托书时，应当向客户解释清楚任务委托书的内容，特别是维修项目、估算维修工时费、材料费和预计完工时间。

⑤ 修竣时间与收费工作应注意以下几点。

a. 工时估价应按照企业规定的不同车型、不同维修项目的统一工时定额和工时费报价。

b. 零、配件应按销售价格报价，特殊订货的配件，价格应适当加乘一定的系数后报价。

c. 客户自购件，应向客户解释正厂件与副厂件的质量差异和价格差异。

d. 对一般维修项目可向客户直接报价，个别维修项目的收费应向客户做必要的解释。

e. 检查客户的保修单和保养单。

f. 估计客户可以取回车辆的时间。若客户对取车时间有疑问，要做出适当回应。

g. 与维修技师商讨有关维修事宜，估算维修总费用。

h. 安排维修时间表时，要考虑维修车间的工作量，估算查清楚配件部门有没有所需的零、配件。

i. 计算更换零、配件的费用和工时费。

⑥ 推销增加的服务时，应注意以下几点。

a. 在维修中反馈的追加项目和零件的更换应及时与客户进行沟通。

b. 向客户建议额外的维修服务，应解释服务的性质、价格及益处。

（4）预检故障诊断技巧，应着重注意以下几个方面。

① 环车检查。环车检查时，向客户确认有无贵重物品或遗留物。如有，应当场交还客户。环车检查的位置如图 4.55 所示。

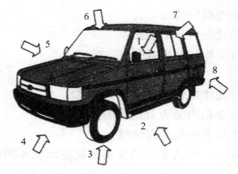

图 4.55　环车检查位置图

位置 1：

a. 垫着抹布拉开车门。

b. 请顾客提供保修手册。

c. 在得到顾客允许后打开手套箱。

位置 2：

a. 将座椅套、脚垫、方向盘套等物品放置在车内。

b. 找到保修手册，核实发动机号、底盘号和以前的维修记录。

c. 核实里程数，记录燃油量。

d. 检查仪表板和电气元件的工作状况（如果时间允许的话）。

e. 检查前排座椅、仪表台等处是否有顾客遗留的贵重物品。

f. 在从车里出来之前，释放发动机盖拉锁和所有门锁。

位置 3：

a. 垫着抹布关上驾驶员门。

b. 走到位置 3。

c. 记录左前车门、翼子板、发动机盖、后视镜等处的划痕、凹痕或漆伤。

d. 检查挡风玻璃上的划痕。

e. 检查左侧雨刷片是否硬化或有裂纹。

f. 检查左前轮胎是否有不均匀磨损、裂纹等问题。

位置 4：

a. 检查发动机箱里的部件（检查风扇皮带的张紧度、所有油液的存量和质量、是否有机油或水泄漏、蓄电池液高度等）。

b. 如果是第一次光临的顾客，再次检查发动机号、底盘号、车型编号。

c. 如果有必要进行故障诊断或路试，请技术员或车间主任来完成。

位置 5：

a. 检查右侧翼子板、右前门、右侧后视镜等处的车身和油漆损伤。

b. 检查右侧雨刷片是否硬化或有裂纹。

c. 检查右前轮胎是否有不均匀磨损和裂纹。

d. 确认车轮饰盖是否完好。

位置 6：

a. 检查右侧车身和油漆的损伤情况。

b. 检查是否有贵重物品遗忘在车后座上。

c. 检查右后轮胎是否有不均匀磨损或裂纹。

位置 7：

a. 检查后门车身是否有油漆损伤。

b. 掀起后背门，检查行李箱内是否有遗留的贵重物品。

c. 检查后风挡的雨刷片是否硬化或有裂纹。

d. 确认所有随车工具齐全，确认千斤顶妥善固定在原位（如果时间允许的话）。

位置 8：

a. 检查左侧的车身和油漆损伤。

b. 检查是否有贵重物品遗留在车后座上。

c. 检查左后轮胎是否有不均匀磨损或裂纹。

环车检查时，应注意杂物箱是客户的私密空间，在打开之前一定要先征求客户的同意。检查过程中如果发现有损伤部位需向客户指出损伤部位，并建议客户修复，估算费用。征得客户同意后，请客户签字确认。

② 仔细倾听与问诊。汽车故障诊断都是由倾听与问诊开始的，这也是诊断的第一步。仔细倾听与问诊客户对车辆故障的描述，并在工作单上做好记录。

客户来到维修中心之后，会告诉你车辆有故障。这时要确认故障症状，就必须运用有效的询问技巧。客户只是站在他的角度来说明车辆的故障，这时如果完全按照客户的描述进行记录，往往写出来的故障症状是不准确的。所以就要运用有效的提问技巧，询问客户关于故障的情况，这样才能够把故障情况准确地记录在委托书上，才不会误导维修技师的判断。

客户叙述故障症状时，往往会从以下角度进行。

a. 听到什么噪声。噪声一般是由机械故障引起的。

b. 闻到什么气味。常见的是由于高温灼烧所致。

c. 看到了什么。也就是视觉的感受。

d. 驾驶的感受。例如，客户觉得车开起来好像跟以前不一样了，以前动力比较强劲，现在动力好像变小了。

　　e. 发动机性能。例如，车辆跑起来提速快不快、怠速稳不稳定、功率够不够等，都是发动机性能的问题。

　　客户一般会从这5个角度来对故障做出描述，接待问诊时就可以利用上述5种故障症状向客户提问，帮助客户把故障症状描述清楚。在询问时，可以使用一些描述性的问题。和前面的问题不一样，描述性问题的目的是要让客户多说话。通常，当客户告诉你一些情况，你需要对此加以确认时，可以使用一些封闭式问题。

　　③ 认真检验。听完了客户对故障的描述之后，还不能对这些现象轻易下诊断结论。因为绝大多数客户并不是专业人士，对于汽车本身的认识处于很粗浅的阶段，有时很难说清楚是哪个系统出了故障或者该故障对于某种车型来说并不一定是故障。这就需要接待人员从专业的角度对车辆进行检验，检验看是否像客户所说的那样，是否有新发现。所以不应该为了图省事不进行检验。如果全部照搬车主的叙述，直接制订工作单而不进行核实，就有可能使下一步的维修工作陷入误区。因此，检验往往是诊断出故障的关键。

　　④ 准确判断。有了问诊和检验作为基础，接下来就是要根据前两步来对故障进行诊断，开具维修委托单。大部分车主并非汽车专业人士，而作为专业的汽车维修接待人员要将车主的口头描述转化为专业文字制订好维修委托单，以便车间的维修人员进行专业化维修作业。要防止因为文字问题或记录不准确而出现误诊、错诊，这就要求接待人员具有较系统的汽车维修理论知识和一定的维修经验。

　　（5）维修项目估价。一般车辆接待、预检完后，客户在签订维修任务委托书时都要求了解维修的价格，此时需要对车辆维修项目进行估价。汽车维修与保养的收费内容主要包括工时费用、材料费用和其他费用3项。

　　维修项目估价在实际运用中要灵活掌握，在估价过程中既要维护企业的利益，又要顾及客户要求，做出合理的维修估价，使客户有一种明白消费的感觉。

　　维修估价时，应明确维修配件是由企业还是由客户提供的、用原厂件还是非原厂件，并应向客户进行说明。凡客户自购配件或坚持要求关键部位用非原厂件的，企业应说明其技术质量的差距，并在任务委托书上写明，由客户签字确认。以下是各收费项目的计算方法。

　　① 汽车维修工时费。汽车维修工时费是指汽车维修所付出的劳务费用，即完成一定的维修作业项目而消耗的人工作业时间所折算的费用。

　　为了使汽车维修企业能够规范、统一、客观、合理地计算和收取汽车维修工时费，我国规定汽车维修工时费按统一规定的工时单价与统一规定的定额工时相乘的乘积进行计算，即汽车维修工时费的计算公式为

$$工时费 = 工时单价 \times 定额工时$$

　　汽车维修工时单价是统一规定的完成某种汽车维修作业项目每一小时的收费标准。

　　汽车维修工时单价的类别一般根据汽车维修作业项目的不同，划分为汽车大修（包括发动机、车架、变速器、前桥、后桥、车身等总成大修）、汽车维护（包括一级维护、二级维护）和专项维修（包括小修）3种，各类维修作业项目规定不同的工时单价标准。汽车维修工时单价一般由各省交通行业主管部门和物价管理部门统一制定并向社会公布执行。

汽车维修定额工时是统一规定的完成某种维修作业项目所需要的工时限额，通常也称为工时定额。

汽车维修工时定额一般也是由各省交通行业主管部门和物价管理部门统一制定并向社会公布执行的。

汽车维修工时定额是汽车维修企业计算和收取汽车维修工时费的最高限额。汽车维修企业在收取汽车维修工时费时，必须严格按照统一规定的维修工时定额标准进行计算。

汽车维修工时定额也根据汽车维修作业项目的不同，规定不同类别的工时定额标准，主要分为以下几类。

a. 汽车大修工时定额。一般根据车辆类别和参数，如客车按座位数、货车按吨位、轿车按型号等参数，规定不同的工时定额标准。

b. 汽车总成大修工时定额。一般根据车辆类别和参数，如客车按座位数、货车按吨位、轿车按型号等参数，规定其各主要总成的工时定额标准。

c. 汽车维护工时定额。一般根据车辆类别、型号、参数等，分别规定其一级维护、二级维护的工时定额标准。各级汽车维护工时定额是指按国家或当地交通行业主管部门规定的汽车维护作业项目的全部工时限额，一般不包括汽车维护作业范围以外的附加维修作业项目的工时。

d. 汽车小修工时定额。一般根据车辆类别、型号、参数等，规定具体的汽车小修作业项目的工时定额标准。

汽车维修工时定额除了用于计算汽车维修工时费以外，在汽车维修企业内部还可用作维修作业派工、维修工作量考核等的依据。

② 汽车维修材料费。汽车维修材料费是指汽车维修过程中合理消耗的材料的费用，一般分为配件费用、辅助材料费用和油料费用 3 类。

a. 配件费用。配件费用包括外购配件费用、自制配件费用和修旧配件费用 3 种。

外购配件费用即使用汽车维修企业购进的汽车配件的费用，按实际购进的价格收费。自制配件费用指使用汽车维修企业自己制造加工的汽车配件的费用。属于国家（或省）统一定价的，按统一价格收费；无统一定价的，按实际加工成本价收费；对个别加工成本较高的配件，可与客户协商定价。修旧配件费用指由汽车维修企业加工修复的备用旧汽车配件。

b. 辅助材料费用。汽车维修辅助材料费用是指汽车维修过程中消耗的棉纱、砂布、锯条、密封纸垫、开口销、通用螺栓、螺母、垫圈、胶带等低值易耗品。汽车维修过程中此类材料的消耗不易单独核算费用，因此交通行业主管部门和物价管理部门统一规定了汽车维修辅助材料费用定额，作为汽车维修辅助材料费用的收费标准。汽车维修企业应依据汽车维修辅助材料费用定额收取汽车维修辅助材料费用。

汽车维修辅助材料费用定额一般按汽车维修作业的不同类别和车辆的不同型号规定不同的费用定额标准。

c. 油料费用。油料费用是指汽车维修过程中消耗的机油、齿轮油、润滑脂、汽油、柴油、制动液、清洗剂等油品的费用。对汽车维修过程中各种油料的消耗，交通行业主管部门和物价管理部门一般也规定统一的油料消耗定额。各种油料的费用应依据规定的油料消耗定额与油料的现行市场价格进行计算和收取。

汽车维修过程中各种油料的消耗定额，一般也按照汽车维修作业的不同类别和车辆的不同型号规定不同的消耗定额标准。

③ 其他费用。其他费用就是指上述费用以外的、汽车维修过程中按规定允许发生的费用，主要包括材料管理费、外协加工费等。

a. 材料管理费。材料管理费是指在汽车维修过程中使用维修企业的外购汽车配件时，在其购进价格的基础上加收的一部分费用。材料管理费的实质是对汽车维修企业外购汽车配件过程中所发生的采购费用、运输费用、保管费用以及材料损耗等费用的补偿。

在汽车维修过程中，使用维修企业的外购汽车配件时，允许汽车维修企业按规定收取一定比例的材料管理费。材料管理费的计算方法是以汽车维修过程中所消耗的外购配件费用为基数乘以规定的材料管理费率，即

$$材料管理费 = 汽车维修过程中所消耗的外购配件费用 \times 材料管理费率$$

材料管理费率由交通行业主管部门和物价管理部门统一规定，一般为 7%～8%。但是在汽车维修过程中使用辅助材料和油料，以及使用维修企业的自制配件和修旧配件时，都不允许加收材料管理费。

b. 外协加工费。外协加工是指在汽车维修过程中，由于承修企业的设备与技术条件所限不能进行的加工项目，由承修企业组织到厂外进行的加工。

外协加工项目如果属于客户报修的维修类别规定的作业范围之外的项目，其外协加工费用规定在作业范围之内，承修企业应按相应的标准工时定额收取工时费用，不得再向客户加收外协加工费。

④ 汽车维修总费用的计算。汽车维修总费用就是工时费、材料费和其他费用 3 项费用之和，即

$$维修总费用 = 工时费 + 材料费 + 其他费用$$

（6）维修后的质量检查，主要注意以下几点。

① 必要时组织进行试车。在维修后进行质量检查时，必要时业务接待人员要安排试车。试完以后，把车放在交车区内。如果试车状况良好，写出试车报告；如果试车的结果有问题，应通知有关车间的负责人和维修技师进行补救。

② 更新工作控制牌。有时，维修补救行动会导致交车时间的延迟，因此要更新工作控制牌，并及时通知客户。

③ 对全车进行检查。服务顾问在通知客户取车前，要进行最后一道检查，即应该做的工作是不是已经做完，更换下来的零件放在何处，所有应该更换的零件都更换了没有，车里面是不是已经打扫干净，车身是不是已经洗干净，这些都是业务接待人员最后要做的检查工作。

④ 在维修单上签名。最后业务接待人员要在维修单上签名，然后标上质量检查完毕的标志。

（7）结账与交车。交车，是业务接待员与客户接触很重要的环节。在这个环节中，业务接待员要注意如何使客户满意。

① 核算结账清单。在通知客户交车以后，业务接待员审验完维修任务委托书后，确认无误，做好相应记录，将任务委托书送交收银台进行核算。收款员检查任务委托书、材料单和

其他凭证（如外部维修加工单等）是否齐全，检查出库的材料是否与任务委托书要求的维修范围一致，并将确定项目进行核对、核算。

②　带领客户验车。当客户来取车时，业务接待员应亲自带领客户查看一下维修完毕的车辆，向客户详细地解释工作的完成情况，比如做了些什么工作，哪些是免费的，都要和客户说明，还要说明已经进行了全面的质量检查。

业务接待员要向客户指出车辆依然存在的问题，指出这辆车以后还有什么问题必须修理，只是现在不是很紧急，可以留到下一次进行修理，下一次的保养时间应该是什么时候。所以在这个时候，也是业务接待人员与客户产生另外一个新预约的时机。每一次同客户接触时，业务接待员都要尽量做到与客户有一个新的预约。

③　带领客户审验维修项目。带领客户按照任务委托书审验维修项目，确认所有要求已满足。审验维修项目的过程中，积极向客户解释维修的过程。此时应带上损坏的零件来帮助进行说明，能对客户的信任产生积极的影响。这样也可以避免客户认为企业提供的服务过于昂贵。

④　结账、交车。最后，业务接待员必须引导客户到收银台，同时感谢客户对其工作的关照，并且告诉收银台的工作人员，如果客户有什么问题，直接带客户来见他（她）。结完账后，带领客户到交车区交车。

（8）跟踪回访。在客户取车后的 3 个工作日内，要给客户打追踪电话，以便了解客户对本次维修服务是否满意。通常，在一个繁忙的维修中心里面，这个工作是由信息员来做的。但是，也有一些维修服务中心是让业务接待员来做的。

项目五　汽车二级维护

工作情景

某车主李先生购买了一辆一汽大众高尔夫 1.6 L AT 轿车，车辆行驶了一段时间后，为确保车辆各项性能处于最佳状态，提高行车安全性，延长车辆使用寿命，他按照一汽大众汽车公司的维护计划规定（间隔里程 15 000 km 或 1 年）到汽车 4S 店进行二级维护。请参照国家标准《汽车维护、检测、诊断技术规范》（GB/T 18344—2001），并结合一汽大众高尔夫 1.6 L AT 轿车维护作业标准，制订合理的二级维护方法和作业流程并完成二级维护作业。

学习目标

通过本项目学习，应能达到以下目标：

（1）根据车辆型号查阅有关技术资料。

（2）准确选用常用工具及量具。

（3）准确描述汽车二级维护的项目、内容及意义。

（4）正确检查并维护蓄电池的技术状态。

（5）完成整车的二级维护及检查。

（6）与顾客进行良好的沟通和交流，并符合公关礼仪的要求。

（7）自觉遵守 6S 要求。

（8）独立进行成本核算和控制。

（9）自觉遵守劳动与环境保护的规定。

（10）具备良好的职业道德、劳动观念和团队合作。

（11）具备自主学习的能力和吃苦耐劳的精神。

相关知识

一、汽车二级维护的定义

汽车二级维护是指车辆行驶到一定里程（间隔里程因车和使用条件的不同而不同）后，除完成一级维护保养作业外，以检查、调整转向节、转向摇臂和悬架等经过一定时间使用后容易磨损或变形的安全部件为主，并拆检轮胎，进行轮胎换位，检查调整发动机工况和排气污染装置等，由维修企业负责执行的车辆维护作业，过去称为二级保养。其中心作业内容为检查和调整。

当汽车行驶到一定里程后，零件的磨损和变形会增加，为了延长汽车的使用寿命和保证行车安全，必须按期进行汽车二级维护。

　　汽车二级维护是我国现行汽车维护作业中的最高一级。二级维护要求在维护前进行不解体检测诊断，以确定附加作业项目；强调对安全部件的检查和调整；检查、调整发动机工况和排气污染控制装置的工作情况等。

二、汽车二级维护的基本要求

　　汽车二级维护的目的是消除安全隐患，恢复车辆使用技术性能，尤其是排放和安全性能，所以二级维护作业应满足以下基本要求：

　　（1）汽车二级维护的检测诊断。应全面完成汽车二级维护的各检测、诊断项目，这关系到对该车的技术状况能否真正掌握，关系到二级维护附加作业项目的确定是否合理、到位，关系到汽车潜在的故障隐患能否通过本次维护得到彻底排除。

　　（2）汽车维护作业过程检验。这是控制二级维护作业质量的重要环节。汽车二级维护是否达到预期目的，取决于二级维护的基本作业和附加维护作业项目是否到位，是否按技术要求完成作业任务。只有进行维护作业过程的检验，才能对汽车维护质量进行有效控制，达到维护的目的。

　　（3）汽车维护竣工检验。企业应有明确的针对具体车型的汽车维护竣工检验技术标准，根据该标准配备相应的检测设备以及掌握现代汽车检测诊断技术的质量检验员，这是保证汽车维护质量的关键。

三、汽车二级维护的工艺过程

　　汽车二级维护是现行维护制度中的最高级别维护，其目的是维持汽车各总成、系统和机构具有良好的工作性能，及时排除故障和隐患，保证汽车的动力性、经济性、环保性、操纵性及安全性等各项综合性能指标满足要求，确保汽车在二级维护间隔期内能够正常运行。

　　汽车二级维护的工艺流程如图 5.1 所示。

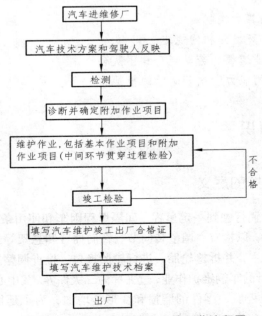

图 5.1　汽车二级维护作业的工艺流程图

（1）汽车二级维护首先要进行检测，汽车进厂后，根据汽车技术档案的记录资料（包括车辆运行记录、维修记录、检测记录、总成修理记录等）和驾驶员反映的车辆使用技术状况（包括汽车动力性、异响、转向、制动及燃、润料消耗等）确定所需检测项目。

（2）依据检测结果及车辆实际技术状况进行故障诊断，从而确定附加作业。

（3）附加作业项目确定后与基本作业项目一并进行二级维护作业。

（4）二级维护过程中要进行过程检验，过程检验项目的技术要求应满足有关的技术标准或规范。

（5）二级维护作业完成后，应进行竣工检验，竣工检验合格的车辆，由维护企业填写《汽车维护竣工出厂合格证》后方可出厂。

四、汽车二级维护检测、诊断及附加作业项目确定

（一）汽车二级维护检测项目

汽车二级维护检测项目，按检测的目的和范围可归纳为 7 个方面，共计 13 个项目，如表 5.1 所示。

表 5.1　汽车二级维护检测项目及目的

序号	检测项目		检测目的
1	发动机动力性能检测	发动机功率，气缸压力	在二级维护时，通过不解体检测"发动机功率"和"气缸压力"等技术参数，来判断气缸密封性和磨损情况，以及发动机工作性能，确定是否需要对影响发动机动力性的有关工作部件进行检修或更换，或进行发动机解体维护（如换活塞环、磨气门），或总成大修
2	排放净化性能检测	汽车排气污染物，三元催化转化器的作用	在二级维护时，通过对汽车排气污染物的检测，掌握汽车排放净化性能是否符合有关标准，判断发动机工作状况和三元催化转化器等排放净化装置的技术状况，以确定对发动机和排放净化装置的维护作业项目
3	电控燃油喷射系统检测	电控燃油喷射系统	电控发动机结构复杂，在实际维护中不解体检测电控燃油喷射系统工作性能主要有两个方面的要求：一是通过故障自诊断系统故障码的查询、电控燃油喷射系统各部件的相关工作参数的调取，来判断系统工作状况，确定传感器或执行器是否需要检修；二是通过检测电控燃油喷射系统的工作压力，确定燃油泵、燃油压力调节器、喷油器和燃油管道等是否完好、密封、工作正常，是否需要进行拆检、清洗或更换
4	柴油车工作性能检测	柴油车检查供油提前角、供油间隔角和喷油泵供油压力	在二级维护时，通过对柴油机供油提前角、供油间隔角和喷油泵供油压力的检测，判断柴油机供油系统的工作状况，确定是否需要拆检，喷油器是否需要拆洗并检测喷油雾化状况

序号	检测项目		检测目的
5	安全性能检测	制动性能，检查制动力	在二级维护时，为保证制动性能，对制动器有拆检的要求，这是在新的以不解体为主导的维护技术规范中，特别强调要解体作业的内容。 对于制动控制系统（气压制动系统或液压制动系统）的技术状况，必须通过制动力、制动力平衡和制动协调时间等制动性能参数的检测予以判断，以确定是否需要拆检维护有关部件。如液压制动系统的制动主缸、制动轮缸、制动助力器；气压制动系统的空气压缩机、制动阀、制动气室等，保证汽车制动性能
		前照灯	通过对汽车前照灯发光强度和光轴照射位置的检测，确定是否需要进行灯光调整或更换部件，保证行驶安全性
6	操纵和行驶系统检测	转向轮定位，主要检查前轮定位角和转向盘自由转动量	一是通过对前轮定位角的检测，判断汽车前轴和传动杆系是否变形，是否需要校正，主销衬套或转向节等是否需要更换；二是通过对转向盘自由转动量的检测，判断转向器和转向轴的技术状况，确定是否需要进行转向器总成拆修
		车轮动平衡	通过车轮动不平衡量的检测和调试，找到其动不平衡产生的原因，确定车轮检修方案，确保不会因车轮的不平衡而在旋转时产生离心力，从而引起车轮的振动和摇摆，影响汽车的操纵性能，加剧轮胎的磨损
		操纵稳定性，有无跑偏、发抖、摆头	通过对操纵稳定性的路试，观察行驶时有无跑偏、转向盘发抖或摆头等现象，确定是否需要进行操纵系统拆修
7	底盘传动系统技术状况检测		检查变速器技术状况，视检有无泄漏、异响、松动、脱落、裂纹等现象，换挡是否轻便灵活，判断变速器总成工作是否良好，确定是否需要进行调整或总成拆修
			检查离合器技术状况，路试有无打滑、发抖现象，分离是否彻底，接合是否平稳，判断离合器总成工作是否良好，确定是否需要进行调整或总成拆修
			检查传动轴技术状况，视检有无泄漏、异响、松动、脱落、裂纹等现象，确定是否需要进行调整或总成拆修
			检查后桥和主减速器有无泄漏、异响、松动、过热等现象，确定是否需要进行调整或总成拆修

　　随着现代汽车技术的发展，其结构越来越复杂，新装置越来越多，技术含量越来越高，在维护前和维护过程中需要通过不解体检测来进行分析诊断的情况也越来越多。因此，汽车二级维护检测项目并不受上述标准给出的内容所限，在维护执行过程中应以"及时排除故障和隐患，保证汽车完好技术状态"为目标，结合实际需要进行合理安排。

　　从汽车维护检测项目来看，有性能参数的检测，如发动机功率；有系统工作状态参数的检测，如气缸压力、供油提前角、制动力和车轮定位角等；有系统工作状况的检查，如各装置的作用、异响和操纵性能等；还有一些总成、部件的一般视检，如密封性、连接状况等。对不同项目有不同的要求，但汽车二级维护检测诊断在总体上有以下两个方面的要求：

（1）对汽车二级维护检测诊断项目进行检测时，应使用该检测项目的专用检测仪器，仪器精度需满足有关规定，这主要是针对那些汽车性能技术参数的检测，如发动机功率、气缸压力、车轮定位角、车轮动平衡等。一是强调一定要用仪器或设备进行检测，二是强调要合理选择符合技术要求的专用检测仪器，保证检测数据的准确性。

（2）汽车二级维护检测项目的技术要求，应参照国家有关技术标准或原厂检测技术要求执行，即所检测项目应达到技术标准。这一要求明确了两个概念：一是这里所讲的"国家有关技术标准"，主要是指那些国家对车辆有统一要求的技术标准。例如，安全方面，对汽车制动性能（包括制动力等）；环境保护方面，对在用车排放污染物排量限制（俗称"排放标准"）。二是这里所讲的"原厂要求"，主要是指检测项目中除有国家标准统一要求外，应以"原厂要求"为标准。这一方面进一步明确了汽车维护的技术质量要求，体现了恢复原车技术状态这一汽车二级维护的基本宗旨；另一方面也进一步强调维修企业应重视汽车维修技术资料的收集和信息管理工作，否则维修就无技术标准可依，维修质量当然就无法保证。

（二）汽车二级维护前的技术评定和附加作业项目的确定

汽车是一个复杂的运动机械，其技术性能与使用环境有着千丝万缕的联系。特别是配置电控系统的汽车，一个故障现象可能会牵涉很多方面的因素，而一个因素可能会引起多方面的故障。因此，通过维护前不解体检测，准确评定汽车技术状况，确定合适的附加作业项目，是一项技术难度较大的工作。应根据检测结果，结合汽车运行等各方面的信息（驾驶人反映、性能检查结果和车辆技术档案等），对汽车技术状况进行综合评价，确定合理的附加作业项目。

1. 确定汽车二级维护附加作业项目的原则要求

（1）要根据检测结果确定汽车二级维护附加作业项目。通过仪器设备检测诊断或观察、路试所得到的结果，是汽车各部位运行技术状况的真实表现，是科学的、可靠的，应作为确定附加作业项目的最主要依据。驾驶人的某些反映受本人技术素质和判断能力的限制，有时还会是错觉，应作为确定附加作业项目的参考依据。

（2）把恢复汽车的正常技术状况作为附加作业深度的原则标准来确定，以消除汽车故障为目的的二级维护附加作业项目和作业内容。若维护作业（包括附加作业）超出范围，不仅违背二级维护的宗旨，而且违背了"技术与经济相结合"的汽车维修技术管理的基本原则。

（3）附加作业项目确定后与基本作业项目一并进行二级维护作业。这里提出了维护作业执行的原则要求，同时也进一步表明，汽车二级维护附加作业项目是维护作业不可分割的一部分。应在实施过程中，通过维修合同、维修作业单、过程检验及竣工检验等充分体现，以确保汽车二级维护基本作业项目和附加作业项目全面落实，保证维护质量。

2. 汽车二级维护附加作业项目的作业特点

（1）对于发动机部分，二级维护附加作业项目大多是围绕恢复汽车的动力性和排放性进行的。如研磨气门、更换活塞环，解决气缸与活塞环磨损，导致气缸压力达不到要求，影响动力性和燃烧质量的问题；又如拆检机油泵，解决发动机润滑系统油压达不到要求，导致气门液压挺杆异响的问题。

（2）对于底盘部分，二级维护附加作业项目大多是围绕拆检、更换汽车转向和制动等安全机构部件进行的。根据需要对部分总成附件进行解体维护，如拆检、更换制动主缸和轮缸（制动器部分在基本作业项目中要求解体维护），更换前驱动轿车的驱动轴、万向节球笼等。

（3）对于车身、电器部分，二级维护附加作业项目一般围绕发电机、起动机等电器附件的检修进行。另外还进行蓄电池补充充电，门窗摇机拆检，车身车架整形、检修等。

（三）汽车二级维护的注意问题

在汽车二级维护具体实施过程中，如何将附加作业项目与汽车二级维护基本作业项目结合一并进行，需要解决好以下几个方面的问题：

（1）附加作业项目的技术规范问题。由于附加作业项目是检修或总成修理、部件更换，因此附加作业项目应严格按有关车型维修手册的要求进行。《维修手册》中的相关内容，也应成为行业技术管理与质量监督的依据。

（2）附加作业项目如何安排的问题。要将基本作业项目和附加作业项目一并进行，有些项目是可行的，如更换零部件和局部检修，可以通过适当延长维护作业时间的办法，将附加作业项目穿插在基本作业项目过程中进行。例如，桑塔纳轿车经检查发现驱动轴、防尘罩损坏，内外万向节球笼松旷，需要更换球笼和防尘罩，由于该项附加作业项目不是很费时，就可以在二级维护过程中结合底盘部分的维护作业项目一并进行。但如拆检变速器总成、换活塞环和研磨气门等主要总成拆检的附加作业项目，要安排在基本作业项目进行过程中一并进行就不太容易实现了，况且这些总成拆下以后，会使其他部分的维护作业无法进行，如当发动机气缸盖拆下研磨气门时，对发动机检查调整点火提前角、怠速、气门间隙等项目就根本无法进行。因此，在维护作业安排时，应将总成拆修和基本维护作业的内容合理安排好，尤其是相互关联的作业项目。

总之，只有将附加作业项目合理安排好，并穿插在二级维护基本作业项目过程中进行，而且真正按技术要求作业，才能达到汽车二级维护所应达到的目的。

五、汽车二级维护基本作业项目及要求

汽车二级维护基本作业项目是无论车辆的技术状况如何都必须完成的内容，它真正体现了"强制维护"的要求。

汽车二级维护作业内容包含一级维护作业内容，二级维护基本作业项目如表 5.2 所示。

表 5.2　汽车二级维护基本作业项目

序　号	维护项目	作业内容	技术要求
1	发动机润滑油、机油滤清器	（1）更换润滑油；（2）视情更换机油滤清器	（1）润滑油规格性能指标符合要求；（2）液面高度符合规定；（3）机油滤清器密封良好、无堵塞、完好有效
2	检查润滑油油面高度	检查转向器、变速器、主减速器等润滑油规格和液面高度，不足时按要求补给	符合出厂规定

续表

序　号	维护项目	作业内容	技术要求
3	空气滤清器	清洁空气滤清器	空气滤清器清洁有效，安装可靠
4	（1）燃油箱及油管； （2）燃油滤清器； （3）燃油泵	（1）检查接头及密封情况； （2）清洁燃油滤清器，并视情更换； （3）检查燃油泵，必要时更换	（1）接头无破损、渗漏，紧固可靠； （2）燃油滤清器工作正常； （3）燃油泵工作正常，油压符合规定
5	燃油蒸发控制装置	检查清洁，必要时更换	工作正常
6	曲轴箱通风装置	检查、清洁	清洁畅通，连接可靠，不漏气，各阀门无堵塞、卡滞现象，灵敏有效，符合规定
7	散热器、膨胀箱、百叶窗、水泵、节温器、传动皮带	（1）检查密封情况、箱盖压力阀、液面高度、水泵； （2）检视皮带外观，调整皮带松紧度	（1）散热器及软管无变形、破损及渗漏；箱盖接合表面良好，胶垫不老化，箱盖压力阀开启压力符合要求；水泵不漏水，无异响，节温器工作性能符合规定； （2）皮带应无裂痕和过量磨损，表面无油污，皮带松紧度符合规定
8	（1）进、排气歧管，消声器，排气管； （2）气缸盖	（1）检查、紧固，视情况补焊； （2）按规定次序和扭紧力矩校紧气缸盖	（1）无裂纹、无漏气，消声器性能良好； （2）扭紧力矩符合规定
9	增压器、中冷器	检查、清洁	符合规定
10	发动机支架	检查、紧固	连接牢固，无变形和裂纹
11	喷油器、喷油泵	检查喷油器和喷油泵的作用，必要时检测喷油压力和喷油状况，视情调整供油提前角	喷油器雾化良好、无滴油、漏油现象，喷油压力符合规定
12	分电器、高压线	清洁、检查	分电器无油污，调整触点间隙在规定范围内，无松旷、漏油现象，高压线性能符合规定
13	火花塞	清洁、检查或更换火花塞，调整电极间隙	电极表面清洁，间隙符合规定
14	气门间隙	检查、调整	符合规定
15	电控燃油喷射系统供油管路	检查密封状况	密封良好，作用正常
16	三元催化装置	检查三元催化装置的作用，必要时更换	作用正常
17	离合器	检查调整离合器踏板的自由行程	离合器踏板的自由行程符合规定

序　号	维护项目	作业内容	技术要求
18	前轮制动	（1）检查前轮制动器调整臂的作用	作用正常
		（2）拆卸前轮毂总成、制动蹄、支撑销；清洗转向节、轴承、支撑销；清洁制动底板等零件	清洁，无油污
		（3）检查制动盘、制动凸轮轴，校紧装置螺栓	（1）制动底板不变形，按规定力矩拧紧装置螺栓； （2）凸轮轴转动灵活，无卡滞，转向间隙符合规定
		（4）检查转向节及螺母、保险片及油封、转向节臂，校紧装置螺栓	（1）转向节无裂纹，螺纹完好，与螺母配合应无径向松旷，保险片作用良好，油封完好、不漏油； （2）转向节轴径与轴承的配合间隙符合要求，转向节节臂装置螺栓拧紧力矩符合规定
		（5）检查内外轴承	滚柱保持架无断裂，滚柱不脱落、无裂损和烧蚀，轴承内圈无裂损和烧蚀
		（6）检查制动蹄及支撑销	（1）制动蹄无裂纹及明显变形，摩擦片不破裂，铆接可靠，摩擦片厚度符合规定； （2）支撑销无过量磨损，支撑销与制动蹄承孔衬套配合间隙符合规定
		（7）检查制动蹄复位弹簧	复位弹簧应无明显变形，自由长度、拉力符合规定
		（8）检查前轮毂、制动鼓及轴承外座圈，校紧轮胎螺栓内螺母	（1）轮毂无裂损； （2）轴承外座圈无裂纹、无麻点、无烧蚀； （3）制动鼓无裂纹，外边缘不得高出工作表面，检视孔完整，内径尺寸、圆度误差、左右内径差符合规定； （4）轮胎螺栓齐全完好，规格一致，按规定力矩拧紧
		（9）装复前轮毂、调整前轮轴承松紧度及制动间隙	（1）装复支撑销，制动蹄支撑销孔均应涂润滑脂，开口销或卡簧齐全有效； （2）润滑轴承； （3）制动鼓、制动片表面清洁、无油污；

序　号	维护项目	作业内容	技术要求
18	前轮制动	（9）装复前轮毂、调整前轮轴承松紧度及制动间隙	（4）制动片与制动鼓的间隙应符合规定，转动无碰擦现象或声响，检视孔挡板齐全； （5）轮毂转动灵活，用拉力计测量时可转动，且无轴向间隙； （6）锁紧螺母按规定力矩拧紧； （7）保险可靠，防尘罩、衬垫完好，螺栓垫圈齐全紧固（螺栓规格一致）
19	后轮制动	（1）拆半轴、轮毂总成、制动蹄、支撑销，清洗各零件及制动底板、半轴套管	（1）轮毂通气孔畅通； （2）各零件及制动盘、后桥套管清洁无油污
		（2）检查制动底板、制动凸轮轴，校紧连接螺栓	（1）制动底板不变形，连接螺栓按规定力矩拧紧； （2）凸轮轴转动灵活、无卡滞，轴向间隙和径向间隙符合规定
		（3）检查后桥半轴套管、螺母及油封	（1）套管无裂纹及明显松动，与螺母配合无径向松旷； （2）油封完好、无损坏、无漏油； （3）套管颈与轴承配合间隙符合规定
		（4）检查内外轴承	（1）轴承保持架无断裂，滚柱不脱落、无裂损和烧蚀； （2）轴承内圈无裂纹、烧蚀
		（5）检查制动蹄及支撑销	（1）制动蹄无裂纹及变形，摩擦片不破裂，铆接可靠，摩擦片厚度符合规定； （2）支撑销与制动蹄承孔衬套配合间隙符合规定； （3）支撑销无过量磨损
		（6）检查制动蹄复位弹簧	复位弹簧应无变形，自由长度符合规定，拉力良好
		（7）检查后轮毂、制动鼓及轴承外座圈，检查拧紧半轴螺栓，检查轮胎螺栓，校紧内螺母	（1）轮毂无裂损； （2）轴承外座圈不松动，无损坏； （3）制动鼓无裂纹，内径、圆度误差、左右内径差符合规定，外边缘不得高出工作表面，制动鼓检视孔完整； （4）半轴螺栓齐全有效

序　号	维护项目	作业内容	技术要求
19	后轮制动	（8）检查半轴	半轴无明显弯曲，不磨套管，无裂纹，花键无过量磨损或扭曲变形
		（9）装复后轮毂，调整制动间隙	（1）装复支撑销、制动蹄片时，承孔均应涂润滑脂，开口销或卡簧齐全可靠；（2）润滑轴承；（3）套管轴颈表面应涂机油后再装上轴承；（4）制动蹄片、制动鼓表面应清洁、无油污；（5）制动蹄片与制动鼓的间隙应符合规定，转动无碰擦现象或声响，检视孔挡板齐全紧固；（6）轮毂转动灵活，拉力符合规定；（7）锁紧螺母按规定力矩拧紧
20	转向器、转向传动机构	（1）检查转向器传动机构的工作状况和密封性，紧固各部螺栓；（2）检查、调整转向盘自由转动量	转向盘自由转动量符合规定，转向轻便、灵活，无卡滞和漏油现象，垂臂及转向节臂无弯曲及裂损，各部螺栓连接可靠
21	前束及转向角	调整	符合规定
22	变速器、差速器	检查密封状况和操纵机构，清洁通气孔	密封良好，通气孔畅通，操纵机构作用正常，无异响、跳动、乱挡现象
23	传动轴、传动轴承支架、中间轴承	（1）检查防尘罩；（2）检查传动轴万向节工作状态；（3）检查传动轴支架；（4）检查中间轴承间隙	（1）防尘罩不得有裂纹、损坏，卡箍可靠，支架无松动；（2）万向节不松旷、无卡滞、无异响；（3）传动轴承支架无松动；（4）中间轴承间隙符合规定
24	空气压缩机、储气筒、安全阀	清洁、校紧	清洁，连接可靠，无漏气，安全阀工作正常
25	制动阀、制动管路、制动踏板	（1）检查制动踏板自由行程；（2）检查紧固制动阀和管路接头；（3）液压制动检查制动管路内是否有气	（1）制动踏板自由行程符合规定；（2）制动阀和管理接头连接可靠、无漏气；（3）液压制动管路内无气
26	驻车制动	检查驻车制动性能，检查驻车制动制动器自由行程	符合规定，作用正常

续表

序　号	维护项目	作业内容	技术要求
27	悬架	检查、紧固、视情补焊、校正	不松动、无裂纹、无断片，按规定扭紧力矩紧固螺栓
28	轮胎（包括备胎）	检查紧固，补气，进行轮胎换位，磨损严重时更换轮胎	气压符合规定，清洁，无裂损、老化、变形，气门嘴完好，轮胎螺栓紧固，轮胎的装用符合规定
29	发电机、发电机调节器、起动机	清洁、润滑	符合规定
	蓄电池	清洁、补给、检查	清洁，安装牢固，电解液液面符合规定
30	前照灯、仪表、喇叭、刮水器、全车电器线路	检查、调整，必要时修理或更换	（1）前照灯、喇叭、各仪表及信号装置功能齐全、有效，符合规定；（2）刮水器电机运转无异响，连动杆连接可靠；（3）全车线路整齐、连接可靠、绝缘良好
31	车身、车架、安全带	检查、紧固	性能可靠，工作良好，无变形、断裂、脱焊，连接螺栓、铆钉紧固
32	内装饰	检查、紧固	设备完好，无松动
33	空调装置	检查空调系统工作状况、密封状况	（1）制冷系统密封，制冷效果良好；（2）暖气装置工作正常
34	润滑	全车加注润滑脂的部位全部润滑	润滑脂嘴齐全有效，润滑良好

注：技术要求栏中的"符合规定"指符合实际使用中的有关规定或技术要求。

汽车二级维护的基本作业项目，体现的是现代汽车维护作业的深度。汽车二级维护作业的中心内容是检查和调整，同时还要进行清洁、润滑、补给和紧固等作业，并重点检查有关制动、操作等安全部件，即二级维护应以不解体维护作业为中心，强调对部分安全部件进行拆检的要求。

汽车二级维护基本作业项目的技术要求，即维护作业项目所应达到的技术标准，是维护作业的质量要求。从以上作业内容可知，《汽车维护、检测、诊断技术规范》的作业项目中凡涉及有关检查、调整数据以及一些部件工作状态检查的内容，都以"符合出厂规定"或"符合规定"作为标准，这充分体现了"通过维护，保持原车应有技术状态"这一基本出发点，同时也明确了二级维护基本作业项目在具体执行过程中，只有紧密结合具体车型数据，才能有效保证维护质量。

六、汽车二级维护过程检验

对汽车二级维护进行过程检验的目的是实现维护过程的质量控制。二级维护过程检验明确三点要求：一是维护作业全过程实施跟踪检验的要求，即应在二级维护作业项目（含基本作业项目和附加作业项目）执行过程中全面的自始至终实施质量检验；二是要做检验记录，特别是对配合间隙、调整数据或拧紧力矩等技术参数要求的作业项目，要有检验数据的记录，作为作业过程的质量监督的依据，也可为汽车竣工出厂检验提供依据和参考；三是明确过程检验的技术标准，即二级维护基本作业项目中技术要求的内容。维护过程检验是一项过程质量管理工作，是确保汽车维护质量的重要环节。

七、汽车二级维护竣工检验

汽车维护竣工检验是一项对汽车维护质量进行的检测评定工作。汽车在维修企业进行二级维护后，必须进行竣工检验；各项目参数符合国家标准或行业标准及地方标准；竣工检验合格的车辆填写维护竣工出厂合格证后方可出厂。检验不合格的车辆应进行进一步的检测、诊断和维护，直到达到维护竣工技术要求为止。

《汽车维护、检测、诊断技术规范》对汽车二级维护竣工检验明确了以下要求：一是实施维护竣工制度，这是行业一贯坚持的做法；二是以国家或行业及地方有关标准作为车辆维护竣工检验的统一标准，而非原车出厂规定或其他；三是实行出厂合格证制度，合格证一方面可作为维护质量评定结果的凭证，另一方面也可为实行质量保质期制度提供依据；四是检验不合格的车辆应进行进一步的检测、诊断和维护，直到达到维护竣工技术要求为止。

为严格控制汽车维护质量，交通运输部《道路运输车辆维护管理规定》明确指出：二级维护竣工检测主要对二级维护及附加作业项目的质量进行检测评定，由汽车综合性能检测站按标准进行，所出具的检测报告，作为维修企业的质量检验员签发出厂合格证的依据之一。

汽车二级维护竣工技术要求如表 5.3 所示。

表 5.3　汽车二级维护竣工要求

序号	检测部位	检验项目	技术要求	备注
1	整车	（1）清洁	汽车外部、各总成外部、滤清器应清洁	检视
		（2）面漆	车身面漆、腻子无脱落现象，补漆颜色应与原色基本一致	检视
		（3）对称	车体应周正，左右对称	汽车平置检查
		（4）紧固	各总成外部螺栓、螺母按规定力矩拧紧，锁销齐全有效	检查
		（5）润滑	发动机、变速器、转向器、减速器润滑符合规定，各通气孔畅通。各部润滑点润滑脂加注符合要求，润滑脂嘴齐全有效，安装位置正确	检视
		（6）密封及电器	全车无油、水、气泄漏，密封良好，电器装置工作可靠，绝缘良好	检视
		（7）前照灯、信号、仪表、刮水器、后视镜等装置	稳固、齐全、有效，符合有关规定	检视

续表

序号	检测部位	检验项目	技术要求	备注
2	发动机	（1）发动机工作状况	发动机能正常启动，低、中、高速运转均匀、稳定，水温正常，加速性能良好，无断缸、回火、放炮等现象，发动机运转稳定后无异响	路试
		（2）发动机功率	无负荷功率小于额定值的 80%	检测
		（3）发动机装备	齐全有效	检测
3	离合器	（1）踏板自由行程	符合原厂规定	检测
		（2）离合情况	接合平稳，分离彻底，无打滑、抖动及异响	路试
4	转向系统	（1）转向盘最大转动量	符合规定	检查
		（2）横直拉杆装置	球头销不松旷，各部螺栓、螺母紧固，锁止可靠	检查
		（3）转向机构	操作轻便、转动灵活，无摆振、跑偏等现象，车轮转到极限位置时，不得与其他部件有碰擦现象	路试
		（4）前束及最大转角	符合规定	检测
		（5）侧滑	符合 GB 7258—2012 中的有关规定	检测
5	传动系统	变速器、传动轴、主减速器	变速器操作灵活、不调挡、不乱挡；变速器传动轴、主减速器各部无异响，传动轴转配正确	路试
6	行驶系统	（1）轮胎	轮胎磨损应在规定范围内，同轴轮胎应为相同的规格和花纹，转向轮不得使用翻新轮胎，轮胎气压符合规定，后轮辋孔与制动鼓观察孔对齐	检查
		（2）钢板弹簧	钢板弹簧无断裂、位移、缺片，U形螺栓紧固，前后钢板支架无裂纹及变形	检查
		（3）减振器	稳固有效	路试
		（4）车架	车架无变形，纵横梁无裂纹，铆钉无松动，拖车钩及备胎架齐全、无裂损变形、连接牢固	检查
		（5）前后轴	无变形及裂纹	检查
7	制动系统	（1）制动性能	符合 GB 7258—2012 中的有关规定	路试或检测
		（2）制动踏板自由行程	符合规定	检查
		（3）驻车制动性能	符合 GB 7258—2012 中的有关规定	路试或检测
8	滑行	滑行性能	符合规定	路试或检测

续表

序号	检测部位	检验项目	技术要求	备 注
9	车身、车箱	（1）车身	驾驶室装置紧固，门锁链灵活无松旷，限动装置齐全有效，驾驶室门关闭牢靠、无旷动，挡风玻璃完好，窗框严密，门把、门锁、玻璃升降器齐全有效，发动机罩锁扣有效，暖风装置工作正常	检查
		（2）车箱	车箱不歪斜，整体不变形，底板无损坏，边板、后门平整无变形，铰链完好、关闭严密，前后锁扣作用可靠	检视
10	排　放	尾气排放测量	符合有关标准的规定	检测

八、空气滤清器的维护

1. 目　的

使发动机始终保持进气顺畅，空气滤芯可过滤灰尘等杂质，减少发动机磨损，提高发动机使用寿命。

2. 操作过程

（1）拆下滤清器壳体。

（2）取出滤芯。

（3）先用潮湿的抹布清除壳体内的灰尘及杂质（不可以使用压缩空气，否则灰尘可能直接吹入进气管道内）。

（4）将新的滤芯安装到空气滤清器壳体内。

（5）紧固相应螺栓或卡子。

（6）检查滤清器壳体安装位置是否到位、牢固。

3. 注意事项

（1）空气滤清器上下壳体清洁时，注意不要使异物进入进气道。

（2）风沙较大地区，应适当缩短更换周期。

九、轮胎的维护

（一）目　的

（1）通过检查，及时发现轮胎的不正常磨损，延长其使用寿命。

（2）通过检查，去除轮胎异物，保证行车安全。

（3）通过定期轮胎换位，使 4 个轮胎均匀磨损，减少噪声，提高制动稳定性。

（4）检查、调整轮胎动平衡，保证车轮转动平稳。

（二）轮胎检查

（1）裂纹或者损坏检查。检查轮胎胎面和胎壁是否有裂纹、割痕或者其他损坏，如图 5.2 所示。

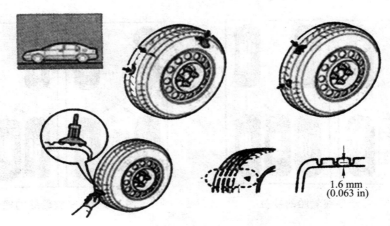

图 5.2　轮胎检查

（2）嵌入金属微粒或者外物检查。检查轮胎的胎面和胎壁是否嵌入任何金属微粒、石子或者其他异物，如图 5.2 所示。

（3）胎面花纹深度检查。使用轮胎深度测量规测量轮胎的胎面深度，也可以通过观察与地面接触的轮胎表面的胎面磨损指示标记检查胎面深度，如图 5.2 所示。

（4）异常磨损检查。检查轮胎的整个外围是否有不均匀磨损和阶段磨损，如图 5.3 所示。

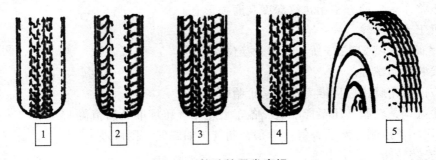

图 5.3　轮胎的异常磨损

（5）轮胎气压检查。按照维修手册要求，检查轮胎气压。

（6）漏气检查。检查气压后，通过在气门周围涂抹肥皂水检查是否漏气。

（7）轮圈和轮盘检查。检查轮圈和轮盘是否损坏、腐蚀、变形或跳动。

（三）轮胎换位

车辆经过一段时间的使用后，由于轮胎的安装位置和受力情况不同，磨损情况也不同。行驶一定的里程后，有必要将轮胎进行换位。

若 4 条轮胎新旧一样且花纹无方向，可采用交叉换位，即左前和右后互换，右前和左后互换的方法。若花纹有方向，可采用前后互换，即右前和右后互换，左前和左后互换的方法。若轮胎新旧不一，对于采用前轮驱动的车辆，建议将较新轮胎装到前轮，较旧轮胎装到后轮，左右互换。对于采用后轮驱动的车辆，建议将较新轮胎装到后轮，较旧轮胎装到前轮，左右互换。具体换位方法如图 5.4 和图 5.5 所示。

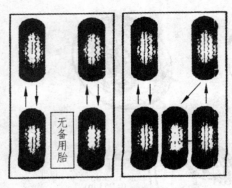

图 5.4　子午线轮胎的换位

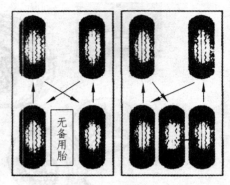

图 5.5　斜交线轮胎的换位

（四）操作过程

（1）举升车辆。

（2）每隔 120°测量花纹深度取平均值，花纹最小深度为 1.6 mm（雪地轮胎最小花纹深度为 4 mm），胎面上有磨损极限指示凸台。当花纹深度接近最小允许深度时应该告知客户更换轮胎。

（3）检查轮胎胎面及侧面是否有损伤（鼓包、脱层、划伤等），去除轮胎胎面上的异物。

（4）下降车辆，检查备胎花纹深度及磨损形态。

（5）拆下 4 个车轮。

（6）按照图 5.4 或图 5.5 所示将车轮换位。

（7）安装轮胎螺栓。

（8）按照对角顺序以标准力矩拧紧轮胎螺栓。

（9）检查调整轮胎气压至标准值（各车型轮胎气压标准见油箱盖）。

（10）用刷子蘸肥皂水检查气门嘴是否漏气（如漏气，则修理）。

（11）安装轮胎螺栓防尘盖。

（12）用同样的方法检查备胎，并按照维修手册将备胎气压调整至最高值。

（五）注意事项

（1）修补过的轮胎不能放在前轮上。

（2）所有 4 个车轮必须安装型号、尺寸（滚动周长）和花纹类型完全相同的子午线轮胎。

（3）新轮胎必须经过磨合，因其附着性不可能达到最佳状态，从而影响制动效果，因此，最初 600 km 内应谨慎行驶，避免引发伤亡事故。

（4）带旋转箭头指示的单向轮胎只能同侧前后轮换位。

（5）轮胎气压标准值为冷态气压值。

（六）轮胎动平衡

1. 轮胎动平衡机

轮胎动平衡机如图 5.6 所示。该动平衡机一般由驱动装置、转轴与支承装置、显示与控制装置、制动装置、机箱和车轮防护罩等组成。其中，驱动装置一般由电动机、传动机构等组成，可驱动转轴旋转，转轴由两个滚动轴承支承，每个轴承均有一个能将动力变为电信号的传感器。转轴的外端通过锥体和大螺距螺母等零件来固定装配被测车轮。驱动装置、转轴与支承装置等均装在机箱内。车轮防护罩可防止车轮旋转时其上的平衡块或花纹内夹杂物飞出伤人，制动装置可使车轮停转。轮胎动平衡机具有自动判断和自动调校系统，能将传感器送来的电信号通过微机运算、分析、判断后显示出不平衡量及相位。为了使显示的不平衡量恰是轮辋边缘所加平衡块的质量，还必须将测得的轮辋直径、轮辋宽度和轮辋边缘至平衡机机箱的距离（轮辋外悬尺寸），通过键盘或选择器旋钮输入微机才行。

图 5.6　轮胎动平衡机

2. 平衡重

轮胎动平衡机的平衡重也称为配重，通常有卡夹式配重和粘贴式配重两种类型。卡夹式配重（见图 5.7），一般适用于轮辋有卷边的车轮。对于铝镁合金轮辋，因无卷边可夹，可使用粘贴式配重（见图 5.8）。粘贴式配重的外弯面有不干胶，可以粘贴于轮辋的内表面。平衡重是以 g 为基础单位，分 14 挡，其中最小为 5 g，最大为 80 g，配重的最小间隔为 5 g。

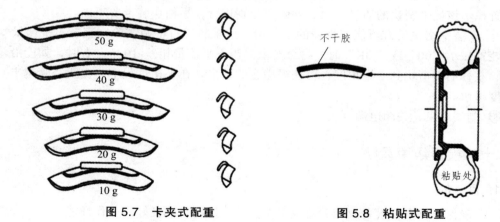

图 5.7　卡夹式配重　　　　　　　　图 5.8　粘贴式配重

3. 轮胎动平衡的操作过程

① 清除被测车轮上的泥土、石子和旧平衡块。

② 检查轮胎气压，根据需要充至规定值。

③ 根据轮辋中心孔的大小选择锥体，仔细装上车轮，用大螺距螺母紧固。

④ 打开电源开关，检查指示与控制装置的面板是否指示正确。

⑤ 用卡尺测量轮辋宽度 2，轮辋直径 3（也可由轮胎侧面读出），用平衡机上的标尺测量轮辋边缘至机箱距离 1，再用键入或选择器旋钮对准测量值的方法，将 1、2、3 值输入指示与控制装置中去。1、2、3 三尺寸如图 5.9 所示。为了适应不同计量制方式，平衡机上的所有标尺一般都同时标有英制和公制刻度。

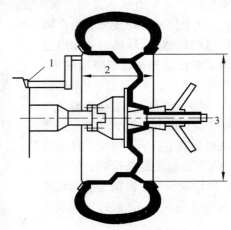

图 5.9　尺寸测量

1—轮辋边缘至机箱距离；2—轮辋宽度；3—轮辋直径

⑥ 放下车轮的防护罩，按下启动键，车轮旋转，平衡测试开始，微机自动采集数据。

⑦ 车轮自动停转或听到"笛"声按下停止键并操纵制动装置使车轮停转后，从指示装置读取车轮内、外两侧的不平衡量和不平衡位置。

⑧ 抬起车轮防护罩，用手慢慢转动车轮。当指示装置发出指示（音响、指示灯亮、制动、显示点阵或检测数据等）时停止转动。在轮辋的内侧或外侧的上部（时钟 12 点位置）加装指示装置显示该侧平衡块的质量。内、外侧要分别进行，平衡块装卡要牢固。

⑨ 安装平衡块后有可能产生新的不平衡，应重新进行平衡试验，直至不平衡量< 5 g，指示装置显示"00"或"OK"时才符合要求。当不平衡量相差 10 g 左右时，如能沿轮辋边缘左、右移动平衡块到一定角度，可获得满意的效果。在平衡过程中，实践经验越丰富，平衡速度越快。

⑩ 测试结束，关闭电源开关。

十、检查线束管路

1. 目　的

（1）确保车辆电器设备及相关总成工作正常，保持车辆良好的工作性能。

（2）消除安全隐患，确保行车安全。

2. 汽车线束

线束主要是由导线、端子、接插件以及护套等组成，是车辆电器元件工作的桥梁和纽带。整车电器要达到正常、稳定工作，除了与各电器元件自身的质量有关以外，与线束的质量也是密切相关的。

（1）汽车线束的分类。汽车线束根据其功能可分为底盘线束、空调线束、加热器线束、ABS 线束、发电机线束、起动机线束、蓄电池的正负极线、发动机电控系统线束，特殊配置状态下还有饮水机线、冰箱线等。

（2）汽车线束布置要求。

① 线束固定点布置合理，固定可靠。

② 线束外观整齐，成束配置。

③ 线束避免与周围部件干涉，线束和周围零部件间隙均匀，和热源保持足够的距离。

④ 考虑防电磁干扰性。

⑤ 考虑装配工艺性、维修工艺性。

⑥ 接地线合理布置。

⑦ 考虑线束及保险盒的散热。

（3）汽车线束检查。

① 仔细检查线束表面有无老化、刮伤、破裂、固定松动等现象，若有应及时更换线束。

② 仔细检查插接件是否松动，线束内连接点与插接件内端子是否虚接，若有应及时紧固。

③ 对于使用防水胶套的插件，仔细检查是否因进水使端子表面氧化，若有应及时更换。

④ 检查线束过孔胶套是否松动，若有应及时固定，保证胶套不能脱离安装位置，对于使用金属卡扣的，必须在卡扣上设置塑料或橡胶保护。

⑤ 检查保险丝和继电器是否损坏，若有应及时维修更换。

⑥ 检查蓄电池正负极端子固定螺栓、绝缘塑料保护罩是否松动、脱落或老化，若有应及时维修更换。

3. 汽车管路

仔细检查发动机冷却系统管路、燃料供给系统管路、润滑系统管路、空调管路以及底盘制动管路是否有泄漏、接口松动或表面老化、刮伤等现象，若有应及时维修更换。

十一、火花塞的检查及更换

1. 目　的

火花塞的电极在使用过程中会逐渐消耗，造成电极的间隙过大，点火能量减弱，车辆就会出现动力下降、冷启动困难、油耗加大等问题。通过检查火花塞电极与陶瓷体颜色，判断火花塞燃烧状态，排除发动机潜在故障。

2. 操作过程

（1）关闭发动机及关闭点火开关。

（2）拆卸发动机上护罩。

（3）拔下点火线圈插头。

（4）用专用工具拉出点火线圈。

（5）使用专用工具拆下火花塞并取出

（6）检查火花塞燃烧状态，是否烧蚀，必要时更换新的火花塞。

（7）使用专用工具安装新的火花塞（安装前检查零件号是否正确）。

（8）用扭力扳手按规定力矩拧紧火花塞。

（9）安装点火线圈，连接插头。

（10）启动发动机，观察发动机运转情况。

（11）关闭发动机，安装发动机上护罩。

3. 识别火花塞电极颜色及不正常燃烧原因分析

在检查过程中，可根据火花塞电极的外观判断其工作性能，如表 5.4 所示。

表 5.4　火花塞常见外观及形成的原因

外　观	结　果	原　因	图　片
正常颜色呈褐色	正常		
绝缘体底部、电极部分覆盖着干燥柔软的黑色炭体	启动困难、失火、加速不良	短距离反复行车（发动机未预热状态下行车）；错误的扼流圈（过浓的混合气体）；错过点火时机；火花塞热值过高	
绝缘体底部、电极部分沾有潮湿的黑亮石油	启动困难、失火	由于活塞环、气缸磨损造成机油上升，可燃混合气中有很高的石油含量	
中心接地电极四角呈圆形，点火间隙过大	启动困难、加速不良	火花塞未得到及时保养	
绝缘体底部附着黄或黄褐色燃渣状的物质（铅），另外表面有光泽	猛然加速时或高负荷行车时失火，在通常行车时不会出现不正常情况	使用铅含量高的汽油	
绝缘体底部烤得非常白，并附着又黑又小的物质，电极消耗得也很快	高速、高负荷行车时动力不足	火花塞拆装不当；发动机冷却不良；点火过早；过低的火花塞热值；严重的异常燃烧	

外　观	结　果	原　因	图　片
绝缘体底部破损裂缝	失火	过度异常燃烧	
中心电极或接地电极熔损，绝缘体底部呈颗粒状，附着有铝之类的金属粉末	发动机不能正常工作，动力降低	温度过高，点火装置点火之前燃烧；火花塞热值过低；点火过早	

4. 注意事项

（1）在发动机启动和工作时，不要用手触摸点火线圈高压线和分电器等，以免受电击。

（2）在检查点火系统电路故障时，不要用刮火的方式来检查电路的通断，这种做法容易损坏电子元器件，电路通断与否应该用万用表电阻挡来进行检查判断。

（3）进行高压试火时，最好用绝缘的橡胶夹子夹住高压线来进行试验，直接用手接触高压线容易造成电击。另一避免电击的方法是将高压导线插入一个备用火花塞，然后将火花塞外壳搭铁，从火花塞电极间隙观察是否跳火。

（4）在点火开关接通的情况下，不要做连接或切断线路的操作，以免烧坏控制器中的电子器件。

（5）在检查点火信号发生器、曲轴位置传感器时，应注意以下3点：

① 对于磁感应式的，在打开分电器盖时注意不要让垫圈、螺钉之类的金属物掉入其内。在检查导磁转子与定子之间的间隙时，要使用无磁性厚薄规，并注意不要硬塞强拉。

② 对于光电式的，不要轻易打开分电器盖子，若确需打开检查时，要注意避免尘土对发光二极管、光敏元件和遮光转子的污损。

③ 在用干电池模拟点火信号检查电子点火控制时，测量动作要快，干电池连接的持续时间一般不要超过 5 s。

十二、检查燃油系统

1. 目　的

（1）检查燃油管路有无泄漏，保证正常供油。

（2）通过对喷油嘴数据分析，及时发现喷油嘴存在的问题，并及时修理。

2. 操作过程

（1）仔细检查油路，查看有无泄漏，若有应及时维护修理。

（2）连接诊断仪，进入发动机控制单元。

（3）读取数据，与维修手册规定值作比较，确定喷油器是否需要清洗。

3. 注意事项

（1）每次拆装喷油器时，都要更换密封圈。

（2）如积炭严重，则需要更换喷油器。

十三、检查冷却系统

1. 目　的

检查发动机冷却系统是否有泄漏，以及冷却液液面高度和浓度（防冻能力）。通过对冷却液液面和防冻能力的检查，确保发动机冷却系统有良好的散热效果，使发动机各项性能发挥正常，并减少寒冷地区因冷却液冻结而损坏发动机的风险。

2. 操作过程

（1）冷却液液面高度的检查。

① 必须在发动机冷机时检查冷却液液面高度。

② 标准是冷却液液位处于"最低标记"与"最高标记"之间。

③ 冷却液液位过低时，加注缺少量。

（2）冷却液防冻能力的检查。

① 清洗和校准防冻液测试仪 T10007 后，擦干棱镜表面。

② 用吸管吸取一滴冷却液滴在棱镜表面上。

③ 合上盖板轻轻按压，将目镜朝向明亮处。

④ 读取刻度尺上的数值并记录在维护项目单上。

⑤ 用软布擦干净棱镜，放回包装盒，测试完毕。

（3）散热器和水套的检查。

散热器和水套的检查主要是检查它们外部是否有泥土、油污，散热片是否变形，以及内部是否有水垢、油污等，如有可用化学溶剂清洗。

（4）风扇传动带张力的检查。

风扇传动带的张力一定要合适，过紧、过松都会对发动机系统造成损害。过松：打滑，使水泵和发电机的转速下降，影响它们正常工作，并加速传动带的磨损。过紧：水泵轴承、发电机轴承、风扇传动带磨损加快。

3. 注意事项

（1）打开冷却液系统时，首先要关闭发动机，且用抹布放在补偿水箱盖上，小心打开，否则有烫伤的危险。

（2）散热风扇有随时启动的可能，维修时要与风扇保持安全距离。

4. 发动机冷却液的更换

① 拆下散热器盖。

② 从散热器和发动机的泄放开关排出冷却液。

③ 关闭泄放开关。

④ 向系统内注入冷却液。

⑤ 装上散热器盖。

⑥ 启动发动机，检查是否有渗漏现象。

⑦ 再次检查冷却液液面位置。

十四、空调系统的维护

1. 目 的

确保空调能够正常工作，发挥最佳性能。

2. 空气净化系统

空气净化系统可以除去车内空气中的灰尘，保持车内空气清洁，部分车辆的空气净化系统还具备去除异味、杀灭细菌的作用，一些高级轿车上的空气净化系统还装备了负氧离子发生器，使车内的空气更加清新。目前，大多数车辆的空气净化系统采用的方法是在空调系统的进气系统中安装空气滤清器，通过滤清器滤除空气中的尘埃，使车内的空气保持清洁。

有些车辆的空气净化系统在滤清器中加入活性炭，可吸收空气中的异味；有些车辆在净化系统中设有香烟传感器，当传感器检测到车内存在烟气时，便通过放大器自动使鼓风机以高速挡运转，排出车内的烟气。高档车辆的空气净化系统除上述功能外，在系统中还有杀菌灯和离子发生器，如图5.10所示。

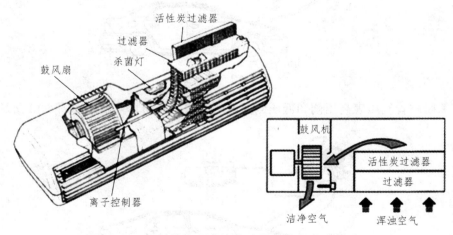

图 5.10 有杀菌灯和离子发生器的空气净化系统

3. 制冷剂加注

制冷剂加注工作分为两种：一种是制冷系统内部制冷剂不足，需要进行补充；另一种是制冷系统中无制冷剂，需要重新加注。如果制冷剂不足，需检查系统是否有泄漏的地方，在确认系统无泄漏后，可进行补充。如果空调系统更换了零件或因其他原因制冷剂全部漏光，则需重新加注，重新加注制冷剂时应先对系统进行抽真空作业，以抽去制冷循环系统中的水分，防止因水结冰堵塞制冷系统的管路。下面介绍重新加注制冷剂的步骤。

（1）安装歧管压力表，将绿色软管的一端接压力表的中部，另一端接真空泵，如图5.11所示。

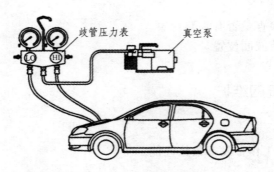

图 5.11　连接压力表和真空泵

（2）打开歧管气压表高压侧和低压侧两侧的阀门，开启真空泵抽真空，抽真空至歧管气压表低压侧显示为 750 mmHg 或更高，保持 750 mmHg 或更高的显示压力，抽真空 10 min，如图 5.12 所示。

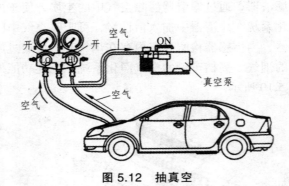

图 5.12　抽真空

（3）关闭歧管气压表高压侧和低压侧两侧的阀门，关闭真空泵，如图 5.13 所示。

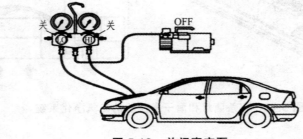

图 5.13　关闭真空泵

注意：如果关闭真空泵时两侧的阀门（高压侧和低压侧）都开着，则空气就会进入空调系统。

（4）检查系统密封性，真空泵停止后，高压和低压两侧的阀门关闭 5 min，歧管气压表的读数应保持不变，如图 5.14 所示。

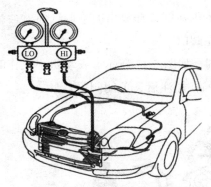

图 5.14　检查系统密封性

提示：如果显示压力增加，则有空气进入空调系统，检查 O 形圈和空调系统的连接状况。

注意：如果抽真空不足，空调管道内的水分会冻结，这将阻碍制冷剂的流动并导致空调系统内部生锈。

（5）安装制冷剂罐。

① 连接阀门和制冷剂罐（见图 5.15）。检查加注罐连接部件的盘根，逆时针转动手柄升起针阀，逆时针转动阀盘并将其升起。

注意：要在针阀升起前安装加注罐，否则针阀会插进加注罐，从而导致制冷剂泄漏；把阀门旋进加注罐直到和盘根紧密接触，然后紧固阀盘以卡住阀门。不要顺时针转动手柄，否则针阀将插进加注罐，从而导致制冷剂泄漏。

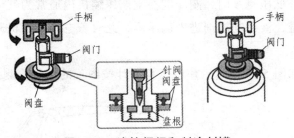

图 5.15　连接阀门和制冷剂罐

② 把加注罐安装到歧管气压表上，如图 5.16 所示。完全关闭歧管气压计低压侧和高压侧的阀门；把制冷剂罐安装到歧管气压计中间的绿色加注软管；顺时针转动手柄直到针阀在制冷剂罐上钻个孔；逆时针转动手柄退出针阀；按下歧管气压计的空气驱除阀放出空气直到制冷剂从阀门释出。

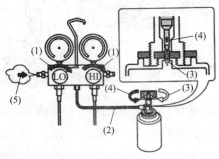

图 5.16　把加注罐安装到歧管气压表上

注意：如果用手按下气体驱除阀，释放出的空调气体就会黏到手上等处，从而造成冻伤事故，因此要用螺丝刀等按住阀门。

（6）从高压侧加注制冷剂，如图 5.17 所示。发动机不工作时，打开高压侧阀门加入制冷剂直到低压表到大约 0.98 MPa；加注后，关闭阀门。

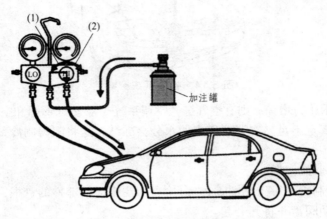

图 5.17　从高压侧加注制冷剂

注意：一定不要让压缩机工作，空调压缩机运行时，不从低压侧加注将导致空调压缩机缺油拉伤；也不要打开低压侧阀门，制冷剂在空调压缩机内通常为气体状态，如果从高压侧加注而低压侧阀门开着，液态制冷剂进入低压侧，此时若空调压缩机开始工作就会出现液击而损坏。

（7）检查漏气，如图 5.18 所示。用电子检漏计按图示的部位检测系统漏气的情况。

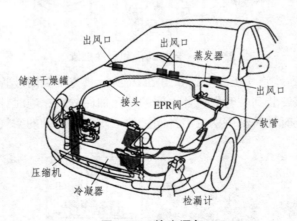

图 5.18　检查漏气

（8）从低压侧加注制冷剂。关闭高压侧阀门后，启动发动机并运行空调，如图 5.19 所示。打开歧管压力计，加入规定量的制冷剂，如图 5.20 所示。

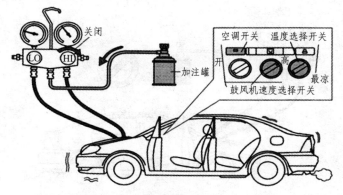

图 5.19　关闭高压侧阀门启动发动机

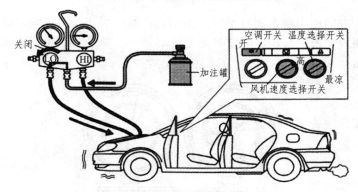

图 5.20　打开低压侧阀门加注制冷剂

　　加注条件：发动机转速为 1 500 r/min；鼓风机速度控制开关处于高位；A/C 开关打开；温度选择器为最凉；完全打开所有车门。

　　提示：加注量随车型的不同而不同，因此应参照相关的说明书。

　　注意：低压侧加注制冷剂时，制冷剂罐倒置将使制冷剂以液态进入压缩机。压缩液体将损坏压缩机，如图 5.21 所示；不要加注过量，否则将导致制冷不足；更换加注罐时，关闭高低压两侧的阀门；更换后，打开驱气阀，从中部的软管（绿色）和歧管压力表中放出空气；发动机工作时，不要打开高压侧的阀门，这将导致高压气体回流至加注罐，并造成破裂，如图 5.22 所示。

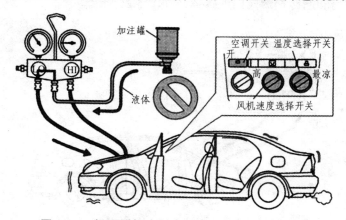

图 5.21　低压侧加注制冷剂时不要将加注罐倒置

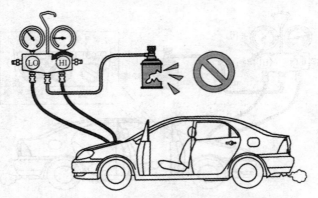

图 5.22　低压侧加注制冷剂时不要打开高压侧阀门

根据歧管压力表的压力检查制冷剂的加注量：在制冷剂加注量达到规定量时，歧管压力表的压力也应达到规定值，其规定的压力如图 5.23 所示，低压侧为 0.15 ~ 0.25 MPa，高压侧为 1.37 ~ 1.57 MPa。

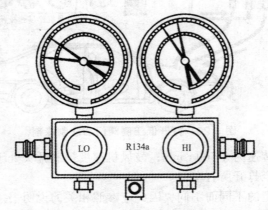

图 5.23　制冷剂加满时的规定压力

提示：歧管气压计所示压力随外部空气温度的不同而有轻微的变化。

制冷剂加注量符合要求后，关闭低压侧阀门并关闭发动机，如图 5.24 所示。把歧管压力表从车辆侧维修阀门和制冷剂罐阀门上拆掉，如图 5.25 所示。

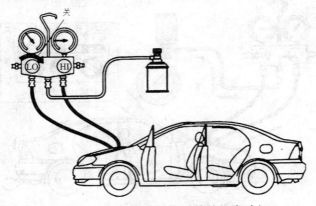

图 5.24　关闭低压侧阀门并关闭发动机

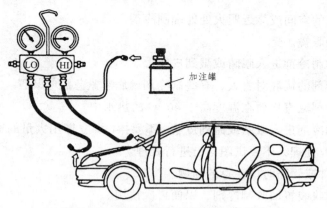

图 5.25　拆卸歧管压力表和制冷剂罐

提示：歧管气压计所示压力随外部空气温度的不同而有轻微的变化。

外部温度高时，加注制冷剂困难，可用空气或冷水降低冷凝器的温度；外部温度低时，可用温水（40 ℃ 以下）加注制冷剂罐，这样可使加注比较容易，如图 5.26 所示。

图 5.26　用温水加热制冷剂罐或用冷水冷却冷凝器

最后检查制冷剂的加注量是否合适，空调系统运转是否正常：通过观察孔检查加注量、检查漏气和空调制冷状况，如图 5.27 所示。

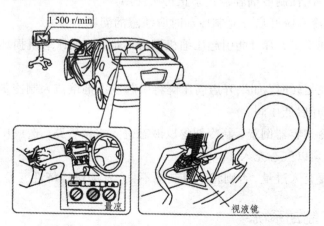

图 5.27　检查制冷剂量和空调系统是否正常

4. 注意事项

（1）在处理制冷剂时应注意的安全问题。

① 不要在密闭的空间或靠近明火处处理制冷剂。

② 必须戴防护眼镜。

③ 避免液体的制冷剂进入眼睛或溅到皮肤上。

④ 不要将制冷剂的罐底对着人，有些制冷剂罐底有紧急放气装置。

⑤ 不要将制冷剂罐直接放在温度高于 40 ℃ 的热水中。

⑥ 如果液体制冷剂进入眼睛或碰到皮肤，不要揉，要立即用大量的冷水冲洗，要立即到医院找医生进行专业处理，不要试图自己进行处理。

（2）在更换零件或管路时应注意的问题。

① 用制冷剂回收装置回收制冷剂，以便再次使用。

② 对于未连接的管路或零件，要插上塞子，以免潮气、灰尘进入系统。

③ 对于新的冷凝器、储液干燥器等零件不要拔了塞子放置。

④ 在拔出新压缩机塞子之前要从排放阀放出氮气，否则在拔塞子时，压缩机油将随氮气一起喷出。

⑤ 不要用火焰加热进行弯管和管路拉伸。

（3）在拧紧连接零件时应注意的问题。

① 滴几滴压缩机油到 O 形密封圈上，可使紧固容易和防止漏气。

② 使用两个开口扳手紧固螺母，防止管路扭曲。

③ 按规定的力矩拧紧螺母或螺栓。

（4）处理装有制冷剂的容器时应注意的问题。

① 不要加热制冷剂容器。

② 容器要保持在 40 ℃ 以下。

③ 当用温水加热制冷剂容器时，不允许将容器顶部的阀门浸入水中，防止水渗入制冷管路。

④ 使用过的一次性制冷剂容器，禁止再次使用。

（5）在空调制冷系统开启补充制冷剂时应注意的问题。

① 如果制冷剂不足，有可能引起压缩机润滑不足，造成压缩机损坏，应注意避免这种情况发生。

② 空调系统在运转时，如果开启高压阀将引起制冷剂倒流入制冷剂容器，使制冷剂容器破裂，因此只允许开启低压阀。

③ 如果将制冷剂容器倒置，制冷剂将以液态进入空调管路，造成压缩机液击，损坏压缩机，所以制冷剂必须以气态充入。

④ 制冷剂不要充入过量，否则将造成制冷不良、发动机经济性变差、发动机过热等故障。

十五、检查制动系统

1. 目　的

（1）定期检查制动系统，排除制动系统安全隐患，提高行车安全性。

（2）通过检查制动液液面，及时发现液面缺失，从而及时检查出制动系统的泄漏点，排除制动系统故障隐患，保证行车安全。

（3）通过检查，掌握摩擦衬块厚度，避免出现过度磨损，影响行车安全。

（4）早期发现接近损坏边缘的部件，早期修理，减少出现意外事故的风险。

2. 检查制动液液位

检查制动液年限，检查制动液液面，确保制动系统安全，如图 5.28 所示。

上限

下限

图 5.28　检查制动液

操作过程：根据生产日期及维修保养记录，确认制动液年限是否已到两年，如到两年，必须更换制动液。如未到两年，检查制动液液面是否在标准范围内。如制动液液位不足，必须确认系统无泄漏后，再添加原厂制动液至标准值。

3. 检查制动系统是否有泄漏和损坏

通过目测检查制动系统相关部件是否泄漏，排除制动系统故障隐患。

（1）操作过程。

① 检查制动储液罐处是否泄漏。

② 检查储液罐与总泵连接处是否泄漏。

③ 检查制动总泵上的管路接头处是否泄漏。

④ 检查离合器总泵管路与储液罐连接处是否泄漏（手动变速箱）。

⑤ 检查制动分泵是否泄漏。

⑥ 检查制动软管安装位置是否正常，卡扣是否脱落、是否有裂纹。

⑦ 检查 ABS 传感器线路、刹车片磨损报警线路是否有破损，卡扣是否正常。

⑧ 检查制动管路卡扣位置是否正常，不正常时必须复位，否则会导致制动管路与车身等部件发生干涉，导致损坏。

⑨ 检查制动管路是否有撞击变形，如制动管路有变形则必须更换，否则会影响制动效果，如图 5.29 所示。

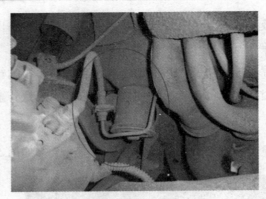

图 5.29　制动管路检查

（2）结果记录。将检查结果记录在维护项目单上。

4. 检查前、后制动摩擦衬块厚度

通过定期检查制动摩擦衬块的厚度，如图 5.30 所示，及时更换已经磨损的衬块，从而使制动系统始终处于良好状态。

图 5.30　制动摩擦衬块厚度

（1）操作过程。

① 半举升车辆，拆下车轮。

② 用深度尺检查制动摩擦衬块厚度并记录摩擦衬块厚度（不含背板厚度标准值≥2 mm），如图 5.31 所示。

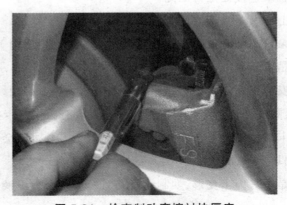

图 5.31　检查制动摩擦衬块厚度

③ 对于鼓式制动器，通过检查孔目测制动蹄片厚度并记录。

（2）注意事项。如制动摩擦衬块需要更换，更换制动摩擦衬块后，必须先用力将刹车踏板踏几次，否则因制动分泵未及时回位，采取紧急制动时，有出现事故的风险。

（3）结果记录。将检测结果记录在维护项目单上的数据记录表内。

（4）提示。

① 制动摩擦衬块的磨损极限是 2 mm（不含背板厚度）或 7 mm（含背板厚度）。

② 鼓式制动蹄片的磨损极限是 2.5 mm（不含背板厚度）。

③ 制动摩擦衬块或制动盘的磨损与日常的使用习惯（如频繁制动或经常紧急制动）和使用环境有较大关系（如制动摩擦衬块与制动盘之间有沙土等）。

④ 不同车型的性能及制动摩擦衬块材料配比不同，不具有可比性。

⑤ 车辆制动系统制动力分配不均，也可能加速制动摩擦衬块与制动盘的磨损。

十六、检查车身底部防护层和底饰

通过目测检查车身底部防护层是否损坏，及早做防腐处理，防止车身钢板锈蚀。

1. 目　的

（1）检查车底护板及饰板，对损坏部位早期修理，延长车身使用寿命。

（2）检查车底护板及底盘内燃油管路及制动管路是否磕碰变形或损坏，及时发现安全隐患。

2. 操作过程

（1）举升车辆。

（2）检查车身底部防护层是否有破损而露出车身金属底板，如有需及时修复。

（3）检查车身底部饰板是否有破损，如有应更换底部饰板，防止车辆行驶中飞溅异物冲击车身破坏防腐层，产生锈蚀现象，如图 5.32 所示。

图 5.32　检查车身底部

3. 结果记录

将检查结果记录在维护项目单上。

4. 注意事项

检查底盘时，不要接触排气管和三元催化器，以免烫伤。

十七、检查变速箱、主减速器及等速万向节防护套

通过对变速箱、万向节防尘套的检查，及时发现泄漏点，排除传动部件安全隐患。

1. 目　的

通过对万向节及防尘套的检查，早期发现底盘部件的泄漏点和安全隐患，及时排除，提高行车安全性，减少进一步损坏带来的损失。

2. 操作过程

（1）举升车辆。

（2）目测检查变速箱、主减速器壳体接合处及传动轴油封是否泄漏，如图 5.33 所示。

（3）目测检查等速万向节防尘套是否泄漏或损坏，如图 5.33 所示。

（4）降下车辆。

图 5.33　检查变速箱、主减速器及等速万向节防护套

3. 注意事项

（1）变速箱、主减速器渗漏比较复杂，发现渗漏时，不能简单清洁处理，必须及时上报，制订方案排除故障。

（2）检查底盘时，注意与排气管和三元催化器保持一定的距离，否则有烫伤的危险。

4. 万向节防尘套的功用

（1）将润滑脂封存在万向节内，使万向节得到充分润滑，同时起到防尘及防止异物进入的作用。

（2）防尘套必须有较好的抗高温、抗腐蚀性，同时也能承受来自传动轴与车轮不断地相对运动产生的扭转和弯曲。破损后内部的润滑脂会在转动的过程中甩出，导致万向节润滑不良，加速万向节的磨损，严重时会出现卡死情况，影响行车安全。

十八、检查转向横拉杆球头的间隙、紧固程度及防尘套状况

通过对转向横拉杆及防尘套的检查，及时发现转向系统的潜在安全隐患，保障行车安全。

1. 目　的

（1）转向系统对于行车安全极为重要，转向拉杆及拉杆球头作为转向系统非常重要的部件，定期检查显得尤其重要，如转向拉杆磕碰变形，将直接导致轮胎异常磨损、车辆跑偏，直接影响行车安全。

（2）拉杆球头作为易损件，长期使用后可能出现间隙量，间隙严重时有脱出的可能，如不及时检查发现故障隐患，将对行车带来极大的安全隐患。

2. 操作过程

（1）用手晃动横拉杆，检查横拉杆球头是否有间隙。

（2）检查横拉杆球头螺栓是否松动，如图 5.34 所示。

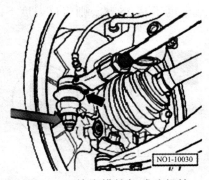

图 5.34　检查横拉杆球头螺栓

（3）检查横拉杆防尘套是否泄漏或损伤。

（4）检查转向拉杆是否磕碰变形。

3. 注意事项

转向拉杆的固定螺母为一次性自锁螺母，每次拆装必须更换新的螺母。

十九、蓄电池的维护

1. 蓄电池的检查

（1）蓄电池电解液液位检查。

① 检查蓄电池各个单元的液位是否处于上线和下线之间。

② 如果很难确定电解液液位，则通过轻轻摇晃汽车检查。

③ 可以通过拆卸一个通风孔塞并从该开口中查看电解液液位。

④ 若液位不足需要加水时，使用蒸馏水。

⑤ 某些类型的蓄电池可以通过蓄电池指示器查看液位和蓄电池状况，如图 5.35 所示。

图 5.35　蓄电池电解液液位和电量检查

（2）蓄电池电解液密度检查。

使用一个液体密度计检查蓄电池电解液在温度为 25 ℃ 时，所有单格的密度是否为 1.250 ~ 1.280 g/cm³，并且确认蓄电池单格之间的密度偏差是否低于 0.025 g/cm³，如图 5.36 所示。如果测量时蓄电池电解液温度不是 25 ℃，则将该温度下的密度换算成 25 ℃ 温度下的密度，然后进行分析判断。

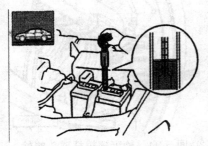

图 5.36　蓄电池电解液密度检查

$$\rho_{25\,℃} = \rho_t + \beta(t-25)$$

式中　　$\rho_{25\,℃}$——25 ℃ 时电解液的密度；

　　　　ρ_t——实测的电解液密度；

　　　　t——测量时电解液的温度；

　　　　β——密度系数，$\beta = 0.000\ 75$。

（3）蓄电池电量检查。蓄电池电量的检查可用高率放电计测量放电电压，测量方法如图 5.37 所示。

图 5.37　高率放电计测蓄电池电量

1—蓄电池；2—高率放电计

① 将放电计的两触针紧压在蓄电池的正、负极桩上。

② 每次测量时间不超过 5 s，观察放电计的电压，记录电压值。

③ 观察放电计指针移动情况。指针在绿色区域说明蓄电池电量足够；如指针在红色区域，说明蓄电池需充电或已损坏。

（4）蓄电池壳体损坏度检查。检查蓄电池壳体是否有裂纹或者渗漏。

（5）蓄电池端子腐蚀和松动检查。检查蓄电池端子是否腐蚀和松动。

（6）蓄电池通风孔塞检查。检查蓄电池的通风孔塞是否损坏或者通风孔是否阻塞。

（7）发动机舱内泄漏的检查。检查发动机舱内有无冷却液、润滑油、制动液、电解液及制冷剂等的泄漏现象。

2. 蓄电池的充电

（1）充电步骤。

① 打开蓄电池加液孔盖。

② 检查电解液液面高度，如电解液不足，应先补充蒸馏水。

③ 红色线夹按蓄电池的需要接到 12 V 或 24 V 接线柱上。红、黑夹分别接电源 "+"
"－" 极。

④ 将蓄电池的正、负极与充电机的正、负极对应连接。

⑤ 将充电机电源线正确连接到电源插座上。调节充电电流调节开关 0～6 挡旋钮，观察电流表指示。充电时电流应为 10～15 A，过大会损坏电池。工作时绿色指示灯亮，电流表的指示随着电池的充满逐步减少。

（2）充电安全注意事项。

① 在蓄电池充电室内不能有明火和火花，不得吸烟，室内禁止存放精密仪器。

② 在充电过程中应随时测量电解液温度。若温度超过 40 ℃，应停止充电或者减小充电电流，直到温度降低到 40 ℃ 以下。

③ 充电区应通风（排除氢氧爆炸气体，防止爆炸发生）。

④ 正、负极不能接反。

3. 蓄电池的更换

（1）蓄电池的步骤。

（1）拆卸蓄电池时的更换步骤。

① 拆卸蓄电池时，点火开关打到 OFF 挡。

② 先拆下蓄电池的搭铁线，再拆正极接线。

③ 拆下蓄电池压板，从支架中取出蓄电池。

（2）安装蓄电池时的步骤。

① 将固定压板压在蓄电池底部凸缘上。

② 先将蓄电池正极接线接上，然后连接搭铁线。

（2）蓄电池更换注意事项。对于现代汽车，蓄电池及连接线的拆装操作正确与否，将会直接影响汽车电控系统的工况，甚至使之受到损害。

① 盲目拆装将造成 ECU 信息丢失。如果在读取故障码之前，拆下蓄电池或蓄电池连接线（或者拔掉电源的熔丝），就相当于中断了 ECU 的电源，存储其内的故障代码便会自动消失。若再想获取故障信息及故障代码，就必须重复再现故障发生时的工作状况和环境条件（例如，特定条件下的发动机转速及负荷、发动机的某种冷却液温度、某种进气温度以及有关传感器的某种工况等）。显而易见，这是非常麻烦和费时的。因此，千万不可随意拆下蓄电池连接线。在维修电控汽车前，应先读取系统的故障代码，然后才能进行蓄电池的拆装和其他的维修作业。

② 点火开关接通时禁止拆卸蓄电池。对于电控汽车而言，无论汽车发动机是否正在运转，只要点火开关在接通位置，就绝对不可以拆下蓄电池及连接线或者熔丝。因为突然断电将会使电路中的线圈产生自感电动势而出现很高的瞬时电压，有时高达近万伏，从而使 ECU 及相关传感器等微电子器件严重受损。

二十、检查多楔皮带

1. 目　的

通过定期检查多楔皮带运行情况及老化状态，如图 5.38 所示，使多楔皮带始终处于良好状态，提前排除故障隐患，避免发生因皮带突然断裂导致发电机、空调等部件不能正常工作。

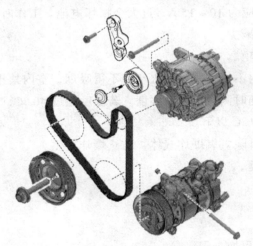

图 5.38　发动机多楔皮带检查

2. 操作过程

（1）关闭发动机，用套筒扳手转动曲轴的皮带轮。

（2）观察多楔皮带表面是否有层离（表层、加强筋）。

（3）检查多楔皮带表面是否有基层裂纹（裂纹、中心断裂、截面断裂）。

（4）用手逆时针翻转多楔皮带，检查齿面是否磨损（材料磨蚀、齿面散开、齿面硬化、玻璃状齿面、表面裂纹）。

（5）检查多楔皮带是否有机油和油脂痕迹。

（6）检查多楔皮带多楔槽、多楔带轮槽内部是否有异物，若有则清除。

（7）如多楔皮带状态不符合要求，则更换多楔皮带。

3.注意事项

对于已经运转过的多楔皮带由于运转方向相反，可能会导致多楔皮带过早损坏，故在拆卸多楔皮带之前，应用粉笔或记号笔标记旋转方向。

 **任务实施**

任务　汽车二级维护作业

1.任务说明

客户李先生的一汽大众高尔夫 1.6 L AT 轿车行驶一段时间后，他按照一汽大众汽车公司的维护计划规定（间隔里程 15 000 km 或 1 年）到汽车 4S 店进行二级维护。作为车间维修技术人员，请参照国家标准《汽车维护、检测、诊断技术规范》（GB/T 18344—2001），并结合一汽大众高尔夫 1.6 L AT 轿车维护作业标准，为客户实施维护作业。

2.技术要求与标准

（1）两个学生相互配合能在 120 min 内完成此项目。

（2）技术标准：参照国家标准《汽车维护、检测、诊断技术规范》（GB/T 18344—2001），并结合一汽大众高尔夫 1.6 L AT 轿车维护作业标准进行操作。

3.设备器材

（1）一汽大众高尔夫 1.6 L AT 轿车。

（2）两柱举升机。

（3）常用工具。

（4）常用量具。

4.作业准备

（1）准备车辆维修手册及其他相关资料。

（2）清洁场地。

（3）准备常用工具、车辆、机油及机油滤清器等物品。

（4）准备作业单。

5.操作步骤

（1）预检工作。

① 安装座椅套、脚垫、方向盘套。

② 打开引擎盖，放上翼子板布、前格栅布，安装尾排。

（2）车辆二级维护。按照表 5.5 所示的二级维护标准流程为客户实施维护。实施过程注意人员和设备安全。由于车辆型号不尽相同，所以部分项目可根据实际车型加以调整。

表 5.5 汽车二级维护检查表

施工单号_____行驶里程_____入厂时间_____VIN_____车牌号码_____

车辆举升位置	步骤	序号	作业项目	检查结果	调整	更换	标准值/极限值	测量值
完全落下	发动机舱	1	检查机油油位、品质					
		2	检查冷却液液位					
		3	检查冷却液冰点					
		4	检查玻璃水液位					
		5	检查制动液液位、品质					
		6	检查转向助力油液位、品质					
		7	检查 ATF 油液位、品质					
		8	检查蓄电池电解液液位					
		9	检查蓄电池安装状况					
		10	检查空调制冷剂量					
		11	检查空气滤清器					
		12	检查皮带预紧力及有无损伤					
		13	检查风窗清洗液液面高度					
		14	检查安全气囊和安全带状态					
		15	检查制动系统是否有泄漏或损坏					
		16	检查火花塞状态					
		17	排掉燃油滤清器里的水（柴油机）					
		18	检查排气系统是否有泄漏或损坏					
	驾驶室	1	大灯操作及点亮					
		2	小灯操作及点亮					
		3	转向灯操作及点亮					
		4	危险警报灯操作及点亮					
		5	雾灯操作及点亮					
		6	仪表警告灯点亮及熄灭					
		7	尾灯制动灯操作及点亮					
		8	室内灯外观及点亮					
		9	玻璃喷洗器状态					
		10	雨刮状态					
		11	喇叭状态					
		12	方向盘自由行程					

车辆举升位置	步骤	序号	作业项目	检查结果	调整	更换	标准值/极限值	测量值
完全落下	驾驶室	13	方向盘操作					
		14	方向盘锁止					
		15	制动踏板状态					
		16	制动踏板自由行程					
		17	离合器踏板状态					
		18	离合器踏板自由行程					
		19	油门踏板状态					
		20	手刹工作状态					
		21	手刹指示灯					
		22	怠速状况					
		23	排气声音					
		24	空调制冷效果					
		25	空调制暖效果					
	车辆外部	1	引擎盖					
		2	挡风玻璃					
		3	雨刮片					
		4	车灯外观					
		5	后视镜					
		6	车窗玻璃					
		7	安全带					
		8	儿童锁					
		9	车门					
		10	油箱盖					
		11	行李箱盖					
		12	备胎检查					
		13	确认轮胎螺母紧固					
举升至中位	车辆周围区域	1	调整胎压					
		2	轮毂轴承					
		3	左前轮胎轮毂损伤					

续表

车辆举升位置	步骤	序号	作业项目	检查结果	调整	更换	标准值/极限值	测量值
举升至中位	车辆周围区域	4	左后轮胎轮毂损伤					
		5	右前轮胎轮毂损伤					
		6	右后轮胎轮毂损伤					
举升至高位	车辆底部	1	排放机油					
		2	更换机油滤清器					
		3	车辆底部油液泄漏检查					
		4	车辆底部零件安装紧固情况					
		5	车辆底部损伤和生锈情况					
完全落下	发动机舱等	1	加注机油					
		2	拧紧机油加注口盖					
		3	再次确认仪表板警告灯状态					
		4	对车辆、工具等实施6S					
备注：				操作人员_____　　检查员_____ 建议下次维护里程_____ 建议下次维护日期_____				

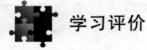

学习评价

1. 理论考核

（1）简述汽车二级维护的基本要求。

（2）简述汽车二级维护的工艺过程。

（3）简述汽车二级维护主要的检测项目。

（4）简述确定汽车二级维护附加作业项目的原则要求。

（5）简述汽车二级维护附加作业项目的作业特点。

（6）简述汽车二级维护应该注意的问题。

（7）简述汽车二级维护过程检验的要求。

（8）简述汽车二级维护竣工检验的要求。

（9）简述轮胎检查的内容和轮胎换位方法。

（10）简述汽车线束检查的主要内容。

（11）简述火花塞常见外观及形成的原因。

（12）简述燃油系统检查的操作过程及注意事项。

（13）简述冷却系统检查的操作过程及注意事项。

（14）简述加注空调制冷剂的步骤。

（15）简述维护空调系统时的主要事项。

（16）简述制动系统检查的主要项目及操作过程。

（17）简述车身底部防护层和底饰检查的操作过程。

（18）简述检查变速箱、主减速器及等速万向节防护套的操作过程。

（19）简述检查转向横拉杆球头的间隙、紧固程度及防尘套的操作过程。

（20）简述火花塞检查过程。

2. 技能考核

汽车二级维护作业项目评分表如表 5.6 所示。

表 5.6　汽车二级维护作业项目评分表

基本信息	姓　名			学　号		班　级		组　别	
	规定时间			完成时间		考核日期		总评成绩	
任务工单	序号	步　骤			完成情况		标准分	评　分	
					完　成	未完成			
	1	考核准备： 车辆： 工具、量具及维修资料：					3		
	2	预检					3		
	3	灯光喇叭的检查					3		
	4	刮水器及风窗玻璃洗涤器的检查					2		
	5	驻车制动器与制动踏板的检查					3		
	6	转向盘的检查					2		
	7	车身螺栓、螺母的检查					3		
	8	加油口盖的检查					4		
	9	悬架的检查					3		
	10	备胎的检查					3		
	11	球节间隙及防尘罩的检查					3		
	12	机油的排放					2		
	13	自动变速器泄漏及传动轴的检查					3		
	14	机油滤清器的更换					2		
	15	转向机构的检查					3		
	16	制动、燃油、排气管路的检查					3		
	17	车底螺母及螺栓的检查					5		
	18	车轮轴承的检查					2		
	19	车轮的拆装					2		
	20	制动液的更换					3		

续表

基本信息	姓　名		学　号		班　级		组　别	
	规定时间		完成时间		考核日期		总评成绩	
	序号	步　骤		完成情况		标准分	评　分	
				完成	未完成			
任务工单	21	制动器的检查				3		
	22	发动机冷却液的更换				3		
	23	传动带的检查				2		
	24	火花塞的检查及更换				3		
	25	蓄电池的检查				3		
	26	空气滤清器的更换				3		
	27	机油滤清器的更换及碳罐的检查				5		
	28	自动变速器液位的检查				3		
	29	空调的检查				3		
	30	复检				3		
安　全						3		
6S						3		
沟通表达						3		
工单填写						3		

 知识拓展

一、汽车磨合期维护

汽车磨合期的里程为 1 500 ~ 3 000 km（部分进口汽车将首次维护里程定为 7 500 ~ 10 000 km），维护内容主要是清洁、润滑、紧固等。

（一）磨合前的维护

磨合前维护是为了防止汽车出现事故和损伤，保证汽车顺利地完成磨合期的磨合。其主要作业内容如下：

（1）清洁。清洁全车，检查全车各部位的连接情况，全车外露的螺栓、螺母必须紧固。

（2）检查、添加燃油和润滑油料。驾驶新车前，应将各润滑部位按规定加注足够的润滑脂。使用规定标号的汽油或柴油，若不得已改变燃油标号时，需对供油系统和点火系统作相应的调整。

（3）检查、补充冷却液，排除"阴漏"现象。检查、补充散热器内的冷却液，并检查、

排除全车的漏油、漏气、漏水和漏电现象。

（4）检查底盘的技术状况。检查变速器各挡位能否正确变换，检查转向机构各部位有无松旷和发卡现象，检查和调整轮胎气压。发现变速器或转向系统等存在故障时，应及时将车进厂维修。

（5）检查电气系统。检查电气设备、灯光和仪表工作是否正常，并检查蓄电池电解液密度及液面高度。

（6）检查制动效能。检查制动系统的性能，试车检查汽车的制动距离，检查是否有跑偏和制动拖滞现象。

（二）磨合中的维护

磨合中的维护是在汽车行驶约 500 km 时进行的，主要是对汽车各部分技术状况开始发生变化的部分进行一次及时的维护，以恢复其良好的技术状况，保证下阶段磨合顺利进行。其主要作业内容如下：

（1）润滑。充分润滑全车的各个润滑点。在最初行驶 30～40 km 时，应检查变速器、驱动桥、轮毂和传动轴等处是否发热或有异响。若发热或者有异响，应查明原因，予以调整或修理。

（2）检查。检查制动效能和各连接处制动管路的密封程度，必要时加以调整和紧固，认真做好总成和机件的检查、调整工作。

（3）紧固。新车行驶 150 km 后，需检查一次全车外部螺栓、螺母的紧固情况；行驶 500 km 时，应将前、后轮毂螺母紧固一次。有些国产汽车需要对缸盖螺栓进行紧固。在紧固时，应按规定顺序由中部开始，依次向两边对角线交叉进行或螺旋线方向进行。

汽车在磨合行驶过程中，要注意观察各总成的温度情况，并要随时检查和排除"四漏"（漏油、漏水、漏气、漏电）。

（三）磨合后的维护

汽车磨合期结束后，应及时将汽车送到厂家指定的维修站进行磨合后的维护。这次汽车磨合维护的目的，一方面是对汽车进行全面的检查、紧固、调整和润滑作业，使汽车达到良好的行驶状态；另一方面也是生产厂家对汽车售后服务的身份认定。汽车磨合后的维护的主要内容如下：

（1）更换润滑油，更换滤清器滤芯。

（2）检查、补充发动机冷却液。

（3）检查、调整发动机传动带松紧度。

（4）检查制动系统。

（5）检查离合器踏板自由行程。

（6）检查、紧固悬架和转向机构。

（7）检查整车各部分的泄漏情况并进行排除。

（8）检查轮胎技术状况。

（9）检查整车电气系统的技术状态。

二、汽车换季维护

季节、气候的变化必然会引起汽车运行条件的变化。为了使汽车在不同的地区、不同的季节里都能可靠地工作，在季节转换之前，结合定期维护，并附加一些相应的作业项目，使汽车能适应变化了的运行条件，这种附加性维护称为季节维护或换季维护。

季节维护主要有换入夏季和换入冬季两种情况。炎热的夏季由于气温高、雨量多、灰尘大、辐射强等原因使汽车的技术状态发生变化，同时夏季又是汽车故障的多发季节。因而掌握必要的汽车维修与保养知识非常重要。冬季来临，气温降低，尤其是北方天寒地冻，气温大多在零度以下，还经常会碰到风雪天气。冬季行车安全性应该是首先考虑的问题，因为每年冬季来临的时候，也是汽车碰撞事故的高发期。因此在安全驾驶的前提下，对车辆进行正确的维护和保养是必不可少的。

（一）夏季汽车的使用和维护

1. 夏季发动机舱的维护

① 防止汽油、水过度蒸发。在夏季高温下，汽油和水的蒸发都将增加。这时就需要车主随时检查，注意油箱盖要盖严，还要注意防止油管渗油。水箱的水位、制动总泵内的制动液液面高度都要注意经常检查，一旦发现有异样或是不合规范，要及时添加或调整。

② 及时更换适合夏季用的润滑油。夏季温度高，润滑油易受热变稀，抗氧化性变差，易变质，甚至造成烧瓦烧轴等故障。因此，夏季来临时应及时检查润滑油是否适合当地夏季的气温，若不适合应及时更换。夏季还应经常检查润滑油油量、油质情况，如有异样应及时更换。

③ 防止发动机过热现象。为防止发动机产生过热现象，要经常对汽车散热系统进行全面检测，如查看风扇是否正常、散热器是否有渗漏、是否缺少冷却液等。若散热器漏水，需及时修补或更换；若散热器缺液，需及时补充；若冷却液出现浑浊变质则需要更换。还应注意风扇传动带不能沾有机油，以防打滑，且传动带要尽量保持松紧适度。长途行驶途中要注意适时休息，尽量选择阴凉处，并打开发动机罩通风散热。平时也应多关注仪表盘内的水温表变化，若水温表指针偏高，应尽快检查。

④ 防冻液不可少。夏季在散热器里装上防冻液，就不容易被汽车散热器"开锅"所困扰了。此外，防冻液还有防锈、除垢的作用。夏季，千万不要轻易把防冻液倒掉，也不要向防冻液内加水，这样做会影响防冻液的技术性能，到了冬季，再产生很多故障现象。

2. 夏季车身的维护

① 做好涂面保护。为防止酸性的潮气对涂面造成损害，最简单易行的办法就是给汽车打上一层保护膜，防止涂面褪色老化，如打蜡、封釉、镀膜等。

② 做好天窗维护。雨季之前，天窗经历了整整一个冬天风沙的侵蚀，在框架、密封条的缝隙里会存有许多沙土，如果不及时清理，在雨季到来时，会降低天窗的密封性，从而出现漏水现象。此时只需打开天窗，用软布和棕毛刷仔细清理一下框架里的沙土，就可以避免因被沙粒卡住而引起的漏水。

③ 防止车身锈蚀。车辆的前风窗处通常设有流水槽及排水孔，可以及时排掉雨水和洗车

的积水。当车辆经过冬天、春天后，流水槽往往沉积了许多泥土及树叶，极易堵住排水孔，应及时疏通排水孔，以免排水不畅造成积水。当汽车在泥泞路面行驶以后，一定要及时进行清洗。在清洗时要仔细检查和清洁车门以及车身底部的水孔，特别是要及时清洗车辆下侧的空隙处，以彻底消除潮气的藏匿之处。此外，涂层剥落要及时修复，防止时间长了产生锈蚀。

④ 门窗密封要严密，晴天开门晒太阳。雨季到来前，应对汽车门窗的密封条进行一次全面检查，当密封条密封不严时应及时更换。雨季气候闷热，再加上空气潮湿，是各种病菌繁衍生长的黄金季节。因此要特别注意加强汽车内室的防菌工作，使汽车内室保持干爽卫生，尤其是对汽车坐垫、出风口这些卫生死角更要做好清扫工作。要保持车内环境的干爽整洁，平时还应注意检查车内覆盖物的湿度。一旦遇到天气放晴，最好能将车辆停在日光下接受日晒。打开车门及车窗，让室内空气对流一番，被晒热的车身很快就会排除内部淤积的水汽。此外，阳光中的紫外线也具有杀菌消毒的功能。

⑤ 经常进行车内消毒。雨季是传染病多发季节，车主们常常在车内喷点消毒液进行杀菌消毒。但是这种方法有时会对汽车内饰等部件造成损坏，而且还会产生水汽，使车内本已有的潮气又大大增加。因此，雨季最好能使用光触媒、臭氧等方法进行消毒。

⑥ 避免在积水中行驶。雨天汽车应尽量避免在积水中行驶，以免污水溅入车辆发动机罩内的电气部分。路过水坑时，要降低车速。如果车辆在积水中行驶，一旦发生发动机熄火情况，切忌立即启动发动机，以免将水吸入发动机内而造成损坏。

（二）冬季汽车的使用和维护

1. 冬季轮胎的使用和维护

① 冬季轮胎维护的必要性。冬季轮胎除了能提供在非常光滑的路面行驶时所需的牵引力外，更重要的是它能帮助驾驶员更安全地操控车辆，以避免意想不到的危险。

② 使用冬季轮胎的注意事项。注意在同一车轴上必须安装同一规格、厂牌、结构和花纹的冬季轮胎。冬季轮胎磨损至轮胎纵向沟槽中所设的磨损指示标志时（即所剩花纹沟深1.6 mm时）应停止使用，并更换新胎。使用正确的充气压力延长轮胎寿命。胎压务必在轮胎冷却后检查。轮胎气压不可太高，但是也不可过低。

2. 冬季车身的维护

在入冬前，最好能给车身加上一层质量较高的保护层，如封釉或镀膜等，以抵御酸性雨、雪、盐水的侵蚀。雪后及时洗车，会对汽车起到很好的保护作用。但洗车最好使用温水，不要用冷水直接冲洗。尤其是发动机升温后，车前部温度较高，用冷水清洗会造成急速降温，这样骤冷骤热对车身涂面非常不利。更不能用冷水直接冲洗发动机。

3. 冬季汽车底盘的维护

汽车底盘一般是人们最容易忽略也是最容易遭到腐蚀的部位，它同样会影响汽车的使用寿命。常年行驶的汽车，底盘上必然会附着一层厚厚的油污，局部还会生锈，严重影响散热效果，并会腐蚀车体。冬季除了气候寒冷的因素外，一些北方城市播撒在融雪剂中的化学药剂的某些成分对汽车底盘也会造成一定的腐蚀。因此，每年入冬前最好对底盘做一次封塑处理。做完封塑处理后的底盘不挂水，能有效杜绝雨雪的侵蚀。

4. 冬季风窗玻璃的维护

在冬季，使风窗玻璃保持清晰是安全行车的基本条件。平时，也可以在风窗玻璃内侧涂擦一些防雾剂，以防止玻璃起雾。同时还要重点检查有关加热装置，如风窗出风口、侧窗出风口、后窗电热器等，使其处于良好状态。对于玻璃上结的冰，可用柔软毛巾蘸温水擦洗，还可准备一个塑料刮片，将很难擦洗掉的冰轻轻刮掉。注意千万不能用热水冲洗玻璃，更不能用滚烫的开水浇泼，否则容易引起玻璃炸裂。车窗被冻住时不要强行开关，电动车窗尤其要注意，应待其自然融化后再使用。冬季正确的除雾方法是用冷风除雾而不是热风。前风窗玻璃和车窗都应用冷风除雾，注意调节出风口及送风角度，后车窗可用除雾加热装置。

5. 冬季天窗的维护

冬天的早晨要等车内温度上升，并确认解冻后再打开天窗。洗车时，即使是使用温水清洗，若水迹未能完全擦净，也会结冰。洗车后应打开天窗，擦干周围的水分。汽车天窗密封条表面经过喷涂或植绒处理，为避免被冻住，喷涂处理的胶条最好能用软布擦干，再涂上滑石粉，切勿沾上油污。电动天窗设有滑轨，冬季时应经常清理滑轨四周，避免沙粒沉积，每次清理后如能再涂抹少许机油则效果更佳。

6. 冬季防启动困难

冷启动困难的主要原因是发动机温度太低，所以平时只要注意对发动机进行保温，不让寒风直接吹进发动机舱，就可以避免这一现象。

最简单易行的方法就是在冬季停车时要注意车头的方向，最好让车头对着建筑物，利用建筑物来挡住寒风，防止发动机被寒风吹袭而过冷。如有条件，在夜间停车时，可将车头对着朝阳方向，使清晨的阳光能尽早照射到车头上，以帮助发动机升温，这样汽车发动时就会容易很多。

冬季应保持蓄电池有充足的电力。长期短途行驶的，要适当在高速上行驶一段时间，给蓄电池充电。此外，还应定期检查电路连接处，保证没有松动、腐蚀等现象。每次启动时间不要超过 5 s，3 次启动不了就不要再强行启动了，应该找专业维修人员排除故障。

7. 冬季制动系统的维护

冬季要经常检查制动系统，查看制动液面是否正常，注意制动有无变弱、跑偏，必要时清理整个制动系统的管路部分。雨雪天气后，制动盘上会有雪水，晚间如果使用驻车制动，第二天早上盘片可能被冻上，要注意清理，缓慢制动。冰雪路面切忌急踩制动踏板。

8. 冬季其他部位的维护

入冬前应对车灯做一次全面检查：检查所有照明及转向灯、紧急警报灯等汽车灯具是否能够正常工作；检查各种线路是否老化；检查各类熔丝是否松动；检查暖风水管及暖风水箱，查看水箱有无漏水，出风口出风是否正常；还要注意风扇运转情况等。

三、汽车个别系统的清洗

（一）发动机冷却系统的清洗

发动机冷却系统的材质主要有铸铁、铸钢、铜和锡，结垢成分主要是油垢、碳酸盐垢、硫酸盐垢和硅酸盐垢，因此，需对发动机冷却系统进行清洗，如图 5.39 所示。

图 5.39　发动机冷却系统的清洗

针对发动机冷却系统这类材质和垢类，可选用硝酸加 LAN-5 缓蚀剂作为清洗液。考虑到锡的熔点较低，配酸浓度应控制在 40%以下，清洗时间不要超过 1 h，清洗前必须脱脂，目的是为下一步清洗水垢创造条件。脱脂处理过程如下：

（1）油垢酸洗前应先进行脱脂处理。

（2）碳酸盐垢用 $2\%NaOH+2\%Na_2CO_3+1\%Na_2SiO_3$ 溶液脱脂，为了提高溶液温度，可启动发动机运转 10 min 左右。

（3）对于硫酸盐垢及硅酸盐垢可用同样的脱脂液，启动发动机运转 1 h 以上。

清洗程序是首先将清洗机内的水排放到容器内，测出容量，同时观察其是否结有油垢；其次用清水冲洗 5 min，关闭放水开关，加入脱脂液，启动发动机运转 10 min，排出废液；然后加入清洗液，启动发动机怠速运转 3～5 min，浸泡后再启动，如此反复 30 min 或 1 h 后排出废液；再加碱中和 5 min，排出废液并用清水冲洗 10～15 min，换上清水即可。

（二）进气系统的清洗

近年来，随着多点燃油喷射发动机的普及和使用里程的增加，在中、高档乘用车上对电喷发动机进气系统进行免拆清洗正日益增多。

进气系统的清洗主要是清洗进气门头部形成的较大块多孔积炭、进气歧管壁处的胶质和沉积物以及活塞、活塞环槽和排气门处的积炭。其中，进气门处的积炭对发动机性能影响非常大，会使发动机冷车启动困难、加速不良、怠速不稳。可是在发动机结构日益复杂或精确的今天，如果进行传统的拆卸维修，很容易会在拆装上出现问题。使用免拆清洗，可以迅速、无损地改善或恢复发动机的工作性能，给驾驶员一个新车的感觉。进气系统免拆清洗机如图 5.40 所示。

图 5.40　进气系统免拆清洗机

1. 进气门头部形成较大块多孔积炭的原因

由于喷油器对着此处喷射，汽油中的胶质物和其他不挥发物易于在此沉积，而进气门头部温度在 300 ℃ 左右，又促进了沉积和积炭的多孔化，而多孔状的积炭又容易吸附汽油而形成更多的积炭。当汽油品质不佳或不含电喷发动机汽油清净剂时，这种多孔积炭形成更快；当发动机长时间在中、小负荷工作时，也会促进多孔积炭的形成。

2. 进气门头部较大块多孔积炭的危害

（1）由于积炭减小了进气通道，从而导致高速和加速时气缸进气量减少，降低了发动机充气系数，造成发动机功率下降，汽车加速不良。

（2）降低了发动机工况转换的灵敏度。例如，冷车启动困难，这是由于喷油器所喷出的燃油被进气门上多孔积炭吸收，造成实际进入气缸的混合气过稀，而使发动机难以启动，只有在喷油器多次喷出燃油使进气门上多孔积炭吸附的汽油饱和，混合气达到了冷启动要求的浓度时，发动机方可启动。

而当发动机从加速回到怠速时，由于进气门上多孔焦状物所吸附的汽油蒸气又会不断释放和吸收，会短暂造成怠速不稳。

（3）当进气门头部上的积炭落入进气门座的接触带上时，会造成气缸压力不足而难以启动。

（4）当进气门杆也附着有积炭时，有时会使进气门杆与导管间发卡，造成进气门不能及时关闭，导致活塞撞出进气门，发动机有异响，进气门和活塞都有可能损坏。

（三）自动变速器的清洗

汽车工业的飞速发展，使得自动变速系统在汽车上得到了广泛的应用。然而国内许多驾驶员和修理厂还没有意识到自动变速器保养的重要性，在他们心目中，自动变速器的保养无非就是按传统的排放方式更换 ATF（自动变速器油）就可以了，但事实并非如此。现代的自动变速器及其相关组件都计算机化了，且结构紧凑，常因尺寸被缩小而有过热现象，造成操作时因温度过高，使各传动离合器组件及相关部件有咬死或卡滞现象，也因此造成自动变速器油快速氧化，氧化了的自动变速器油和磨损下来的金属粉末结合形成油泥，如不及时清洗排放掉，就会影响自动变速器各方面的性能。

　　由于现代汽车的自动变速器及其相关组件的计算机化、其结构紧凑等原因，即使采用传统的方式和化学溶液清洗自动变速器内部也是无效的。因为，传统的方法更换了自动变速器油，但自动变速器的散热器、管道和液力耦合器内的旧自动变速器油不可能都更换。实际上只能排放或装填自动变速器油总容量的 1/3（30%），残留下来的大量的已氧化的自动变速器油会污染新的自动变速器油，而新旧混合后，通常比旧自动变速器油对自动变速器的损坏更大。而用化学溶液清洗后反而会造成化学溶液对自动变速器油的污染。

　　现代汽车的自动变速器都是高精度的动力传输装置，多是由计算机来控制的，装备有许多精密部件，如液力变矩器、太阳轮、行星轮和复杂而细小的油道等。它们对污染物和温度变化非常敏感，如果缺少必要的清洗和保养，自动变速器就会出现工作粗暴、换挡困难等故障。据统计，自动变速器出现的故障都是由于传动液污染、劣化所引起的。按传统的方法定期排放和加注新的自动变速器传动液，会在液力变矩器和自动变速器的冷却管中残留旧的自动变速器传动液，当新自动变速器传动液加入后，立即被系统内的旧自动变速器传动液所污染，未被排出的沉积物会严重影响系统的工作性能。为达到彻底更换的目的就必须使用一些新的清洗、养护产品和设备配套使用，如图 5.41 所示。

图 5.41　自动变速器免拆清洗机

　　采用高效自动变速器清洗剂和清洗设备对自动变速器清洗和养护的步骤如下：

　　（1）启动发动机，检查自动变速器油尺的高度。

　　（2）发动机熄火，找到自动变速器的一根冷却管及其插接器，冷却管一般都在散热器的下部或散热器的旁边。

　　（3）松开冷却管插接器，将合适的设备配套插接器串联到汽车自动变速器的管路中。

　　（4）设备的电源插接器与汽车蓄电池连接，红色插接器连接蓄电池的正极，黑色插接器连接蓄电池的负极。

　　（5）将清洗设备与汽车连接起来。

　　（6）启动发动机，将设备的 2 个流量控制阀调到最大，按下设备左边的开关，注意位于设备中间的流量计，如读数为 0，表明方向接反，此时应迅速将快速插接器互换。如果指数仍然为 0，可采取以下方法调整：

　　① 可以将设备的两个旋钮完全逆时针打开。

　　② 拉住驻车制动器并踩住制动器，慢慢地在各挡之间拨动自动变速器手柄，同时观察设备流量计读数。

　　③ 若读数仍然为 0，则更换插接器，并重复此动作直到流速表指数出现。

　　④ 若读数仍为 0，表明自动变速器中流动的部位（滤清器、冷却管、冷凝器等）有阻塞液体的现象。

　　（7）此时清洗设备和自动变速器形成一个回路。

　　（8）从自动变速器油尺孔处倒入一瓶高效自动变速器清洗剂。

（9）不断变换各挡位，清洗整个系统约 30 min（注意换挡时必须踩住制动踏板）。

（10）检测汽车自动变速器传动液的容量，将足量的新自动变速器传动液倒入或泵入设备的新油箱中（可稍微多一点）。

（11）按下清洗设备中间的开关强制换油开始，并迅速调整清洗设备流量旋钮。中间旋钮上流速表显示数大约是右边旋钮上流速表显示数的 2 倍。

（12）同时不停地检查自动变速器油尺的高度。如果自动变速器传动液过多，则将右边的控制旋钮调小一点；如果自动变速器传动液过少，则将中间的控制旋钮调小一点。

（13）此时，清洗设备的新自动变速器传动液指示高度逐渐下降，旧自动变速器传动液指示高度逐渐上升。

（14）新自动变速器传动液指示下降到预先设定的高度之下时，关掉清洗设备中间的开关。此时清洗设备和汽车又一次形成回路。

（15）检查油尺，调整液面高度，应预留一定空间，以便加高效自动变速器系统保护剂。

（16）关掉清洗设备，再一次检查自动变速器传动液液面高度。

（17）关闭发动机，将所有管路复原。

（18）重新启动，加入一瓶高效自动变速器系统保护剂，并保证油尺液面高度符合要求。

（19）检查各插接器，确保无渗漏。

（四）发动机燃油系统的清洗

汽车发动机燃料供给系统在长期工作过程中，其燃油箱、油泵、滤清器、进气歧管中容易产生胶质和沉积物，燃烧室、进气门、喷油器等处容易产生积炭，这些都将破坏正常的燃油供给，影响混合气的空燃比和正常燃烧，从而导致发动机不易启动、怠速不稳、加速不良、早燃、爆燃、发动机熄火、油耗增加以及排气污染严重等现象。因此，对发动机燃料供给系统进行定期快速清洁维护是非常必要的，它可以保证燃料供给系统正常工作，节约燃油，延长发动机使用寿命。

发动机燃料供给系统的清洁护理是在发动机不解体的情况下，通过专用设备来达到清洁护理的目的。下面以 CFC-401 燃油系统免拆清洗机（见图 5.42）为例来介绍发动机燃油系统的清洗步骤。

（1）确认管道已连接好。

（2）打开设备电源进入主菜单界面。

（3）当光标在免拆清洗项目时，按"免拆清洗"键，进入设定时间设置菜单，设定好清洗时间。

（4）设定好时间后，移动光标至运行选项上，按 Enter 键运行后，按▲▼键调整压力，使压力稳定后，启动发动机，设备对发动机进行燃油系统免拆清洗。在清洗过程中，使发动机保持 10 min 怠速运转，5 min 高速运转（约 2 000 r/min），并连续多次加速踏板。

（5）运行过程中设备倒计时，当设定时间结束时，设备声音报警，停止清洗，设备显示完成。

图 5.42　CFC-401 燃油系统免拆清洗机

有回油管的发动机和无回油管的发动机操作相同。

注意：无回油管的发动机在高速运转时，设备供油压力会降低，则需再次调整压力。

（6）关闭汽车点火开关并恢复汽车管路连接。

（7）启动发动机并适当加速，检查各接口处及管路是否渗、漏油。

（8）清理现场，整理好燃油系统免拆清洗机。

（五）发动机润滑系统的清洗

发动机润滑系统在汽车运行过程中，由于机油经常处在高温、高压、高速的条件下工作，极易生成油泥、胶质等沉积物，这些沉积物黏附在发动机润滑系统的内表面，不但会影响机油的正常流动，而且还会加速机油变质，使运动摩擦副表面磨损加剧。因此，要对发动机润滑系进行定期清洁护理，以保证发动机润滑系统的正常工作，从而延长发动机的使用寿命。

1. 发动机润滑系统清洗的相关知识

发动机润滑系统的清洁护理是在发动机不解体的情况下，通过专用设备或者专业护理用品来提高机油的抗氧化性能，抑制沉积物的生成，并中和机油中的酸性物质，防止发动机内部零件的腐蚀，减少运动部件的磨损，延长发动机的使用寿命。

2. 发动机润滑系统免拆清洗机的特性

发动机润滑系统免拆清洗机（见图 5.43），新增"空气吹扫"和"预润滑"功能。空气吹扫：可在完成清洗发动机润滑系统后，将发动机润滑系统内残留的旧机油和清洗液最大限度地吹扫干净，解决了新旧机油混合的现象；预润滑：是在完成清洗发动机润滑系统和空气吹扫功能后，在加入新机油前，通过设备将少量新机油喷入发动机润滑系统，使清洗后的发动机在启动运转前各个部件都已布满了新机油，避免了发动机润滑系统部件的启动磨损。

图 5.43　发动机润滑系统免拆清洗机

（六）喷油器的清洗

喷油器的主要故障是堵塞，由于发动机运转时高温的影响，以及汽油所含的树脂、烯烃等物质会逐渐附着在喷油器末端细小的喷孔上，造成喷油器堵塞，影响汽油正常通过和雾化，使发动机动力下降、加速迟缓、怠速不稳定，容易熄火。另外，劣质汽油中所含的水分也极易使喷油器针阀锈蚀，导致卡滞，造成喷油器漏油或不喷油。因此，喷油器的清洗是非常重要的。

1. 免拆清洗步骤

（1）在免拆清洗前请查看油箱内的液体是检测液还是清洗剂，若是检测液需将其更换为清洗剂，具体方法是取下主机左侧的液位显示管，将油箱内检测液排在一个预先准备的容器内，若排出的检测液含有很多杂质则不能继续使用，请将此废液妥善处理，并加注少量新的清洗剂对油箱进行清洗；若排出的检测液比较干净，请存放好以备以后使用。

（2）将喷油器清洗剂与燃油以一定配比加入清洗机油箱（具体配比参考清洗剂说明书）。混合液的加注量如表5.7所示。

表 5.7　混合液的加注量

发动机缸数	4 缸机	6 缸机/8 缸机
加注量	800 ~ 1 000 mL	1 500 mL

（3）将 CNC 系列喷油器清洗机的管路与汽车管路连接。

（4）在控制面板上选择免拆清洗功能，设定时间，按[运行]键，然后启动发动机进行清洗，根据不同的车型参照原车技术要求，通过[增压]、[减压]键来调节压力，通过先按[项目选择]键再按[运行]键可使系统压力快速调节到默认值，在任何时候均可按[停止]键停止清洗。

2．免拆清洗的管路连接

免拆清洗的管路连接有两种，如图5.44所示，一种是有回油管连接，另一种是无回油管连接。

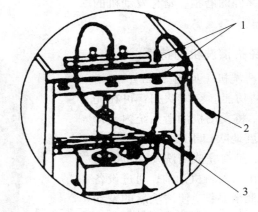

图 5.44　免拆清洗示意图
1—回油管快速插接器；2—接发动机回油管；3—接发动机进油管

（1）有回油管连接方法，如图5.45所示。

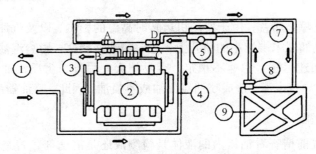

图 5.45　免拆清洗管路连接（有回油管）
1—CNC 系列喷油器清洗机；2—发动机；3—清洗机回油管；4—清洗机出油管；
5—燃油滤清器；6—发动机供油管；7—发动机回油管；8—燃油泵；9—油箱

① 将发动机燃油系统的供油管（C、D）和回油管（A、B）断开（断开燃油管路插接器时要用毛巾捂住插接器）。选择合适的插接器分别接上 B 端和 C 端，再相应接上设备回油、出油管。

② 将断开的另外两端（A、D）用合适的管连接起来，或者将油泵熔丝拔下，或将发动机燃油泵电源线断开。

（2）无回油管连接方法，如图 5.46 所示。

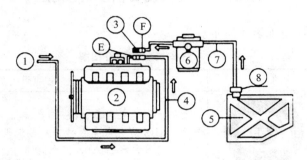

图 5.46　免拆清洗管路连接（无回油管）

1—CNC 系列喷油器清洗机；2—发动机；3—堵头；4—清洗机出油管；
5—油箱；6—燃油滤清器；7—发动机供油管；8—燃油泵

① 将发动机燃油系统的供油管（E、F）断开（断开燃油管路插接器时要用毛巾捂住插接器）。选择合适的插接器接上 E 端，再接上设备出油管，回油管悬空。

② 将断开的另外一端（F）用堵头堵住（限用油泵有回油功能），或将油泵熔丝拔下，或将发动机燃油泵电源线断开。

3. 免拆清洗后的整理

（1）免拆清洗完毕后，将汽车点火开关关闭。恢复汽车管路连接，启动发动机并适当加速，检查各接口处及管路是否渗、漏油。

（2）免拆清洗结束后请用检测液对设备油箱和管路进行清洗，具体方法是先将油箱内残留的清洗剂排出，并视清洗剂干净程度进行处理，然后在油箱内加入少量检测液，将清洗机出油管接在回油管上，给清洗机通电，选择[密封性测试]项目，按[运行]键运行 2 ~ 3 min 后停止运行，最后将检测液从油箱排出，并将排出的检测液体按废液相关处理规定处理。

（3）清理现场，整理好清洗机，以备后用。

注意：

（1）清洗剂为易燃品，清洗时应注意安全，需备有灭火器等安全设施。

（2）清洗前必须确认所有的管路已连接好，无泄漏。

附　录

附录一　汽车仪表指示灯图解

汽车仪表指示灯图解如表 1 所示。

表 1　汽车仪表指示灯图解

指示灯	图　例	说　明
ABS 指示灯	(ABS)	该指示灯用来显示 ABS 工作状况。当打开钥匙门，车辆自检时，ABS 灯会点亮数秒，随后熄灭。如果未闪亮或者启动后仍不熄灭，表明 ABS 出现故障
电子油门指示灯	EPC	常见于大众品牌车型中。当打开钥匙门，车辆开始自检时，EPC 灯会点亮数秒，随后熄灭。如车辆启动后仍不熄灭，说明车辆机械与电子系统出现故障
O/D 挡指示灯	O/D OFF	该指示灯用来显示自动挡的 O/D 挡（Over-Drive）的工作状态，当 O/D 挡指示灯闪亮时，说明 O/D 挡已锁止。此时加速能力获得提升，但会增加油耗
TCS 指示灯	🚗	该指示灯是用来显示车辆 TCS（牵引力控制系统）的工作状态，多出现在日系车上。当该指示灯点亮时，说明 TCS 系统已被关闭
VSC 指示灯	VSC	该指示灯是用来显示车辆 VSC（电子车身稳定系统）的工作状态，多出现在日系车上。当该指示灯点亮时，说明 VSC 系统已被关闭
安全带指示灯	🔔	该指示灯用来显示安全带是否处于锁止状态，当该灯点亮时，说明安全带没有及时扣紧。有些车型会有相应的提示音。当安全带被及时扣紧后，该指示灯自动熄灭
玻璃水指示灯	🪟	该指示灯是用来显示车辆所装玻璃清洁液的多少，平时为熄灭状态，该指示灯点亮时，说明车辆所装载玻璃清洁液已不足，需添加玻璃清洁液。添加玻璃清洁液后，指示灯熄灭

指示灯	图 例	说 明
刹车盘指示灯		该指示灯是用来显示车辆刹车盘磨损的状况。一般情况下，该指示灯为熄灭状态，当刹车盘出现故障或磨损过度时，该灯点亮，修复后熄灭
车门指示灯		该指示灯用来显示车辆各车门状况，任意车门未关上或者未关好，该指示灯都会点亮相应的车门指示灯，提示车主车门未关好，当车门关闭或关好时，相应车门指示灯熄灭
蓄电池指示灯		该指示灯用来显示蓄电池的使用状态。当打开钥匙门，车辆开始自检时，该指示灯点亮。启动后自动熄灭。如果启动后蓄电池指示灯常亮，说明该蓄电池发生故障，需要更换
发动机指示灯		该指示灯用来显示车辆发动机的工作状况，当打开钥匙门，车辆自检时，该指示灯点亮后自动熄灭。如常亮则说明车辆的发动机出现了机械故障，需要维修
机油指示灯		该指示灯用来显示发动机内机油的压力状况。当打开钥匙门，车辆开始自检时，指示灯点亮，启动后熄灭。该指示灯常亮，说明该车发动机油压力低于规定标准，需要维修
内循环指示灯		该指示灯是用来显示车辆空调系统的工作状态，平时为熄灭状态。当点亮内循环按钮，车辆关闭外循环，空调系统进入内循环状态时，该指示灯自动点亮。内循环关闭时熄灭
气囊指示灯		该指示灯用来显示安全气囊的工作状态，当打开钥匙门，车辆开始自检时，该指示灯自动点亮数秒后熄灭。如果常亮，则说明安全气囊出现故障
示宽指示灯		该指示灯是用来显示车辆示宽灯的工作状态，平时为熄灭状态，当示宽灯打开时，该指示灯随即点亮。当示宽灯关闭或者关闭示宽灯打开大灯时，该指示灯自动熄灭
手刹指示灯		该指示灯用来显示车辆手刹的状态，平时为熄灭状态。当手刹被拉起后，该指示灯自动点亮。手刹被放下时，该指示灯自动熄灭。有的车型在行驶中未放下手刹会伴随有警告音

续表

指示灯	图 例	说 明
水温指示灯		该指示灯用来显示发动机内冷却液的温度，当钥匙门打开，车辆自检时，会点亮数秒后熄灭。水温指示灯常亮，说明冷却液温度超过规定值，需立刻暂停行驶。水温正常后熄灭
雾灯指示灯		该指示灯是用来显示前、后雾灯的工作状况，当前、后雾灯点亮时，该指示灯相应的标志就会点亮。关闭雾灯后，相应的指示灯熄灭
油量指示灯		该指示灯用来显示车辆内储油量的多少，当钥匙门打开，车辆进行自检时，该油量指示灯会短时间点亮，随后熄灭。如启动后该指示灯点亮，则说明车内油量已不足
远光指示灯		该指示灯是用来显示车辆远光灯的状态。通常情况下该指示灯为熄灭状态。当车主点亮远光灯时，该指示灯会同时点亮，以提示车主车辆的远光灯处于开启状态
转向灯指示灯		该指示灯用来显示车辆转向灯所在的位置。通常为熄灭状态。当车主点亮转向灯时，该指示灯会同时点亮相应方向的转向指示灯，转向灯熄灭后，该指示灯自动熄灭

附录二　汽车车内功能按键图解

汽车车内功能按键图解如表 2 所示。

表 2　汽车车内功能按键图解

功能键	图 例	说 明
ESP 开关键	ESP	该按键用来打开或关闭车辆的 ESP 系统。车辆的 ESP 系统默认为工作状态，为了享受更直接的驾驶感受，车主可以按下该按键关闭 ESP 系统
倒车雷达键	P	该按键用来根据车主需要打开或关闭车上的倒车雷达系统。驾驶员可以按下该按钮手动控制倒车雷达的工作。在倒车时手动关闭倒车雷达，或是手动开启倒车雷达
后遮阳帘键	SHADE	该按键用来控制车内电动后遮阳帘的打开与关闭。在装有电动后遮阳帘的车内，车主可以通过按下这一按键打开或是开启后窗的电动遮阳帘，用来遮挡阳光
前大灯清洗键		该按键用来控制前大灯的自动清洗功能。在装有前大灯清洗的车辆上，车主可以通过按下这一按键开启前大灯清洗装置，对车辆的前大灯进行喷水清洗
油箱开启键		该按键用来在车内遥控开启油箱盖。装有该按键的车辆，驾驶员可以通过这一按键将油箱盖子从车内打开。不过油箱的关闭需要在车外手动控制
中控锁键		该按键是车辆中控门锁的控制按钮。车主可以通过按下该按钮，同时打开或是关闭各车门的门锁，也可以单独关闭某一个开启的车门，有效地保证了车内人员的安全

附录三　交通指示标志图解

交通指示标志图解如表 3 所示。

表 3　交通指示标志图解

指示标志	图 例	说 明
向左转弯		表示只准一切车辆向左转弯。此标志设在车辆必须向左转弯的路口以前适当位置
向右转弯		表示只准一切车辆向右转弯。此标志设在车辆必须向右转弯的路口以前适当位置
向左和向右转弯		表示只准一切车辆向左和向右转弯。此标志设在车辆必须向左和向右转弯的路口以前适当位置
靠左侧道路行驶		表示只准一切车辆靠左侧道路行驶。此标志设在车辆必须靠左侧行驶的路口以前适当位置
靠右侧道路行驶		表示只准一切车辆靠右侧道路行驶。此标志设在车辆必须靠右侧行驶的路口以前适当位置
直行		表示只准一切车辆直行。此标志设在直行的路口以前适当位置
直行和向左转弯		表示只准一切车辆直行和向左转弯。此标志设在车辆必须直行和向左转弯的路口以前适当位置

指示标志	图　例	说　明
直行和向右转弯		表示只准一切车辆直行和向右转弯。此标志设在车辆必须直行和向右转弯的路口以前适当位置
立交直行和左转弯行驶		表示车辆在立交处可以直行和按图示路线左转弯行驶。此标志设在立交左转弯出口处适当位置
立交直行和右转弯行驶		表示车辆在立交处可以直行和按图示路线右转弯行驶。此标志设在立交右转弯出口处适当位置
环岛行驶		表示只准车辆靠右环行。此标志设在环岛面向路口来车方向适当位置
机动车行驶		表示该车道供机动车行驶。此标志设在道路或车道的起点及交叉路口入口处前适当位置
非机动车行驶		表示该车道供非机动车行驶。此标志设在道路或车道的起点及交叉路口入口处前适当位置
步行		表示该街道只供步行。此标志设在步行街的两端
鸣喇叭		表示机动车行至该标志处必须鸣喇叭。此标志设在公路的急转弯处、陡坡等视线不良路段的起点

续表

指示标志	图 例	说 明
最低限速		表示机动车驶入前方道路的最低时速限制。此标志设在高速公路或其他道路限速路段的起点
直行车道		表示车道的行驶方向。此标志设在导向车道以前适当位置
右转车道		表示车道的行驶方向。此标志设在导向车道以前适当位置
直行和右转合用车道		表示车道的行驶方向。此标志设在导向车道以前适当位置
分向行驶车道		表示车道的行驶方向。此标志设在导向车道以前适当位置
公交线路专用车道		表示该车道专供本线路行驶的公交车辆行驶。此标志设在进入该车道的起点及各交叉口入口处以前适当位置
机动车车道		表示该车道只供机动车行驶。此标志设在该车道的起点及交叉路口和入口前适当位置。在标志无法正对车道时，可以不标注箭头
非机动车车道		表示该车道只供非机动车行驶。此标志设在该车道的起点及交叉路口和入口前适当位置。在标志无法正对车道时，可以不标注箭头
人行横道		表示该处为专供行人横穿马路的通道。此标志设在人行横道的两侧

续表

指示标志	图 例	说 明
干路先行		表示干路先行。此标志设在车道以前适当位置
会车先行		表示会车先行。此标志设在车道以前适当位置
单行路直行		表示一切车辆单向行驶。此标志设在单行路的路口和入口处的适当位置
单行路向左或向右		表示一切车辆向左或向右单向行驶。此标志设在单行路的路口和入口处的适当位置
允许掉头		表示允许掉头。此标志设在允许机动车掉头路段的起点和路口以前适当位置

参考文献

[1] 郗军红. 汽车维护[M]. 北京：人民邮电出版社，2013.

[2] 王福忠. 汽车使用与维护[M]. 北京：人民交通出版社，2014.

[3] 王盛良. 汽车使用、维护与保养技术[M]. 2 版. 北京：机械工业出版社，2013.

[4] 雷琼红. 汽车使用与技术管理[M]. 2 版. 北京：人民交通出版社，2014.

[5] 戴良鸿. 汽车使用与日常养护[M]. 上海：复旦大学出版社，2007.

[6] 王海林，迟瑞娟. 汽车运用技术[M]. 北京：北京理工大学出版社，2007.

[7] 祖国海. 汽车养护[M]. 北京：机械工业出版社，2012.

[8] 姜龙青，罗新闻. 汽车维护与保养一体化教程[M]. 北京：机械工业出版社，2013.

[9] 夏长明. 现代汽车维护与保养[M]. 北京：机械工业出版社，2010.

[10] 任成尧. 汽车维护与保养[M]. 哈尔滨：哈尔滨工业大学出版社，2013.

[11] 谭本忠. 汽车维护与保养图解教程[M]. 北京：机械工业出版社，2013.

[12] 张葵葵. 汽车维护[M]. 北京：高等教育出版社，2010.

[13] 夏雪松. 汽车维护与保养入门[M]. 北京：化学工业出版社，2014.

[14] 陈翔，王志新. 汽车美容装饰[M]. 北京：机械工业出版社，2012.

[15] 高德荣. 汽车维护与美容[M]. 北京：机械工业出版社，2008.

[16] 边伟. 汽车使用与技术管理[M]. 西安：西安电子科技大学出版社，2007.

[17] （德）米奇克（Manfred Mitschke），（德）瓦伦托维兹（Henning Wallentowitz）. 汽车动力学[M]. 4 版. 陈荫三，余强，译. 北京：清华大学出版社，2009.